高等学校公共管理类系列教材

# 领 导 学 导 论

## Science of Leadership

- 余仰涛 余永跃 主 编
- 黄代翠 李 珂 副主编

武汉大学出版社

图书在版编目(CIP)数据

领导学导论/余仰涛,余永跃主编.—武汉:武汉大学出版社,2008.4
高等学校公共管理类系列教材
　ISBN 978-7-307-06057-9

　Ⅰ.领…　Ⅱ.①余…　②余…　Ⅲ.领导学　Ⅳ.C933

中国版本图书馆 CIP 数据核字(2007)第 201329 号

---

责任编辑:易　瑛　　　责任校对:黄添生　　　版式设计:詹锦玲

出版发行:武汉大学出版社　　(430072　武昌　珞珈山)
　　　　　(电子邮件:cbs22@whu.edu.cn　网址:www.wdp.com.cn)
印刷:湖北睿智印务有限公司
开本:720×1000　1/16　印张:20.5　字数:366 千字　插页:1
版次:2008 年 4 月第 1 版　　2013 年 3 月第 3 次印刷
ISBN 978-7-307-06057-9/C·198　　定价:29.80 元

版权所有,不得翻印;凡购我社的图书,如有质量问题,请与当地图书销售部门联系调换。

## 第三篇　领导结构论

### 第六章　领导组织结构 ……………………………………………… 93
第一节　领导组织结构概说 ………………………………………… 93
第二节　领导组织结构的确立 ……………………………………… 96

### 第七章　领导体制 …………………………………………………… 105
第一节　领导体制概说 ……………………………………………… 105
第二节　领导体制的合理化 ………………………………………… 109

### 第八章　领导机制 …………………………………………………… 118
第一节　领导机制概说 ……………………………………………… 118
第二节　领导机制的建设 …………………………………………… 123

### 第九章　领导班子群体结构 ………………………………………… 138
第一节　领导班子群体结构概说 …………………………………… 138
第二节　领导班子群体结构的优化 ………………………………… 143

## 第四篇　领导职能论

### 第十章　科学决策 …………………………………………………… 159
第一节　科学决策的概说 …………………………………………… 159
第二节　决策科学化 ………………………………………………… 163
第三节　决策民主化 ………………………………………………… 173
第四节　决策法制化 ………………………………………………… 178

### 第十一章　选贤任能 ………………………………………………… 181
第一节　选用人才概说 ……………………………………………… 181
第二节　人才的识别和选拔 ………………………………………… 185
第三节　人才的使用 ………………………………………………… 191

### 第十二章　领导环境 ………………………………………………… 199
第一节　领导环境概说 ……………………………………………… 199

# 目 录

绪　论——领导工作是一门科学 ………………………………… 1

## 第一篇　领导要素论

**第一章　领导者** ……………………………………………… 7
　第一节　领导者的概说 ………………………………… 7
　第二节　领导者的素质及修养 ………………………… 14

**第二章　被领导者** …………………………………………… 26
　第一节　被领导者概说 ………………………………… 26
　第二节　被领导者的素养 ……………………………… 30

## 第二篇　领导环节论

**第三章　领导目标** …………………………………………… 39
　第一节　领导目标概说 ………………………………… 39
　第二节　领导目标的制导 ……………………………… 43

**第四章　领导信息** …………………………………………… 56
　第一节　领导信息概说 ………………………………… 56
　第二节　领导信息的粘合 ……………………………… 61

**第五章　领导规范** …………………………………………… 74
　第一节　领导规范概况 ………………………………… 74
　第二节　领导规范的维系 ……………………………… 78

第二节 领导环境的把握 ………………………………………… 203

## 第五篇　领导观念论

第十三章 领导思维方式 …………………………………………… 215
　第一节 领导思维方式的概说 …………………………………… 215
　第二节 自觉更新领导思维方式 ………………………………… 223

## 第六篇　领导方法和艺术论

第十四章 领导方法 ………………………………………………… 241
　第一节 哲学方法 ………………………………………………… 242
　第二节 系统科学方法 …………………………………………… 248
　第三节 领导科学领域的专门方法 ……………………………… 260

第十五章 领导艺术 ………………………………………………… 272
　第一节 领导职能行使艺术 ……………………………………… 272
　第二节 竞争领导艺术 …………………………………………… 276
　第三节 主持会议艺术 …………………………………………… 279

## 第七篇　领导效益论

第十六章 领导效益概说 …………………………………………… 287
　第一节 领导效益相关诸范畴的涵义 …………………………… 287
　第二节 领导效益的客观性 ……………………………………… 290
　第三节 领导效益的意义 ………………………………………… 293

第十七章 领导效益求解 …………………………………………… 296
　第一节 目标效益求解 …………………………………………… 296
　第二节 智力投入效益求解 ……………………………………… 303
　第三节 社会效益求解 …………………………………………… 312

# 绪 论
## ——领导工作是一门科学

领导工作是一门科学。那么，它为什么是一门科学？它是怎样产生的？它是研究什么的？它跟有关学科是什么关系？类似这些问题是我们学习领导科学首先要解决的问题。

### 一、领导科学的产生

任何一门学科的产生，都是客观实际的反映。这里所说的客观实际的反映，包含了这么几层意思：一是人们从事某一方面的实践，需要有专门的知识和理论来加以指导，这是有客观需求；二是人们在从事某一方面的实践活动中，积累了大量的经验、丰富的知识，产生了种种思想，这是有比较充分的实践基础；三是客观实际为某一学科的产生提供了基本的条件，这是有客观的可能。由于客观上既有要求，又存在着可能，人们某方面的实践活动又较充分，因此，与之相联系的某一学科的产生就是必然的了。领导科学的产生也是如此。

### 二、领导科学的发展

人类在长期的领导活动实践中，产生了一系列的领导思想，但是，并没有产生领导科学。领导科学的兴起是当今时代的产物。

#### （一）领导科学是现代社会化大生产的产物

现代社会与以往社会相比有着质的变化。现代社会是社会化大生产，其活动有以下几个特点：

现代社会活动越来越复杂。现代社会的社会化大生产，规模宏大，出现了大科学、大工程、大企业；结构复杂，它本身就是一个大系统，但它又作为子系统包含在现代经济的母系统之内,而现代经济又只能是现代社会这个大系统的子系统,这大小系统之间有着错综复杂的联系;信息巨量,因素众多,目标多样,功能综合,参变量庞大。特别是经济全球化,人们面对的是广阔的国际市场,速度更快、规模更大的资本流动,世界范围的资源配置,激烈的国际竞争,风险更大的金融体系,趋利避害更为突出的经济活动等,都说明了社会活动的复杂。

现代社会活动越来越多变。现代社会活动的多变,不仅表现在科学技术发展的日新月异;而且从科学技术发现、发明到转化为社会生产力的周期越来越短;同时机器设备更新和产品换代的周期也大为缩短。

现代社会活动影响越来越大。现代社会活动的影响,不仅面广,而且程度深,时间长。

现代社会活动整体性越来越强。现代社会活动不仅反映出大自然的整体性,而且体现了人和自然界的同一性,同时表明了人口、经济、自然界之间的平衡性。

现代社会活动的这些特点,要求现代领导要科学化。为此,就要建立专门研究领导活动的科学,即领导科学。

(二) 领导科学是科学技术发展的结果

现代科学技术发展有以下几个特点:

一是高度分化又高度综合。现代自然科学和技术科学已分化为2 400多个学科,仅一门数学就分成50多门分支学科。在这高度分化的基础上又高度综合,呈现出整体化的趋势。诸如出现了由原有两门或两门以上独立科学的相互渗透、交叉、联系中生长起来的"边缘学科",由许多学科的理论、方法综合起来的"综合学科",由多种物质结构及其运动形式中的某一普遍的关系为研究对象的"横断学科",科学与技术相结合,自然科学与社会科学联姻,技术的综合与转移,等等。

二是科学技术发展的加速化。诸如知识总量激增,科学研究人员剧增,知识老化加速等。

三是科学、技术、生产一体化。科学、技术、社会生产相互之间的作用明显加强,科学、技术、生产一体化组织体制的出现等。

四是科学技术发展的社会化。现在,科学技术已成为现代劳动生产率迅速增长的重要因素以至决定因素;科学技术的发展影响到上层建筑和社会生活的各个方面;科学技术商品化;科学技术发展对管理的要求也愈来愈高。

五是科学技术发展的高度群体化。现在不仅同一学科内的科技工作者之间的横向联系大发展,而且多学科的不同科技工作者之间需要大协作;不仅出现了国家规模的科学技术研究活动，而且国际性的科学技术合作也大量开展。

现代科学技术发展的这些特点，对领导活动产生了两方面的影响：一方面，科学技术发展要求领导活动把握住本身的规律，以适应科学技术的现代发展状态；另一方面，又为领导科学的产生提供了种种条件，特别是一些相关学科的迅速兴起和发展，既为领导科学的建立提供了科学的工具，也为领导科学理论体系的建立提供了科学根据。

马克思主义的产生和发展也对领导科学的产生起着重要的促进作用。因为马克思主义不仅给人们提供了正确的世界观和科学的方法论，而且在人类历史上第一次科学地确认了领导与被领导、领袖与群众的关系，为领导科学的产生提供了重要的理论基础，为领导科学的研究指明了方向。特别是无产阶级和广大劳动人民在马克思主义的指导下，开始了自己的革命和建设的伟大实践。广大劳动群众一旦以"社会主人"的资格来驾驭"社会机器"时，无论是政治领导，还是行政领导，或是各种业务领导，在内容和形式上，在深度和广度上，与无产阶级取得政权以前相比，都有很大的发展，领导活动这一社会工程，就必须要用马克思主义这一先进的思想和科学方法来研究和揭示其活动规律。

### 三、领导科学的理论体系

领导科学的科学体系，是以物质生产活动为基础的各种社会活动中领导活动的客观关系的主观反映。确立领导科学的科学体系，必须遵循在以物质生产活动为基础的各种社会活动中领导规律本身的逻辑顺序，因此，领导科学的逻辑结构是：

**研究对象论。**阐明领导科学的研究对象、领导科学的产生和发展、学习领导科学的意义和方法。

**领导要素论。**它包括领导者、被领导者和作用对象的内容。主要阐明领导要素是领导者、被领导者和作用对象，分析它们在领导活动中的地位、作用及其相互关系，论述各要素作用的发挥。

**领导环节论。**它包括领导目标、领导信息、领导规范的内容。主要阐明领导活动的诸要素是由这些领导环节把它们联结起来，分析各领导环节的一般特征和功能，研究各领导环节把领导要素联结起来的运作问题。

**领导结构论。**它包括领导组织结构、领导体制、领导机制、领导班子群体结构的内容。主要阐明领导要素通过领导环节把它们联结起来所采取的方式，分析领导结构的基本概念、类型、功能、形式和发展，研究领导结构建立的具体操作问题。

领导职能论。它包括科学决策、选贤任能、领导思想政治工作的内容。主要阐明领导要素通过领导环节按一定的领导结构有机地结合在一起形成现实的领导活动。研究如何行使这些职能的问题。

领导观念论。它包括领导思想观念、领导思维方式、领导心理的内容。主要阐明领导活动成员要使领导活动获得成功，需要树立什么样的领导观念，论述领导观念的更新。

领导方法论。它包括哲学方法论、系统科学方法论、本学科领域的专门方法论的内容。主要阐明领导方法的学说或理论，研究领导方法论在领导活动实践中的具体运用。

领导艺术论。它包括领导职权行使艺术、领导人际关系协调艺术、竞争领导艺术、运用会议艺术、运筹时间艺术的内容。论述领导者如何掌握和运用主要的领导艺术。

领导效益论。它包括目标效益、智力投入效益、社会效益的内容。论述领导效益的内容，分析如何评价领导效益，研究如何提高领导效益。

# 第一篇 领导要素论

领导科学，首先必须研究领导活动由哪些要素构成。因为对一个事物的组成要素都没有搞清楚，就谈不上对该事物的研究；只有把事物的构成要素搞清楚，才能对该事物进行系统研究。本篇就是研究领导要素。领导活动由领导者、被领导者和作用对象诸要素组成。

# 第一章 领导者

领导活动中,人们对领导者十分关注。每一位领导者都应当认识自己在领导活动中的地位,发挥自己在领导活动中的作用,明确领导者必须具备的基本素质,并不断努力提高自己的素质。

## 第一节 领导者的概说

### 一、领导者的涵义

现在人们对领导者下的定义还不一致。有的人认为:领导者是在领导活动中负责组织、决策、指挥和管理的人员。有的人则认为:领导者是指在社会共同活动中,在一定职位体系中担任一定领导职务的个人或集体,等等。正确把握领导者涵义的时候,必须把握以下要点:

(一)领导者总是一定组织的意志体现者

我们知道,领导活动是和社会群体联系在一起的。哪里有群体活动,哪里就会有群体的"头头"。正是有"头头"的组织,群体才得以形成和存在。可见,领导者与社会群体是密切相关的,总是领导着一定的社会群体。

(二)领导者总是一定组织的意志体现者

任何领导活动都是一种有目的的活动。要达到目的,就要确立相应的目标,并进行决策。而一个群体、一个组织要确立自己的目标,总要通过一定的人或集团来制定并做出决定。要能对群体、对组织的目标做出决定,必须是组织、群体要赋予某个人或集团相应的权力。领导者,正是从组织中、群体中挑选出来的赋予其相应的权力以实现组织目标和组织意志的体现者。

(三)领导者总是领导活动的组织指挥者

由于领导活动是其成员去完成共同任务的群体活动,因此,就需要组织、协调各成员的活动。领导者正是领导活动各成员的活动的组织者、指挥者。

可见，领导者是在领导活动过程中率领或引导一定的人或人的集体朝一定目标前进的个人或集团。

**二、领导者的基本特征**

要深刻理解领导者的涵义，必须要认识领导者的基本特征。领导者的基本特征是：

（一）代表者

江泽民同志指出："我们党必须始终代表中国先进生产力的发展要求，代表中国先进文化的前进方向，代表中国最广大人民的根本利益。"① 江泽民同志在这里精辟论断的中国共产党的"三个代表"重要思想，也适用国家的领导者。因为作为社会主义国家的领导者，不管是哪一级的领导者，他们都是为人民服务的，是人民的"公仆"，所以是最广大人民利益的代表；同时，领导者代表国家利益行使国家职能。而在社会主义制度建立后的国家职能，是全面地领导经济建设事业、发展社会生产力、完善和发展社会主义生产关系、加强文化建设和思想建设，所以，领导者作为代表者，就应当代表中国先进生产力的发展要求，代表中国先进文化的前进方向，代表最广大人民的根本利益。一般说来，领导者的产生如果是由一定组织正式委任的，领导者就比较注重考虑上级的意志；如果是通过群众民主选举产生的，就比较注重考虑本组织群众的利益和要求。在领导者产生的形式上，如何促进领导者既代表国家利益又代表群众利益，而且在这两者发生矛盾的时候自觉地协调好，这是很值得研究的。

（二）当权者

领导者具有与组织赋予其一定职位相适应的领导权。这种权力来自组织正式授予他的法定地位。一般来说，领导者都不同程度地掌握着下列领导权。

强制权。这是指利用物理性的制裁或威胁的权力。

决策权。这是指领导者对本单位的战略和策略、目标和规划、合理利用资源等做出决定的权力。

指挥权。这是指领导者组织、管理并要求下属服从领导和部署，以实际行动去实现组织目标的权力。

授予权。指领导者有权将一定的职权委托下级去行使，使之有必须的权

---

① 《十六大报告辅导读本》，人民出版社2002年版，第10页。

限去使用资源,做出决策,负起责任。

人事权。指领导者对工作人员的录用、培养、调配、任免等权力。

奖励权。指领导者对积极完成任务作出贡献的下属,给予物质上和精神上奖励的权力。

（三）负责者

一个组织或团体的领导者,在领导活动实施过程中,在自己的职务和权力范围内肩负着应做的工作和应负的使命。所以,人们通常把领导者叫"负责同志"。领导者肩负的责任是由法定职务、法定的权力确定的,主要是:

政治责任。领导者必须对贯彻党和国家的路线、方针、政策,执行国家的有关计划和交办的任务等做出承诺,对因违反特定的政治任务而导致的政治上的后果要承担责任。

工作责任。领导者必须根据客观实际,为组织和团体指明理想的发展方向,正确提出任务,制定可行的战略和策略,及时做出决策;正确地选拔和使用干部,发现和培养人才,组织下属执行决策和任务;确立合理的工作规范,协调内外关系,合理利用资源;检查对决策和任务的实施情况,及时发现问题,纠正错误或偏差;领导并开展思想政治工作,调动下属积极性,克服各种错误思想,保证任务的完成,取得高的效益。

法律责任。领导者应在国家法律、法令和各级政府的法规、条例许可的范围内工作,依法办事,承担相应的法律责任。

（四）服务者

领导者就是服务者,这是由社会主义领导活动的性质所决定的。由于我国的经济基础是社会主义经济基础,作为上层建筑的国家机关和各级领导机关应当为发展社会主义经济基础服务;由于中国共产党的根本宗旨是全心全意为人民服务,因此,领导机关和各级领导干部必须勤勤恳恳地为人民办事;由于我们国家的一切权力属于人民,因此,各级领导机关和领导干部必须忠诚地为人民掌权,接受人民的监督。可见,"领导就是服务"[①],这是社会主义领导活动的根本性质。

领导者就是服务者,是指领导者要为广大人民群众的利益而工作。它的具体内容是:

领导者是为人民服务的公仆。领导者要成为人民的公仆,就是按照人民

---

① 邓小平:《把教育工作认真抓起来》,《邓小平文选》第三卷,人民出版社1993年版,第121页。

的意志办事，把维护群众的利益作为自己唯一的天职，如果谁以权谋私，那么，他就从人民的公仆蜕化为人民的老爷；领导者要密切联系人民群众，和人民同呼吸、共命运，如果谁以官自居，高高在上，不关心人民的疾苦，那么，他就从公仆蜕化为官僚；领导者要以普通劳动者的姿态出现，平等地对待群众，如果谁自视高人一等，以势压人，那么，他就从人民的公仆蜕化为人民的统治者。

领导者在自己的领导岗位上为人民服务。领导者为人民服务，就是把为人民服务的思想岗位化，做好本职工作。诸如，确定方向，树立目标，制定计划，健全机构，选用人才，组织力量，指挥行动，跟踪变化，协调关系，控制系统，开拓事业等，都是领导者本职的工作，都应当在这些工作中为人民服务。

领导者为大多数人民群众服务。领导者是服务者，就不能为少数人或小集团谋利益，应当为大多数人谋利益。为此，领导者要识大局，要把目光投向大多数群众，把时间和精力用在为大多数群众的服务上，所制定的方针政策都要体现大多数群众的意愿和利益。

### 三、领导者的地位

领导者的本质，是由领导者在领导活动中的地位所决定的。我们要理解领导者的涵义，还必须认识领导者的地位。

领导者在领导活动中是处于主脑地位的。具体表现在：

（一）领导者是领导活动的主体

在领导活动中，就要素来讲，它是由领导者、被领导者和客观作用对象构成的。然而，仅有这些要素还不能成为现实的领导活动，而必须通过领导目标、领导信息、领导规范这些领导环节把它们联结起来。同时还必须遵循一定的结构产生领导活动的实体——"组织"后，领导活动才能最终形成。在领导要素、领导环节、领导结构之中，领导要素是主要的。因为只有领导活动各要素齐全，才能去"制造"各领导环节，去构建领导结构，从而产生领导活动的实体。而在各领导要素中，领导者是主要的，领导者在"制造"各领导环节，构建各领导结构，形成领导实体中都起基本的作用。可见，领导者是领导活动这一事物的关键要素。

（二）领导者处于领导活动的主宰位置

前面我们曾分析到领导者是领导活动的代表者、当权者、负责者，因此，权力由他行使，职责归他履行，利益通过他来体现和反映，处于主宰位置。

### 四、领导者的作用

领导者在领导活动中所处的主脑地位，决定了它的主导作用。这种作用表现在：

**（一）为领导活动决策起定向作用**

任何领导活动都要做出相应的决策，诸如，对领导活动确定方向、制定目标、规定任务、选择途径、选用人员等。现代社会，决策与执行分开，"谋"与"断"分开，决策层与管理层分开，领导活动决策只能由领导者来做出。在领导活动决策中，领导者对领导活动方向的确定是否正确，制定的目标是否可行，规定的任务是否恰当，选择的途径是否有利，任用的人员是否得当，对领导活动决策都起定向作用。

从为领导活动确定方向来讲，领导者是否根据社会发展的方向来确定本领导活动系统的定向；是否根据事物的发展趋势来确定领导活动的指向；是否根据人心向背来确定领导活动的所作所为等，都影响到领导活动的决策定向。

从为领导活动制定目标来讲，领导者是否按领导目标与领导环境相平衡的关系来确定目标的合理性；是否按领导目标与领导系统的内在因素相平衡的关系来确定目标的可行性；是否按领导目标与利益相平衡关系来确定目标的实在性等，都影响到领导目标的决策定向。

从为领导活动规定任务来讲，领导者对本系统内各部门、各单位、各层次所规定的任务是否与其职能相称；领导者所规定的任务是否做到责、权、利相一致；领导者所规定的任务与领导目标是否保持一致等，都影响到规定任务的决策方向。

从为领导活动选用人员来讲，领导者是否按保证事业的社会主义方向来选用人员；是否按最大限度地调动人员的社会主义积极性的指向来选用人员；是否按能引导领导活动的广大成员努力提高自己素质的导向来选用人员；是否按人才发展的规律来任用人员等，都影响到选用人员的决策方向。

**（二）为领导活动组织队伍起统率作用**

领导活动远非一个人的事业，也并非仅是领导者的事业，同时也并非是一个人或是领导者所能完成的事业，必须要组织相应的队伍才能形成和实现。特别是现代领导活动不仅规模大，需要组织为数众多的领导活动成员和方方面面的部门和单位；联系面广，关系复杂，要协调内外的各个方面关系；同时变化快，要组织力量及时采取对策。而人员的组合、目标的取向、单位的构建、功能的划分、关系的协调、力量的调配等,都要通过领导者的组织、指挥来加以实现。领导者的主导作用,其中就表现为在组织队伍上起统率作用。具体说来是指:

领导者为领导活动树立起鲜明的旗帜。领导者总是根据领导活动系统的总目标、总任务,提出鲜明而响亮的口号。这个口号一旦提出,就像高高举起的鲜艳旗帜,使全体成员的思想行动都聚合到它的下面来。我们党的领导者,在各个历史时期都树立起鲜明的旗帜,使全党同志、全国人民都汇集到这面旗帜下,具有强烈的聚合功能。诸如,在抗日战争时期提出:"打败日本侵略者!"在解放战争时期提出:"打倒国民党反动派,解放全中国!"在抗美援朝活动中提出:"抗美援朝,保家卫国!"在党的十一届三中全会以后,我们党又高举起"建设中国特色社会主义"的伟大旗帜,进入21世纪的时候,我们党又提出"全面建设小康社会,开创中国特色社会主义事业新局面",等等,这些都使全党同志和全国人民形成认同和一致行动,产生强大的向心力和凝聚力。当然,这并不是说领导者提出的任何口号都有这一功能,而是要看领导者提出的口号对领导目标、领导任务的凝炼程度;要看口号对国家利益、集体利益和个人利益的相结合程度;要看口号对人们长远的根本利益与目前的现实利益的有机结合程度。

领导者为领导活动制定和执行正确的政策。政策,是一个政党或国家在一定历史时期内为实现一定任务而规定的行动准则。领导者为实现领导目标总要制定相应的政策和措施。政策是理论指导实践的中间环节,是理论联系实际的桥梁,是理论与实际相结合的产物,是马克思主义基本原理在革命和建设中的具体运用和体现,理论不化为政策就无法指导、规范人们的实践,实践没有政策作指导就无法统一人们的思想和行为,因此,领导者为领导活动制定和执行正确的政策,就成为其对组织队伍起统率作用的重要方面。这也就是人们常说的"政策是最有力的指挥棒"。当然,在这里领导者的统率作用的大小关键是要制定正确的政策。领导者制定的政策如果符合客观实际,符合人民的利益,又是服务于领导活动的总目标、总任务的,同时各个方面的政策又是相互协调的,那么,政策的统率作用就会充分地显现出来。

领导者带动领导活动的开展。领导者的统率作用,还表现在领导者是领导活动的带路人,带动领导活动的开展。领导者对领导活动的带动,一般是通过两个方面来体现的:一方面,领导者通过自身的以身作则来带动群众。领导者模范带头的实际行为,既强有力地体现领导者代表群众利益,又以身作则地实现群众利益,为群众做出榜样,从而产生上行下效的效应,有力地统率着整个队伍。另一方面，在领导活动组织系统中，形成一个层层带动关系。这种带动关系主要是：在领导班子中，"班长"带动其他领导成员；在领导活动的干部系统中，领导干部带动一般干部；在全体领导活动成员中，党员、干部带动群众；在领导活动组织系统中，上级带动下级，机关带动基层。

（三）领导者为领导活动编排秩序起中枢作用

领导活动各要素之间的联系和运动不是任意的，而是有它的内在的组合方式及其发展变化规律的。譬如，领导活动三要素各自要具备怎样的属性，才能有机地组合起来；三要素在数量上如何配比才算是妥当的；三要素在时序变化上和空间布局上怎样才算最合理，等等，这些都是要靠领导者去编排，使领导活动按客观规律要求有序地运行。因此，领导者的主导作用还表现在为领导活动编排秩序起中枢作用。具体是指：

处理结构与功能的关系。领导者对领导活动秩序的编排，首先是对结构与功能关系的处理上。领导活动系统，从内部来讲，诸要素总是按照一定方式相互联系而形成一定的结构。通过这种结构，系统内部诸要素就组成了一个整体。从系统外部讲，系统与环境相互联系时总要表现出一定的属性、能力和作用，这就是功能。由于结构与功能的关系具有辩证性质，结构决定功能，功能具有相对独立性，因此，领导者对领导系统结构与功能关系的处理，就为领导活动编排了秩序。

处理竞争与协同的关系。竞争与协同是社会生活中的一种普遍现象，领导活动秩序是在竞争与协同的对立统一中实现的。领导者在领导活动中对竞争与协同关系的处理，就关系到对领导活动秩序的编排。领导者在领导活动中是否把组织竞争与组织协同最佳地结合在一起，既关系到能否用竞争激励人们的能动性，使整个系统产生强大的抗御能力，又关系到能否用协同制约竞争，克服竞争引起的内耗，从而推动领导系统的有序化。

处理稳定与改革的关系。领导活动在发展过程中，既有各种相互协调、相互适应的确定关系，也有领导模式或领导体制的质的飞跃，我们把前者叫"稳定"，后者称"改革"。这是领导者在领导活动中必然要触及到的工作。由于"稳定"和"改革"直接关系到领导活动的秩序状态，因此，领导者对稳定与改革关系的处理，也就关系到领导活动秩序的编排。诸如，领导者是否解放思想，是否实行动态领导，能否把握住领导体制的发展过程，能否把握住改革的整个进程等，都关系到对稳定与改革之间关系的处理，从而关系到领导活动的秩序及其有序程度。

## 第二节 领导者的素质及修养

领导者要在领导活动中起到主导作用，关键是要具备相应的政治思想素质、职业道德素质、知识素质、能力素质、身体素质。其修养也应当从这几个方面着手进行。

### 一、领导者的政治思想素养

领导者的政治思想素养，是指领导者在政治方向、政治立场、思想作风等方面应达到的要求及其修养。在现阶段，领导者应具有的政治思想素养是：

（一）讲政治

由于我们国家的领导者是建设中国特色社会主义事业的领导者，所以，领导者的素养，首先是讲政治的素养。这正如邓小平同志指出的："到什么时候都得讲政治。"① 讲政治，"包括政治方向、政治立场、政治观点、政治纪律、政治鉴别力、政治敏锐性"②。

正确的政治方向。即领导者在领导活动中始终指向建设社会主义现代化方向，并且为此坚持"一个中心，两个基本点"的基本路线；坚持建设中国特色社会主义的政治路线；坚持党的领导。

正确的政治立场。即领导者观察事物和处理问题的根本立足点和所持的态度是正确的。是站在党性立场上来认识和处理问题的；是站在党和国家政策的立场上来认识和对待事物的；是站在最广大人民的需要、利益、要求的立场上来认识和对待一切人和事的。

鲜明而正确的政治观点。指领导者对各种政治现象和政治问题的根本观点和基本看法是正确而旗帜鲜明的。即在原则问题上敢于亮出自己的观点，表明自己的态度；分清重要问题的基本界限。

严格的政治纪律。指领导者遵守党纪国法；听从召唤；在政治上、思想上、行动上与党中央保持一致；反对政治纪律方面的不良倾向。

高的政治鉴别力。指领导者从政治上分辨是与非、真理与谬误的能力高。即具有高的鉴别政治性问题与非政治性问题的能力；能够分清各种政治

---

① 《邓小平文选》第三卷，人民出版社1993年版，第166页。
② 中共中央宣传部编：《讲学习讲政治讲正气》，学习出版社1996年版，第317页。

性问题的是非曲直，善恶利弊，在大是大非政治问题面前不糊涂；鉴别各种政治性问题的主次，抓住事关全局的主要问题，分清轻重缓急。

强的政治敏锐性。指领导者在政治问题上保持清醒的头脑，善于快速、系统、准确地观察、分析、判断、处理各种复杂的政治问题。它包括灵魂的政治"嗅觉"、快准的判断力、深刻的洞察力、较高的预见力、较强的调控力等。

领导者要培养自己讲政治的素质，一是要充分认识讲政治的重要性和紧迫性；二是要用讲政治的要求来规范自己的言行；三是要采取切实有效的措施，全面提高自己的讲政治素质，在实践中积极锤炼自己。

（二）较高的政策水平

各级领导者是政策的制定者和执行者，贯彻实施党和国家的政策，是领导者的任务，因此较高的政策水平是领导者政治思想素质的重要方面。领导者的政策水平突出表现在：

正确制定政策。领导者在领导活动中，需要制定规范各个方面行动的政策，领导者的政策水平，首先看能否制定正确的政策。制定的政策要正确，要有科学的理论作指导；要把握政策决策的科学程序和科学方法；政策要符合国情和其他实际情况；政策要符合社会发展的客观规律；政策要服从和服务于领导活动的总任务、总目标。

正确理解政策。领导者对政策问题的性质有较透彻的分析和认识；明确政策的目标；把握住政策的理论依据，能用有关理论阐述政策的科学性和合理性；把握政策标准。

正确宣传政策。领导者要宣传政策的内容和精神实质；宣传政策的界限和适用范围；宣传各种政策之间的相互关系；宣传政策与人民群众之间的利害关系；宣传执行政策过程中应该注意的问题；等等。

（三）实事求是的作风

领导活动必须按客观规律办事，这就要求领导者必须具备实事求是的作风。主要表现在：

一切从实际出发。把客观实际作为观察和处理领导活动中各种问题的根本出发点；具体问题，具体分析，区别对待；从本地区、本单位的实际情况出发，创造性地贯彻执行上级的指示；唯实，而不是唯书、唯上。

理论联系实际。以实际出发，以理论为指导去分析、解决各种领导活动中的问题；把尊重客观实际同坚持马克思主义科学理论的指导有机地统一起来；用马克思主义的立场、观点和方法探索解决领导活动中的新问题；在领导活动实践中丰富和发展马克思主义。

求是。领导者要在领导活动中,立足客观实际,着眼于研究,探索领导活动的客观规律性,作为领导行为的向导。

领导者要培养实事求是的作风,必须在领导活动中注重调查研究,掌握客观情况;解放思想,只要有利于解放和发展生产力,有利于坚持党的基本路线的就大胆探索;坚持党的实事求是的思想路线;坚持真理,一心为公,富有坚持实事求是的勇气和胆略。

**二、领导者的职业道德素养**

领导者的职业道德素养,是指领导者在领导工作中应当达到的道德要求及其修养。领导者所从事的领导工作是一种特殊的职业,必须有相应的特殊的道德要求,用以规范各级领导者的职业行为。每一个领导者应该对这种外在规范很好地认识、体验并自觉遵循,使之成为自己的内在素质。由于领导者或是领导整个国家,或是一个部门,或是一个单位,是代表国家或政党掌握和行使相应的权力,对国家和人民负有重大的责任,工作具有强烈的政治性等,因此,必须具备下列职业道德素养:

(一)服务

由于"领导就是服务",因此,服务精神是领导者职业道德的一条重要规范。它的主要要求是:

树立服务意识。每一位领导必须认识到服务是领导者的天职,全心全意为人民服务是这一天职的核心。每一位领导者必须明确,只有通过领导者为群众服务,才能体现群众的主人翁地位,群众才能感受到国家、集体和领导者是群众利益的真正代表者,从而增强群众的主人翁意识和主人翁责任感、义务感、自豪感。

为群众创造良好的工作环境。群众所进行的活动总是在一定的自然环境下进行的,自然环境的好坏对人们的工作影响极大,因此,领导者的服务精神很重要地就表现在为群众创造良好的工作环境。由于工作环境是人们在工作过程中直接接触到的自然境况,因此,领导者为群众创造良好的工作环境,就是要创造良好的颜色环境、声音环境、空气环境、光照环境等。

为群众创造良好的心理环境。指领导者为群众创造一个心情舒畅、精神振奋、心理相容等的环境。

为群众创造良好的成长环境。这种环境包括:浓厚的学习和研究气氛,充满竞争和协作的精神,民主争鸣的学风,认真、严谨、科学的工作态度,尊重知识、尊重人才的风气,生动活泼的培训方法等。

为群众排忧解难。指领导者调动物质条件和组织条件,为群众解决学习、生活、工作等方面的问题和困难。

为群众谋利益。指领导者从群众利益出发，勤勤恳恳地工作，开拓事业，带领群众劳动致富。

（二）廉洁

各级领导者都担负着决策、指挥等具体职责，这些职责都伴随着不同程度的人、财、物的实际权力。因此，廉洁问题就摆到每一个领导者的面前。在我们发展社会主义商品经济，建立社会主义市场经济体制的今天，廉洁问题显得更为重要。廉洁，是领导者职业道德规范的重要内容。廉洁是清白俭点，无苟且、贪婪等涵义，因此，该职业道德规范的基本要求是：

清白无污。在对待金钱、物质、财富问题上，领导绝不能把权力与金钱、物质、财富作交易；不搞以权谋私；不搞行贿受贿；不搞贪污腐化；不搞敲诈勒索等。

清正谦逊。在对待个人职位问题上，领导者要襟怀坦荡，光明磊落，不搞阳奉阴违，不争权夺利，不拉帮结派，不勾心斗角，不尔虞我诈。

俭以养廉。不讲排场，不摆阔气，不利用公款追求享受，克勤克俭。

自我约束。每一个领导者都要经常自觉地用各种法律、规章制度、条例、规定等来对照自己，检查自己；公开制度，公开办事结果；主动接受纪检、监察、审计、职工代表大会和广大群众对自己的监督检查。

树立正确的人情观念。每一个领导者都要正确对待自己的家庭、子女、亲朋好友、同学、同乡、同事；按原则办事，不开"后门"；按规定行事，不搞裙带关系。

（三）公正

在领导活动中，领导者要处理各种关系和问题，要待人处事，就必然会产生公正的问题。因此，公正是领导者职业道德的一条重要规范。

所谓领导者的公正，是指在领导活动中，领导者公平、平等、合理、正直地处理领导活动中的各种关系和问题，公平地待人处事。其基本要求是：

制定公平、合理的政策。领导者制定的具体政策和制度所体现的利益关系应当是客观利益关系的反映；政策、制度中所提出的利益、分配的利益、剥夺的利益、调节的利益等均应符合社会主义的利益原则；政策、制度所调整的利益关系应有利于社会的发展和人们积极性的调动；对政策所覆盖范围内的所有人和事都一视同仁。

公平、合理地分配资源。领导者对物资、金钱、权力、好处、机会等资源的分配，应以人们之间的某种共同点为前提作为分类标准；在"共同点"

所及的范围内进行分配；人们在同一分配规则面前一视同仁。

调解被领导者之间的矛盾时做到"一碗水端平"。领导者在调解被领导者之间的矛盾时不能厚此薄彼；不能支持一方，压制一方；不能感情用事，卷入具体的矛盾和争执的漩涡。

赏罚公正。领导者在运用奖罚手段过程中，要赏罚分明，该罚就罚，该奖就奖；在奖罚的标准上，使用同一尺度，不搞因人而异；奖罚与人们的现实工作状态相一致。

考评公正。领导者对组织成员的考核和评价要公开，公开标准，公开方法程序，公开结果。不以个人好恶、不论亲疏关系、不执个人成见来考察和评价领导活动成员。

待遇公正。领导者对领导活动成员的工作安排、晋级提升、评定职称、工资待遇、奖金发放、先进的评选等，应坚持公道，不徇私情。

（四）民主

社会主义领导者是人民的公仆，领导者个人在实践能力、认识能力等方面都有一定的局限性，因此，在领导活动中富有民主精神，是领导者职业道德规范的一项重要内容。它的主要要求是：

树立民主意识。领导者在思想上真正认识到民主是社会主义的本质特征，树立一切权力属于人民，"没有民主就没有社会主义，就没有社会主义的现代化"的观念①，把人民是国家和社会的主人，享有管理国家事务，管理经济和文化事业，管理一切社会事务的民主权利的思想深深地扎根于自己的头脑之中。

尊重人民群众当家作主的权利。由谁当家作主是民主的实质问题，因此，领导者的民主精神就表现在尊重人民群众当家作主的权利上面。领导者尊重人民群众当家作主的权利，就要在行使领导职能的全过程中体现出来。领导活动由人民群众当家作主；用法制来保证人民群众当家作主的权利；在领导制度的建立上，在领导体制的建设上，在领导方式的采用上等都以有利于人民群众当家作主权利的实现为走向。

充分发挥人民群众的主人翁作用。这是指领导者在领导活动的各方面，如政治上、经济上、文化上、管理上、决策上，都要使人民群众的意志、愿望、要求、利益等得到切实的体现。

认真执行各项民主制度。指领导者在领导活动中要认真执行国家的民主制度、国家的政权组织制度，认真贯彻民主集中制和其他有关民主的各项具

---

① 《邓小平文选》（一九七五——一九八二年），人民出版社1983年版，第154页。

体规定。

实行民主作风。如密切联系群众；有事同大家商量；善于听取人民群众的意见；民主办事；乐于接受群众的民主监督，自觉听取群众的批评；按民主的要求来评价自己和他人的领导行为；等等。

（五）务实

领导者要为人民服务，就应当扎扎实实地为人民办事，因此，求实、务实是领导者职业道德规范的重要内容。它的主要要求是：

坚持实事求是的思想路线。指领导者按照实际情况决定领导活动的方针和制定具体计划。

注意调查研究。指领导者把调查研究当做自己的首要任务；把调查研究作为开展领导活动的前提和基础；把调查和研究统一起来；把调查研究作为转变领导作风的重要环节。

为群众办实事。指领导者牢记为人民服务的宗旨，一步一个脚印扎扎实实地抓落实；专心致志地干实际工作，不搞花架子，不做表面文章，不哗众取宠。

领导者要培养自己高尚的职业道德，一是要认真学习道德理论，加深对领导者职业道德基本原则和基本规范的理解和认识；二是努力培养自己的道德情操，经常对自己履行的道德义务和道德行为进行自我评价，使自己心理上不断产生良好的情绪体验；三是不断排除自己在履行道德义务时所出现的各种内心障碍和干扰，加强道德意志锻炼；四是从领导活动中的各项事情做起，养成良好的职业道德习惯。

### 三、领导者的知识素养

领导者的知识素养，是指对领导者在知识结构方面的要求及其修养。

领导者的知识结构，是指领导者个体所具有的各种不同知识的配比组合。

领导者必须具备合理的知识结构，这是开展领导活动的客观需要。从领导者所处的地位来看，他只有继承和运用人类创造的丰富知识，才能率领广大群众去实现领导活动的目的。从领导者的职业特点来看，他所从事的领导工作，要行使决策、用人等职能，内容复杂，涉及面广，只有合理的知识结构才能适应工作需要，实现科学领导。从现代社会生产力和科学技术发展状况来看，现代信息剧增与领导者接收信息的时间、空间之间存在着矛盾；知识陈旧率加快与领导者需要更多的知识之间存在着矛盾；现代科学技术既高度分化又高度综合的发展趋势与现代领导者的知识面过窄之间存在着矛盾。

这些矛盾只有通过建立合理的知识结构才能解决。综观领导活动，凡做出重大业绩的领导者，都跟其合理的知识结构有关。现代领导者知识结构的合理性主要表现在：

（一）知识的广博性

这是指知识的宽广程度。领导者知识的广博性，体现在既具有起主导核心作用的主导知识；又具有与主导知识相邻近且与其紧密相关联的"邻近知识"；还具有与主导知识相距较远、关系不密切，但又对其起"遥感作用"的"边远知识"。现代领导者应具有下列知识：

科学文化基础知识。这是指自然科学和社会科学的基础知识，诸如数学、物理、化学、文学、外语、历史、逻辑学等。领导者只有具备这些知识，才具有基本的文化知识水平和语言文字表达能力。

专业基础理论知识。这是指马克思主义理论和领导管理理论的基础知识，如马克思主义哲学、政治经济学、科学社会主义、中国革命史、中国共产党建设理论、社会学、法学、管理心理学等。领导者只有具备这些知识，才具有领导管理的一般知识。

行业知识。这是指领导者对于自己所从事的领导活动的某一行业或部门的专门知识。领导者只有具备这些知识，才能保证自己掌握本行业的发展趋势，对系统内部存在的问题找出症结所在，并做出相应的对策，从而才能对本行业实施领导。

专业知识。这是指领导者的主专业知识，诸如领导科学、领导者职业道德、行政管理学、政策学、经济管理学等，领导者只有具备这些知识，才能实行有效领导和把握住发挥领导艺术的前提。

（二）知识的精深性

即对在知识中起主导核心作用的知识的精炼、纯熟，一般是以一两门知识为主的复合知识。领导者的知识精深性主要表现在：

精通领导工作所需要的专业知识。领导者对领导工作所需要的领导科学、政策学等专业知识应当精通，成为这方面的专家、内行。

对领导工作所需要的专业知识突出纵向发展。领导者对自己工作需要的主专业知识，要知道它的发展历史，要明确现在的发展状态和趋势，要把握它的学术动态，要进入它的学术前沿，力争走在前列。

对领导工作所需要的专业知识进行"窄化"。即领导者对必须掌握的专业知识，在越来越窄的领域内，集中精力突出地重点地进行精深的研究。

对领导工作所需要的知识进行"活化"。这是知识精深的最突出的表现。所谓知识"活化"，就是领导者对掌握的理论知识能转化为实践知识，能够运用知识解决领导活动中的问题。

（三）知识的系统性

这是指领导者的知识不是杂乱无章的,而是按科学的内在联系组织起来的,是按领导活动需要有机地结合在一起。领导者知识的系统性主要表现在：

知识的"有序化"。这是指领导者的知识呈有序状态,在新旧知识之间,在各学科知识之间,在文化基础知识、专业基础知识、行业知识、专业知识之间,在主导的核心知识、邻近知识、边远知识之间,已经形成条理化状态。

知识的"网络化"。这是指领导者的各种知识发生有机的联结而组成一个知识网络。这种知识网络是新旧知识的联结,新知识是旧知识的发展、延续和扩大,或新旧知识融合成一种其他知识；各种知识以起核心主导作用的知识为轴心形成联结；各学科知识之间按其结构和内在联系进行"串联",最后形成知识网络。

知识的"整体化"。指领导者的各种知识形成了一个统一的有机整体,它们之间相互联系、相互制约、相互促进。具体是指各种知识之间互为因果；各种知识疏密得当,知识的广与博适度,知识的广博与精深适度；各种知识之间形成整体优势,产生整体效应。

知识的"比例化"。指领导者的各种知识按一定比例协调发展,特别是主导知识与邻近知识、边远知识之间,始终形成一个协调的比例,互为作用。

知识的"层次化"。指领导者的知识呈现出从低到高、由浅入深、自基础领域向相关领域再向专业领域发展的环环紧扣、层层递进的状态。

（四）知识的动态性

这是指领导者的知识结构是一个能够不断进行自我调节的动态结构。领导者知识结构的动态性,主要表现是：

更新知识,适应领导环境的变化发展。这是指领导者要随着领导环境的发展变化,诸如新的技术革命的开展,各项体制的改革等,自觉更新自己的知识,使之相适应。

补充知识,适应领导工作的变化发展。这是指领导者要随着自己在领导活动中的具体工作的变化发展,诸如自己所领导的事业开拓了新的领域,或自己调离了原来的领导工作而从事其他领域的领导工作,及时补充新的知识,以适应具体工作的变化发展。

调整知识,适应自身素质条件的变化发展。这是指领导者在领导活动实践中,发现了自己更大的潜力,或形成新的优势,或自身某条件发生大的变化,就需要对自己的知识进行调整,以适应自身素质条件的发展变化。

领导者要培养自己的知识素质，一是要把握关键性知识，以它为中心来构建知识结构；二是要注意适应性，即构建的知识结构要与自己分管的领导工作所要求的知识相适应；三是要注意知识之间联结的有机性，从而产生最佳的功能。

**四、领导者的能力素养**

领导者的能力素养，是指领导者有效地从事领导工作在能力方面所要达到的要求及其修养。领导者的能力主要是指：

（一）决策能力

决策是领导活动的重要职能。决策正确能使领导活动走向成功，否则会使其惨遭失败。因此，决策能力是领导能力的重要方面。

领导者的决策能力，是指领导者对本部门、本单位领导活动问题及时而正确地做出抉择的能力。它主要包括：

分析能力。领导者对事态的决断，需要对事物进行诸多的分析。分析能力是将领导者在对领导活动问题做出决断的过程中，对有关的事物、现象等进行分解和剖析的能力。主要是指分析事物的组成因素，确定各个因素在整体中所占有的特殊地位，区分其中主要因素和次要因素，普遍因素和特殊因素等；分析事物之间的诸多关系，如需做出决断的该事物与时代、社会潮流之间的关系、与周边环境的关系、与领导活动整体的关系等；分析该事物产生、发展以特定空间和时间以及所处的不同发展阶段的时空条件；分析该事物的矛盾及其矛盾运动；等等。

判断能力。指领导者对需要做出决定的事物的有关问题做出辨别和断定的能力。这是指在对事物做出各种分析的基础上，对事物的本质、价值、发展现状及其趋势、发展的后果等做出判断。

政策控制能力。这是指领导者用政策来控制决策的过程中，使决策在政策范围内活动的能力。主要表现在领导者做出的决策符合党和国家方针、政策、法令、法律的程度。

决断能力。这是指领导者及时做出正确抉择的能力。它主要表现在领导者在决策过程中的沉着、谨慎、果敢、及时的程度。

决策创新能力。这是指领导者做出独特性、新颖性、科学性决策的能力。

领导者的决策能力，就是其分析能力、判断能力、政策控制能力、决断能力、创新能力的综合结果。领导者要培养自己的决策能力，就要善于运用智囊团这一"外脑"来补充自己的"内脑"；要编织好自己的知识结构，使之与科学决策要求相适应；要强化自己的战略意识，锻炼自己的战略眼光；

要不断克服旧观念、思维定势以及畏惧困难等心理障碍；努力学习和掌握决策的科学理论和方法。

（二）预见能力

领导者在领导活动中，要做出正确的决策，要对未来活动中的困难和机会做出充分的估计，要寻找解决问题的最佳方案，要对领导活动增强信心等，都要靠领导者的预见能力，因此，预见能力是领导者必须具备的能力素质。

所谓预见能力，是指领导者洞察未来的能力。它主要表现在：

预见事物的发展趋势。这是指领导者能从社会生产方式的发展变化中来认识社会历史的发展方向；能洞悉人民的意愿和真切了解人心向背；能从事物本身固有的客观规律来认识事物的发展变化。

预见领导活动前进过程中的困难和机会。这是指领导者能根据领导活动过程中各种因素的相互作用，窥视到前进过程中的不利因素和有利因素，并能根据这些因素与领导活动之间的关系，预见前进中的困难和机会，积极利用机会，及时排除困难。

预见领导活动实践的后果。指领导者预见领导活动中各种实践活动相互联系、相互制约、相互作用的结果；预见各种实践活动过程中内外条件变化所带来的结果；预见各种决策实施后所导致的结果。

领导者要培养和提高自己的预见能力，一是要增强发掘规律的能力，从掌握的大量事实材料入手，运用自己所积累的经验、知识和理论，去寻找事物之间内在的、本质的、必然的联系；二是努力学习和掌握唯物辩证法，运用唯物辩证法规律和范畴预见未来；三是不断提高捕捉事物变化的"征兆"的本领，从征兆之间的联系和跟踪其变化来预见事物的发展方向；四是不断提高自己的逻辑推理能力和超前思维能力，利用逻辑规则对事物的发展做出符合规律的推测。

（三）组织指挥能力

组织指挥是领导活动的重要职能，领导者要很好地行使这一职能，必须具有与其相适应的组织指挥能力。

所谓组织指挥能力，是指领导者善于运用各种组织形式和组织力量，团结所有的单位和人员去实现共同理想和目标的能力。它主要表现在：

组织力。这是指领导者能够把不同性格、不同专业、不同层次的人员集合到共同理想的旗帜下的人员组织能力；能够把领导活动的各个要素、各个环节、各个部门根据时间、空间、职能、任务的相互联系，有效地合理地设置组织机构和采用一定的组织形式的组织设计力；能够根据领导活动环境、任务等的变化，对领导体制进行改革的组织变革力。

统率力。这是指领导者能深刻理解自己所在单位所处的环境和它的基本任务，制定好的规划的规划能力；能够运用各种组织形式和组织力量，率领领导活动成员去逐步实现战略目标的实施能力；能够把党和国家制定的政策、法规和上级的指示化为被领导者行动和把组织的奋斗目标化为被领导者的内在需求的转化力；等等。

协调力。这是指领导者能够根据领导活动需要，善于沟通信息；能够根据领导活动的总目标、总任务，协调各单位、各部门以及各个成员的职能和任务；能根据按劳分配原则，协调组织之间、人们之间的利益关系；能够解决部门之间、单位之间、领导活动成员之间的各种矛盾。

控制力。这是指领导者为使领导活动沿着既定方向运动，能够发现决策执行结果与预定目标之间的差距的能力；能够认识和评价差距与领导活动之间关系的能力；能够采取有效手段，缩小应该缩小的差距的能力。

领导者要培养和提高自己的组织指挥能力；要努力学习和善于运用组织理论；要使自己产生强大的影响力；要注意发现和培养典型，运用典型带动各级组织、推动全体成员；还要善于应变。

### （四）表达能力

在领导活动中，领导者需要对领导工作进行科学研究，需要向上级和广大领导活动成员汇报工作，需要向下级发指令、布置工作，需要发动广大成员为实现领导目标而努力奋斗，需要做思想政治工作等，而这些工作都需要通过表达能力来加以实现。因此，表达能力是领导者必须具有的能力。

所谓领导者的表达能力，是指领导者能明确地说明某种情形的能力。它主要表现在：

文字表达能力。这是指领导者能根据领导工作需要，做工作总结，写报告，组织讲演稿，撰写论文等。这些文字表达要能达到准确、精炼，叙述平实，层次分明，条理清楚，内容充实，说理充分等。

口头语言表达能力。这是指领导者具有演讲、做动员、工作报告、会议发言、劝说领导活动成员等方面的能力。这些方面的口头语言表达，不但要求内容正确，而且指向明确，同时要逻辑性强，声情并茂，富于哲理，等等。

领导者要培养和提高自己的表达能力，就要多读书；要体验生活，观察生活；要注意语法修辞；要在写作技巧、运用语言等方面多实践；加强逻辑思维和形象思维的修养；把握不同语言形式的特点，等等。

### （五）创造能力

从根本上说，领导工作本身就是一项创造性的工作。在现代领导活动中，由于竞争激烈；新现象、新情况、新事物、新问题层出不穷；特别是我国的社会主义领导活动，是马克思主义普遍真理与中国具体实际相结合的建设中国特色社会主义的伟大实践活动，领导工作的创造性更为明显，因此，创造能力是领导者能力素质的重要方面。

所谓创造力，是指领导者在领导活动中，善于新颖而独特地解决问题，产生出有价值的新思想、新方法等创新成果的能力。领导者的创造力主要表现在：

创造性地发现问题。这是指领导者用新的观念，站在新的角度，以新的眼光去观察人们认为发展正常的事物，从而发现它与应有状态之间的差距，提出需要解决的问题。

概括新的领导思想。这是指领导者在领导活动实践中（包括自己的领导工作实践和其他领导者的领导工作实践），从偶然性中寻找到必然性，从特殊性中概括出一般性，从而提出具有普遍意义的领导思想和理论。

提出新的领导方法。这是指领导者用新的方法和对策解决领导活动中存在的旧问题或新问题。

开拓新的实践领域。这是指领导者在人们尚未发现的新领域或尚未认识的空白领域从事开拓性的工作。由于这种开拓性工作意味着开辟了新的领域，填补了空白，当然也是创造力的一种表现。

创造领导活动条件。这是指领导者在领导活动中，通过发挥领导活动成员的主观能动性，在现实可能的情况下，去打破某些条件的限制，去改变一些不利的条件，去创造一些有利条件，使领导活动条件朝着有利于达到领导目标的方向发展。由于领导者在这里创造了应该创造也有可能创造的有利条件，使可能性转化为现实性，所以，它也是领导者创造力的表现。

领导者要培养自己的创造能力，从观念上讲，不能因循守旧，墨守成规，而要树立新观念。从思维上讲，要锻炼自己的创造性思维，在认识世界和改造世界过程中，独立思考，加大思维力度和思维跨度，善于综合前人和他人的思维成果进行思维活动。从方法上讲，经常进行创造方法的自我训练。从工作上讲，对例行公事要及时发现新问题，总结新经验，探索新路子；对领导活动中的新问题，要认真分析，勇于开拓，大胆操作新设想、新方案。从知识上讲，既要能把新知觉到的信息纳入自己现有的知识体系之中，又要能使之与以前积累的知识相对抗，寻求新的理论解释。

# 第二章 被领导者

被领导者是领导活动的要素之一，是领导者的服务对象，在领导活动中具有重要作用。作为一个被领导者，应当认识自己在领导活动中的地位，发挥自己在领导活动中的作用，明确被领导者应当具备的基本素质，做个合格的被领导者。

## 第一节 被领导者概说

### 一、被领导者的涵义

要把握被领导者这一领导要素，首先要认识被领导者的涵义。

（一）关于被领导者定义的几种学术观点

关于被领导者的涵义，以往的辞典中没有涉及，领导学的研究在我国兴起后，才在有关的专著和辞典中进行论述。有的认为被领导者"是指领导者所辖的个人或组织"；有的认为被领导者"是相对领导者来说的，是指在一定组织中处于被领导地位的人员"；有的认为"被领导者是领导者与作用对象之间的中间环节"；有的认为被领导者就是"人民群众"。

（二）被领导者的定义

被领导者的涵义有其本身的规定性：

领导活动是和社会群体联系在一起的。而社会群体是由相互依赖、彼此分工合作的人员组成的集体；领导活动群体就是由相互依赖、彼此分工合作的领导者和被领导者组成的集体。

领导活动群体跟其他社会群体一样，都有共同的目标。为此，要有人确立目标，也要有人去具体实现目标。而被领导者正是具体实现共同目标的奋斗者。

领导活动群体跟其他社会群体一样，有规范性的组织章程，作为活动的规范。这就需要有人享有相应的权力来实施章程。被领导者就赋予领导者这些权力，并监督其正确行使这些权力。

领导活动群体跟其他社会群体一样，要使领导活动顺利开展，必须协调好领导活动成员的各种活动。这不仅需要领导者的组织领导，而且需要被领导者承认领导者的领导，服从领导者的领导，接受领导者的领导。

根据以上对被领导者的规定性的分析，可以把被领导者定义为：被领导者是在领导活动群体中，赋予领导者的领导权力，并接受领导，按组织规范行动，朝共同目标前进的人或集体。

**二、被领导者的基本特征**

要真正把握被领导者，必须认识它的基本特征。

**（一）领导活动任务的直接执行者**

任何一个领导活动系统，都有相应的功能，完成相应的任务。领导者根据客观规律的要求，结合本系统的实际，做出决策，确定任务，组织指挥广大被领导者去实施决策，执行各项任务。被领导者在完成各项领导活动任务中，直接跟客观作用对象打交道，用自己的智力和体力直接作用于客观对象，是各项任务的直接操作者、执行者。

**（二）领导活动权力的赋予者**

在领导活动中，不同层次的领导者都有相应的权力。领导者的权力，在形式上是由其组织按照一定的程序授予的。实际上，领导活动的各种权力，是广大被领导者或其代表以其主人翁身份通过讨论协商决定的，并反映在组织的章程和规定之中，被领导者是领导活动权力的赋予者。

**（三）领导活动的监督者**

由于社会主义的领导就是服务，是为广大被领导者服务的，为此，为使各种领导活动更好地反映被领导者的意志、愿望和要求，充分体现被领导者的利益，保证领导活动的社会主义性质，必须要对领导活动实行监督。而领导活动是否反映被领导者的意愿，是否体现被领导者的利益，需要被领导者来评判和认可。如何更好地实现领导活动的服务性，也需要被领导者充分发表意见。因此，被领导者是领导活动的监督者。

**三、被领导者的作用**

被领导者在领导活动中处于被领导的地位。由于我们的领导活动是社会主义领导活动，被领导者在其中起着基础作用。要做一个合格的被领导者，很重要的是充分发挥基础作用。

(一) 主人翁作用

由于我国是社会主义国家，在领导活动系统里，广大被领导者是本部门、本单位的主人，因此，被领导者要充分发挥应有的作用，首先就应发挥主人翁作用。

所谓主人翁作用，就是广大被领导者要有主人翁的责任感，以主人翁的姿态投入到领导活动中去，努力当好主人，为实现领导活动的任务贡献自己的力量。其具体表现是：

想主人翁之事。领导活动是被领导者自己的事，本部门、本单位的领导活动与自己休戚相关、利益与共，经常想到本部门、本单位的领导决策如何，人们的积极性充分发挥了没有，领导活动的各项工作取得了哪些成绩，有哪些地方需要改进，如何改进……

认真行使主人翁的权利。在社会主义国家里，广大被领导者都是以主人翁身份出现的，有决策管理的参与权，有监督领导者和维护职工合法权益等方面的权利，要充分发挥主人翁作用，就必须认真行使这些权利。广大被领导者要认真学习有关规定，要经常地、直接地行使这些权利，要积极支持自己的组织和代表依法行使各种职权。

尽主人翁之责。广大被领导者要积极履行主人翁的使命和责任。为此，广大被领导者一是要努力建设被领导者与领导者、领导活动组织结成的命运共同体；二是要忠实地、出色地完成各自的岗位责任；三是认真贯彻党的基本路线和各项方针、政策。

广大被领导者要充分发挥主人翁作用，必须：

树立主人翁观念。被领导者要充分发挥主人翁作用，首先要树立主人翁观念。主人翁观念不是抽象的，而是具体的，它包括：主人翁的自主自律意识——即以主人翁的姿态对待一切，在领导活动中的一切活动要对自己负责、对集体负责、对国家负责，并以此来自觉约束自己的行为，使之符合社会主义的价值取向。主人翁的责任意识——被领导者以积极主动的态度和奉献精神，参加本部门、本单位的社会主义物质文明、政治文明、精神文明建设，创造性地履行自己的职责。主人翁的权利意识——被领导者通过不同形式正确行使和实现各项民主权利。主人翁的利益意识——明确自己享有共同分享劳动的成果，获得与自己劳动相适应的物质利益的权利。

策动主人翁行为。被领导者要充分发挥主人翁作用，重要的是自己的行为是与主人翁的要求相称的或者说是相一致的。被领导者要行使自己的主人翁权利，一是以当家作主的社会需要作为自己行为的基础；二是以命运共同体的利益来设置自己行为的目标和规定自己行为的方向；三是以集体主义动机来支配自己的行为；四是以社会化大生产和社会主义社会生产力规律的要求来实现自己行为的合理化。

培养主人翁的素质。被领导者要充分发挥主人翁作用，关键是使自己具有主人翁素质。广大被领导者只有具备主人翁素质，才能使自己更好地置于主人翁地位，行使主人翁的权利，履行主人翁的责任。因此，广大被领导者必须努力提高自己的素质，使之与主人翁的要求相符合。为此，在政治思想素质、业务素质乃至身体素质上都要达到与主人翁相适应的状态。从被领导者当前的状况来看，一是要注意培养自己的主人翁意识；二是用马克思主义的科学社会主义来指导自己的政治行为，使政治方向科学化；三是要使自己的素质从体力型向体力智力综合型再向智力型不断转化。

（二）能动作用

被领导者在领导活动中处于被领导地位，但这并不是说被领导者就是被动者。被领导者在领导活动中存在着一种能动的力量。被领导者正是凭借这种能动性，不断认识和改造作用对象，不断地使"自在之物"转化为"为我之物"。当被领导者的积极性、创造性不是受到压抑和束缚，而是得到较好的调动和发挥的时候，就会推动着领导活动向前发展。

被领导者在领导活动中的能动作用表现在：

在领导活动的实践中，被领导者要支出自己的体力和智力，但被领导者如何启动和发挥自己的体力和智力，主要取决于被领导者的能动性。

在领导活动实践中，被领导者要具备一定的经验和技能，但被领导者如何去积累经验和提高技能，如何发挥经验和技能作用及发挥作用的程度，取决于被领导者的积极性。

在领导活动的实践中，被领导者要把领导者的思想变为自己的意志和行动，这就涉及被领导者如何领会领导者的意图的问题。被领导者是否在目的、意志、思想上与领导者高度一致，对领导者部署的任务的理解和接受的程度，对领导者提出的要求的明确程度等，都取决于被领导者的能动性。

在领导活动实践中，被领导者要把各种信息反馈给领导者，但被领导者能否科学地获取各种信息，正确地综合和处理信息，及时地反馈信息，既跟被领导者的信息观念有关，也跟被领导者的能动性有关。而它则将影响到领导活动决策的修正和补充，工作部署的完善和落实，经验的总结和推广，客观规律的探索和掌握。

被领导者要充分发挥自己的能动作用，一是要认识领导活动系统的集体需要与自己的个人需要的一致性，把集体需要化为自己的内在需要；二是要认识领导活动的各项规章、制度和工作的各种要求的必要性、合理性，并把这些规定和要求化为自己的自觉行动；三是认识领导活动系统的奋斗目标，并把集体的奋斗目标化为自己的理想志向。

### （三）转化作用

这是指只有被领导者与作用对象的结合，才能把观念中的领导活动转化成现实的领导活动。在领导活动中，领导者是起引导、统率作用的，作用对象是作为被认识和改造的客体而存在的，直接与作用对象打交道的是被领导者，只有被领导者和作用对象相结合，领导活动才能形成现实的领导活动。

被领导者的转化作用主要表现在：只有被领导者与作用对象相结合，通过被领导者的运作，领导活动中的各种物质要素才能发挥其作用，作用对象才能朝着有利于人们的方向变化，体现领导活动的目的性；只有通过被领导者的运作，才能把领导者对被领导者的原则要求变成具体的实施方案，进而又转化为行动步骤；只有通过被领导者的运作，才能把领导者的各种领导思想转化为认识和改造作用对象的物质力量。

被领导者要充分发挥这种转化作用，一是要正确认识领导活动的目的，使自己的领导活动的实际运作朝着既定目标转化；二是要认真吃透领导者的领导思想，在运作过程中更好地把这些思想转化为现实；三是要对客观作用对象进行勘察、测算和筹划，在运作过程中使客观作用对象更好地为人们所利用。

## 第二节 被领导者的素养

被领导者在领导活动中要摆正自己的位置，发挥自己的作用，关键是要具备相应的素质，努力进行这方面的修养。

### 一、承认领导

被领导者要成为一个合格的被领导者，很重要的就是承认领导。承认，就是肯定、同意。承认领导，就是承认领导者或组织的领导行为和领导事实。作为一个被领导者，在思想上真正承认领导，主要表现在以下几个方面：

#### （一）承认领导与被领导的关系

作为一个被领导者，承认领导首先表现在承认领导与被领导的关系。因为承认领导，这本身就意味着一种关系，是一种人与人之间的关系。而人与人之间的关系具体到领导活动领域来讲就是领导者与被领导者之间的关系。

在社会主义社会里，领导者与被领导者之间的关系，一方面表现为相互依存性、平等性、工作性；另一方面，作为领导者和被领导者又有各自的角色要求，表现出各自的特殊性。因此，被领导者承认领导，一方面要认识自己与领导者是相互依存的，谁也离不开谁，相互之间是工作关系，在政治上都是平等的；另一方面，就是要承认领导者的特殊性，承认其所担当的领导者角色，这是更为重要的方面，因为不承认领导者的特殊性，等于就否定了领导者。

被领导者要承认领导者的特殊性，一是要承认领导者是领导活动的组织者；二是要承认领导者是群体利益的代表者；三是要承认领导者是群体利益的维护者；四是要承认领导者是自己工作的指导者；五是要承认领导者是自己工作的督察者；六是要承认领导者是自己工作的考评者。

被领导者要真正承认这种领导关系，一是要认识在社会生活中领导与被领导关系存在的客观必然性；二是要认识这种领导关系在社会生活中的现实性；三是要认识任何个人都不能回避这种关系。

（二）承认领导职权

领导职权是指领导者的职务范围以内的权力。职权是由于职位而具有的职责与权力。谁担任某一职务，谁就有与该职位相联系、相符合的职责和权力。领导者的职权是组织赋予的。领导者如果没有一定职权，就没有办法实施领导。被领导者承认领导就要承认领导者的职权。

被领导者承认领导者的职责，主要表现在：承认领导者履行其职务范围内所应当承担的责任；承认领导者对其岗位负责，不侵犯领导者负责的工作，不做应由领导者做的事情；承认领导者失职对其必须追究的责任。

被领导者承认领导者的权力，主要表现在：承认领导者具有的与其履行职责相适应的权力；承认领导者出于履行职责需要所推行的权力；在思想上要有不侵犯领导者权力的观念。

被领导者要承认领导职权，一是要认识领导职权的存在是开展领导活动的需要，有其客观必然性，权力是领导活动成员共同存在和发展的条件；二是要认识职权是为领导活动群体利益服务的工具和手段，被领导者应当认可；三是要认识职权是一种人与人之间的支配关系，任何职权都由领导者、被领导者、领导者对被领导者的支配三个要素构成，离开了被领导者它也就不复存在。

（三）承认领导生活中的差异

在领导生活中有各种差异，这里主要是指领导者与被领导者的差异。被领导者要承认领导，就必须承认作为被领导者与领导者相比总是存在着差异的。

从领导者与被领导者个体来说，其差异是千差万别的，是因人而异的。我们这里所讲的被领导者与领导者的差异不是就个体而言的，只要是被领导者，不管是谁，其与领导者相比都存在着以下的差异：

地位差异。在领导生活中，不管是何人，只要是被领导者，总是处于被领导、服从或执行的地位。同样，只要是领导者，也不管是谁，总是处于决策、指挥的主脑地位。在正常的领导生活中，领导者与被领导者都必须处于相应的位置上。

职责差异。在领导生活中，领导者与被领导者都各有其职，而且是有重大差别的。作为领导者，不管是哪一个层次的领导者，其职责就是运筹决策，制定方针、政策，确定任务，负责整个领导活动系统的运转，等等；而作为被领导者，其职责就是贯彻领导决策，执行领导布置的任务，完成领导交给的工作。在正常的领导活动中，领导者与被领导者必须履行各自的职责。

局部与全局的差异。领导者与被领导者所站的角度不同，思考问题的角度存在着较大的差异。领导者统观全局，从全局出发来思考问题。被领导者往往只站在某一局部的角度来考虑问题。这种差异也是确实存在的。

被领导者要承认被领导者与领导者在领导生活中的差异，一是要进行思考换位，站在领导者的立场上，假设自己是个领导者，思考自己的职责是什么，该从哪里作为自己考虑问题的立足点和出发点；二是注意剖视自己的心理定势；三是在参与领导或管理的过程中，不断地对领导者的地位、职责、思维指向等问题进行心理体验。

## 二、服从领导

做个合格的被领导者，不仅要在思想上承认领导，而且要在行动上做到服从领导。服从，有听从、依顺之意。服从领导，就是听从领导，是被领导者依顺领导者的旨意执行工作职责的一种行为。被领导者服从领导主要指：

### （一）服从领导权威

领导权威，是指在领导活动过程中领导者具有的使人信服的一种力量和威望。被领导者服从领导，就要服从权威。因为领导活动需要权威来保证，没有权威就不能有效地指挥和协调领导活动中的各种复杂关系，就不能很好地解决在领导活动中出现的种种问题，只能陷入混乱和无所作为的状态之中。

被领导者服从领导权威主要表现在：

尊重领导者。服从领导权威，就要从思想到仪表举止上体现对领导者的尊重。因为尊重领导者是提高领导权威，增强领导控制力和驾驭力，保证领导顺利开展工作的一种精神力量。尊重领导者，等于承认了其存在的价值。任何一个领导者，如果失去了被领导者对自己的尊重那就不可能有高的权威，因此，作为一个被领导者应当尊重领导者的人格，尊重领导者的领导地位，尊重领导者的工作，尊重领导者的工作成果。

贯彻执行领导者指示。对领导者的指示，只要没有原则错误，都应贯彻执行。要理解指示精神，要明确指示的要求，要认清自己所承担的责任，要提出实施计划和执行意见，努力执行。被领导者贯彻执行领导者的指示，等于支持领导者的工作，从而也就服从了领导权威。

正确对待领导者的缺点和错误。任何领导者，缺点和错误在所难免。被领导者服从领导权威，就要正确对待领导者的缺点和错误，特别是对缺点和错误较多的领导者，作为一个被领导者也不要瞧不起，不要背后议论，更不能加以贬低，因为这样做有损于领导权威。如果领导者不称职，作为被领导者可以按照组织原则，向上级组织提出意见，但是只要其没有离开领导岗位，仍然应从大局出发，维护其权威。

被领导者要做到服从领导权威，一是要认识在领导活动过程中领导权威产生的必然性；二是要看到在领导活动的现实中，很多问题需要靠领导权威解决；三是要认识权威与服从的辩证关系，权威要以服从作为自己存在的前提，没有服从就无所谓权威，同样，服从也以权威为自己存在的前提，没有权威人们就不知道服从什么。

在现实的领导生活中，被领导者服从领导权威突出存在的两个问题，即屈辱型服从和盲目型服从。

屈辱型服从是迫于形势，不得不屈服于某种压力。这种屈从情况的产生表现在：在领导者的高压下不得不服从；被领导者惧怕处罚不得不服从。

盲目型服从是被领导者对领导者的意见、指示、决定，在不理解的情况下一味附和、一概听从、一律执行的行为。盲目型服从可能会造成这样的结果：如果被领导者所盲从的信息是错误的，自己也就跟着错了；如果服从的对象是对的，自己由于盲从没有认真领会它，当然就不可能很好地执行它；如果有些领导者心术不正，很可能会利用被领导者的盲从来拉帮结派。

作为领导科学范畴的服从，在领导者与被领导者的关系中虽然带有强制性，但并不是屈从或盲从。因为我们所讲的服从领导权威是理性行为，人们在领导生活中服从领导权威与服从真理是一致的。被领导者只能服从正确的意见，即服从真理，这是服从的实质。领导权威之所以能成为权威，正是建立在把握真理的基础之上的。权威必须服从真理，才能让被领导者服从自己。同时，我们的社会主义领导活动不是像剥削阶级的领导活动那样，对人民群众实行专制，实行种种的压迫手段，相反，领导权威恰恰是体现群众的意愿，正确的意见正是来自于群众。

### （二）服从领导原则

领导原则，是指领导活动中观察问题、处理问题的准绳。服从领导原则，是指被领导者在领导活动中尊重并执行领导原则的行为。被领导者服从领导，就要服从领导原则，因为领导原则是领导活动发展的一般法则，是领导活动客观规律的反映和体现。服从领导原则一般说来就是遵循客观规律的要求办事。

被领导者服从领导原则主要表现在：

服从党的基本路线和人民的根本利益。被领导者在领导活动中的言行要以人民的根本利益为出发点，以党的基本路线作指导，这是服从领导原则的大前提。在相当长的历史阶段，我们要坚持党的"一个中心，两个基本点"的基本路线，以此来指导自己的言行。

服从党和国家的路线、方针、政策。党和国家的各项路线、方针、政策，是根据客观规律的要求结合实际而制定的，我们的领导活动必须与党和国家的路线、方针、政策相一致。被领导者服从领导，就要服从党和国家的路线、方针、政策。

服从领导者的指示、意见和决定。领导者的指示、意见和决定，是根据本部门、本单位的任务和实际情况做出的。毫无疑问，这些意见、指示、决定要与党中央保持一致，要贯彻执行党和国家的路线、方针、政策，因此，被领导者要服从。如果被领导者对领导者的指示、决定有不同的看法，不能因此就不执行；正确的做法是，一方面积极向组织反映自己的意见，另一方面在领导者没有修改决定之前，仍按原指示决定执行。如果在实践过程中逐步证明自己的意见是对的，就应当采取积极措施，减少可能造成的损失；如果事实证明自己的意见是错的，理所当然地未被采纳时，自己一方面积极执行决定，另一方面在执行中加深对其理解。

此外，被领导者服从领导原则，还包括服从领导活动的各项规范。

被领导者要真正做到服从领导原则，一是要认识到在领导生活中准绳的重要性；二是要认识各项领导原则虽然是由人们主观制定的，但不是人们主观随意制定的，是人们根据客观规律要求制定的；三是要把服从上级领导与中央领导统一起来；四是要把对上级领导负责与对群众负责统一起来；五是要加深对各项领导原则的学习和理解，使自己从服从逐步走向自觉。

（三）服从领导组织

领导活动中的人是组织中的人，领导活动总是以各种组织形式出现的。被领导者服从领导就要服从各级领导组织，因为各级领导组织都是根据领导活动的要求建立起来的；组织是靠领导活动的共同目的而联结起来的，表现为领导活动的目的性；组织的重要职能是保持领导活动系统的系统性和有序性。因此，被领导者服从领导组织与服从领导是相一致的。

被领导者服从领导组织主要表现在：

服从组织目标。组织目标是领导活动目标在某一组织的具体化和反映，它与领导活动目标是相统一的，以领导活动总目标为统帅，所以被领导者服从领导组织首先就要服从组织目标。被领导者服从组织目标，就是要按组织目标指向来规定自己的活动路线，按组织目标来确定自己的个人目标，按组织目标来判定自己活动的合法性和衡量自己工作的效率的高低。

服从组织原则。被领导者服从领导组织，就要服从组织活动的准绳——组织原则。我国领导组织的原则是民主集中制原则，被领导者在领导活动中必须遵循下级服从上级、个人服从组织、少数服从多数，全党服从中央的原则。

服从组织全局。领导组织和任何事物一样，都包括全局和局部两个方面。全局是组织的整体和发展的全过程，局部是组织的部分及发展的某个阶段。由于组织全局带有兼顾各个方面和各个阶段的性质，是全体成员的整体利益、根本利益、长远利益之所在，所以被领导者服从领导组织就必须服从组织全局。为此，被领导者要树立全局的观点，在自己的活动中要识大体、顾大局；努力做好本职工作，为全局工作的开展创造有利条件；小原则服从大原则，小道理服从大道理，局部服从全局，积极支持全局工作。

被领导者要做到服从领导组织，一是要加强组织观念；二是要正确认识领导组织的功能和价值，珍惜自己所在的组织；三是正确把握自己与组织的关系；四是明确自己在领导组织中的位置，发挥应有的作用；五是明确领导组织对自己的要求，按组织的要求行事。

### 三、支持领导

被领导者要成为一个合格的领导者，必须要支持领导。所谓支持领导，是指被领导者把自己作为领导活动的一个承重之物，帮助领导活动承受能力，保证领导活动的稳定有序发展和整体作用的发挥。被领导者支持领导主要是指：

### （一）支持领导思想

被领导者要支持领导，首先是要支持领导思想。因为任何领导活动都是在一定的领导思想指导下发生的，如果对领导思想不予以支持，不但难以发生相应的领导行为，即使是已经形成的领导行为，也难以为继，领导活动就很难开展下去。

被领导者对领导思想的支持，主要是指响应、宣传、实践、发展正确的领导思想；补充、修正、完善不全面的领导思想；纠正错误的领导思想，提出建设性的领导思想。

### （二）支持领导活动规范

被领导者要支持领导，就必须支持领导活动的规范，因为领导活动规范是维持领导活动正常运转必不可少的，是领导秩序的保护神。领导活动规范，不仅是领导者意愿的体现，也是广大被领导者利益、要求的反映。领导活动规范，包括领导活动有关的法律规范、纪律规范和道德规范。

被领导者支持领导活动规范，主要是指被领导者不仅要接受这些规范，而且要宣传这些规范；同时还要认真实践规范；另外，还要在实践的基础上完善、健全这些规范。

### （三）支持领导行为

被领导者支持领导，重要的是支持领导者的领导行为。因为领导者通过各种领导行为来实施领导活动，如果被领导者对领导行为不予支持，那么所谓支持领导也就无从谈起了。

被领导者对领导行为的支持，表现是多方面的。主要是指被领导者全面支持领导行为，不仅支持领导政治行为，而且支持领导职能行为，同时支持领导者的生活行为；对领导行为要积极响应、肯定、鼓励和仿效；对不完善的领导行为，予以关心、爱护，使之逐步完善起来；对扭曲的领导行为，诸如独断决策行为、任人唯亲行为、偏见行为、嫉贤妒能行为、短期行为等，予以批评；支持领导者的行为修养等。

### （四）维护领导

被领导者要支持领导，还必须维护领导。因为对领导活动、领导者的维护本身就是一种对领导的最大支持。如果被领导者对领导不加以维护，也就不能做到真正的支持领导。

被领导者对领导维护，主要是指维护领导秩序；维护领导权威；维护科学的领导体制和运行机制；维护领导活动规范；维护领导活动的发展成果等。

# 第二篇 领导环节论

如果把领导活动比拟为一台运转的机器的话，那么，领导者、被领导者、客观作用对象就是领导活动这一机器的基本部分，同时，还有把领导者、被领导者、客观作用对象联结起来的各部分。我们把领导者、被领导者、客观作用对象这几个部分称为领导活动的基本要素，而把对领导活动基本要素起联结作用的部分，称为领导活动环节。

# 第三章 领导目标

由于人有意识，人在进行活动之前，活动的目的和结果就以观念的形式存在于人的头脑中。领导活动也同样，任何领导活动的开展都有其所要达到的境地，我们把领导活动所要达到的境地，称为领导活动的目的。而为了达到领导活动的目的，人们认定在一定时期内必须要达到一定的标准，我们把这一定时期内所要达到的标准称为领导目标。

## 第一节 领导目标概说

领导目标，是领导活动各要素联结起来的重要环节。那么，为什么领导目标能够把各要素联结起来呢？它又为什么能够成为领导活动的一个重要环节呢？为此，我们得先把领导目标的概念搞清楚。

### 一、领导目标的涵义

我们知道，领导活动是人类的一种有意识、有目的的活动。领导活动的目的，是人们对领导活动对某种对象的需要在观念上的反映，是人们对领导活动结果在思想观念上的预期。这正如恩格斯所指出的："在社会历史领域内进行活动的，是具有意识的、经过思虑或凭激情行动的、追求某种目的的人；任何事情的发生都不是没有自觉的意图，没有预期的目的的。"[①] 但是人们要达到目的总是有个过程，因此，就把领导活动目的具体化为领导目标。领导目标，就是人们期望在领导活动中所要达到的具体结果或具体状态。我们在理解领导目标涵义的时候要注意以下几点：

（一）领导目标是领导目的的具体化

如果从领导目标与领导目的的关系来讲，应当是具体与抽象的关系。领

---

① 《马克思恩格斯选集》第4卷，人民出版社1995年版，第247页。

导目的，是对领导活动总的预期；领导目标，则是领导活动目的在不同时期、不同阶段的具体化。领导活动实践中把这些具体目标实现了，领导目的也就达到了。

（二）领导目标是哲学的"目标"范畴在领导方面的特定规定

"目标"，从哲学范畴上来说，就是人们对某种对象的需要在意识中的反映，是人在观念上、思想上对活动结果的预期具体化。领导目标，除了具有哲学的"目标"的一般涵义外，又具有领导活动方面的特定涵义。除"目标"的一般涵义外，领导目标也是指对未来状况的预期的具体化。但是，在领导活动中，这个"未来状况"，不是一般的抽象意义上的未来状况，是领导活动的未来状况；这个"预期"的主体，不是一般意义上的人，是领导者与被领导者，特别是领导者，既包括领导者个体又包括领导者群体或组织。所以，领导目标，就是领导者与被领导者活动成员特别是领导者期望在领导活动中所要达到的具体结果或具体状态。

### 二、领导目标的特征

领导目标除了具有目标的一般特征外，还具有与领导活动其他环节相区别的特征。

目标的一般特征主要是：

主观性和客观性的统一。目标，是人们对未来状况的反映，这里就既包含了主观性，又包含了客观性；就目标是人们观念上、思想上的东西来看，它是人们主观的观念形态；就目标是人们对未来状况的反映来看，人们所反映的未来状况，是从现实状况及其现实发展来说未来的，有它的客观基础和客观根据，所以，目标又具有客观性。

具体性与抽象性的统一。目标就目的而言，是比目的要具体的。但是，就目标本身来讲，有长期、中期、短期的目标，有基本目标和执行目标。就长期目标、中期目标与短期目标的比较，中期目标、长期目标较抽象，短期目标较具体。就基本目标和执行目标相比较，基本目标较抽象，执行目标较具体。可见，目标是具体性与抽象性的统一。

清晰性与轮廓性的统一。人们所确定的目标，由于是对未来状态的期望，所以目标既不是愈清晰愈好，也不是愈笼统愈好，而是清晰性与轮廓性的统一。因为目标具有轮廓性，比较粗，不是很细，只是一个大致的轮廓，给人们对未来目标奋斗的空间比较大，就有一定的余地，容易调动人们的主动性和积极性。因为目标具有清晰性，较明确，较清楚，实行起来针对性就强，比较容易。可见，目标明晰性与轮廓性的统一，是清晰中显现轮廓，轮廊中显现清晰之处。

作为领导目标，具有以下特征：

(一) 多样性

现代社会的领导目标，是非单一性的。因为现代社会活动越来越复杂，领导活动中的各种事物之间有着千丝万缕的联系，所以，任何一项领导活动，所期望的不仅仅是一种，而是多种目标。因而现代社会的领导目标往往是非单一性的。多样性的表现，主要是领导目标往往是一个目标体系。当然，其中有主要目标与次要目标之分。

(二) 挑战性与现实性的统一

领导目标应当具有挑战性。因为领导目标具有挑战性，才能激发领导活动广大成员的积极性，鼓励他们为实现领导目标不断奋斗。但是，领导目标又要具有现实性，它是建立在现实的客观基础之上的，它是可以达到的，如果领导目标失去了这个现实性，无论领导活动成员如何努力都是无法实现的，人们就不会有什么积极性了。可见，领导目标是挑战性与现实性的统一。

(三) 战略性突出

领导目标的战略性特点很明显。因为作为领导活动，不管是什么性质的领导活动，不管是哪一层次的领导活动，不管单位大小的领导活动，只要是领导活动，主要都是该单位的战略性活动，主要考虑的是该单位的战略性问题，所以，领导目标的战略性很突出。领导目标的这种战略性，主要是指全面性、长期性、宏观性的目标。

(四) 领导目标的层次性

领导目标是有层次的。领导目标的层次性是由领导活动的层次性决定的。领导目标的层次性的表现是多方面的：一是目标范围的层次性，即有战略性目标、战役性目标和战术性目标各层次。二是目标时间的层次，即有长期目标、中期目标和短期目标。三是目标时序层次，即有未来目标和现实目标。这些都是以领导活动的宏观领导、中观领导和微观领导的层次所决定的领导目标的宏观目标、中观目标和微观目标来说的，与之相适应地也就形成高层目标、中层目标和基层目标的层次。

**三、领导目标的地位**

领导目标的地位，是指领导目标在领导环节中所处的具体位置。

在领导环节中，领导目标与领导信息和领导规范相比，它是处在制导位置的。因为领导目标是一个矢量，具有方向性。在领导活动中，不管是领导者还是被领导者，不管是上级还是下级，都必须与领导活动总目标一致，服从领导目标，所以，它制约引导着领导活动方向。领导目标的这种制导位置主要表现在：

(一) 领导目标的取向地位

这是指领导目标决定方向。因为任何领导目标都有它的指向性。领导目标的指向，就决定了领导活动的方向，决定了领导活动成员的行为方向。领导目标的这种取向性，是因为领导目标在确定过程中，朝什么方向活动，应当指向什么样的"标的"，是经过选择和取舍的，最后把它锁定在符合社会发展需要、符合人民利益的方向上。领导目标的取向地位，主要表现在领导目标选择方向，决定方向。领导目标是多种方向比较、选择、取舍的结果。

(二) 领导目标的指向地位

领导目标取向后，就为领导活动指引方向，为领导活动成员行为指示方向。因为领导目标一旦确定，一是具有明确性，目标的设计结论、选择结果都是明白确切的；二是具有合法性，这不仅是因为领导目标在确定过程中是符合党和国家的路线、方针政策的，是满足人民的利益的，而且它是领导活动成员、领导组织意志的集中体现，所以它为领导活动指明方向。领导目标的指向地位，主要表现在为领导活动成员的目标意识的树立指明方向；给人们为领导活动奋斗的行为指明方向；为领导活动的发展指明方向等。

(三) 领导目标的调向地位

在领导活动中，领导活动成员的行为方向，领导活动的发展方向是需要调控的。因为只有对此进行调控，才能使之方向正确。那么，领导活动成员的行为方向，领导活动的发展方向是否正确，又如何识别呢？方向在偏差后可根据什么来调整呢？这些问题都要靠领导目标。因为领导目标确立后，它就是方向正确与否的"标准"，它就是领导活动的"坐标"。所以，领导目标既是发现方向问题的"标准"，又是校正领导活动偏离方向的"界标"。

**四、领导目标的作用**

在领导活动中，领导目标很重要，在领导活动中起着"万向节"作用。通过领导目标的"连轴"，使领导活动保持着相应的方向。它的这种作用主要表现在：

(一) 领导目标的直接导向作用

这是我们前面分析可得出的第一个导向作用。因为领导目标一旦确立，它规定着领导方向，为领导活动展示"标向"，使后续工作有了明确的方向，所以它为领导活动直接指明方向。

（二）领导目标的激励作用

由于领导目标是领导活动成员行为的未来结果，它一旦实现，就总会给人们带来心理上的某种满足，所以，领导目标本身就是一种诱因，是一种外部刺激。领导目标的确立和设置，使领导目标与领导活动成员的需要挂上钩了，激发领导活动成员的动机，并指导其行为，发挥其行为的积极性，使领导活动成员的积极性纳入了实现领导目标的轨道。领导目标的设置使领导活动成果感到是一种期望，如果人们通过努力达到了领导目标，取得了预期的结果，伴随着需要的相应满足，激励他们持续地发挥积极性，并以更高的热情使这一积极性进一步纳入领导目标的轨道。可见，领导目标起着激励的导向作用。

（三）领导目标的管理作用

领导目标，由于通过它的制定和实施可以提高领导活动成员的积极性，所以它是一种有效的管理方法。现代社会的目标管理就是这样。可见，领导目标具有管理作用，因为通过领导目标管理，可以使领导活动成员具有明晰的目标概念，具有自觉的目标意识，具有执着的目标追求行为，从而明确自己所担负的责任，增强工作的责任感和义务感，更积极自觉地把个人目标与群体目标、领导活动的整体目标紧密地联系甚至整合起来。从领导集团来讲，它可以使领导集团在思想上保持一致，用领导目标来消除一些意见的分歧，协调不一致的看法。可见，领导目标具有管理的导向作用。

## 第二节 领导目标的制导

### 一、目标的制定

领导目标的制定是一个复杂的过程，因此，必须研究它制定的原则和模式，特别要注重战略目标的制定。

（一）制定目标的原则

领导目标是领导活动成员一定行为的结果，它对领导活动成员的行为具有重要的影响，因此，制定目标首先要明确制定目标的原则。一般说来，制定领导目标的原则是：

1. 平衡原则

这是指制定领导目标要与内外环境相称。

目标与外部环境相平衡。这里包括这么几层涵义：目标与外部环境的需要是相一致的，目标实现后向社会所提供的服务，正是社会所需要的；目标与外部环境所提供的条件是一致的，实现目标需要社会所提供的条件正是社会所具有的，或是在时间的限定内可以做到的。

目标与内部环境相平衡。这里也包括这么几层涵义：一是目标与领导活动成员的需要是相一致的，领导目标实现后能够满足领导活动成员的需要；二是目标与实现目标的手段相一致，实现目标所需要的手段正是领导活动本系统内具备的，或在限定的时间能够具备的。

2. 利益原则

目标是客观需要与人们主观认识相统一的产物，因此，制定目标要考虑目标实现后应当使社会、领导活动系统及其成员获得满足其需要的相应数量的客体对象。它包括：

国家利益。目标实现后，是能促进社会经济的发展，是能产生社会效益的。

集体利益。这是指目标的确立对于领导活动系统来说确实是必要的，能够满足解决问题的需要，能够促进本系统的发展，并得到实际的益处。

个人利益。这是指目标实现后，能使领导活动成员的物质文化生活水平有所提高。

3. 合理原则

这是指目标的设置是合理的。目标的合理性具体表现在：

目标的规范性。即设置的目标符合社会、有关部门及领导活动系统的规章及法律、道德等，合"规范"之理。

目标的先进性。即设置的目标有一定的难度，带有一定的挑战性，需要经过一番努力才能达到，合"先进"之理。

目标的可行性。即设置的目标是建立在主客观条件的许可之上的，基础牢固，合"可行"之理。

目标的期望性。即设置的目标不仅是先进的，而且是经过领导活动成员的努力可以达到的，而不是高不可攀、毫无希望的，并随着目标的实现而获得某些物质的或精神的奖励，合"期望"之理。

目标的弹性。即设置的目标不是满打满算的，而是有适度弹性的，留有余地的，这样，万一在实现过程中出现意外，也有回旋余地，合"弹性"之理。

4. 优势原则

这是指目标的设置能够使领导活动系统获得优势，其主要表现是：

扬长避短。确立某目标，能发挥领导活动系统的长处，并抑制其短处。

调动资源。领导目标活动的开展，能充分利用和转化本系统的各种资源。

（二）制定目标的一般模式

制定领导目标是一项系统工程。由于人们的反复实践，已初步掌握了制定目标的一些规律。制定目标一般遵循以下程序：

1. 阐述意图

这是第一步。人类活动都有其目的性。任何系统的活动都指向一定的目的。领导活动系统的活动也有自己的目的。领导目标就是为实现领导活动系统的目的服务的。因此，制定目标首先要阐述目标的基本意图。

阐明目标的基本意图，主要是阐明目标与目的的关系，也就是说要认定为实现领导活动的目的，在当前或一定时间内所要达到的是什么样的标准。为此，要通过从时间、空间、利益和要求上与领导活动目的的关系来阐明目标的基本意图。

2. 做出假定

假定，是对要设置的目标提出试探性的、可能的解决办法，它包括时间、标的、标识等的提出，也包括达到目标的原则、途径、计划和方案，等等。时间，是指达到标准所需的时间，有时间的起点、终点和跨度。标的，是指努力方向或标准的具体化，往往体现在一个具体事物上，即标的物上。标识，是指"标的"以什么来显示和表示，即以什么作为标准的标记。达到目标的原则、途径、计划和方案等，实际上是指从目标的粗略构思到提出明显的指标，直至具体规定领导活动系统及其部门所承担的职责和具体活动，乃至对领导活动成员的工作规程等都做出各种的假定。

做各种假定的时候，要注意假定的特点：一是假定要有一定的科学根据。任何假定都以一定的事实和理论作依据，提出的各种假定，应当避免与它引为根据的已有理论和事实相矛盾。二是假定具有一定的猜测性和或然性。假定虽然有一定的科学根据，但或许根据不足，或许资料不足，因此带有猜测性、或然性。因此对其要检验论证。

3. 分析论证

这一步，从本质上来说，是指在任何可能的范围内对提出的各种假定进行分析，预见它可能产生的结果。一般说来，对各种假定进行以下分析论证：

价值分析论证。分析各假定的目标实现后能给人们带来多大的价值。可从社会价值，对本系统的发展的影响等方面进行分析。

可行性分析论证。分析各假定目标在实践中是否行得通。假定的某目标实现后尽管有很大的价值，如果在实践中行不通，那也是空的。可行性分析论证,主要从条件上来进行。条件包括两个方面——境况和资源。分析本系统在所处的境况和资源的条件下,各假定目标的可行程度。

合理性分析论证。分析各假定目标与社会规范相符的程度,分析各假定目标的先进程度,系统目标与系统成员个人目标的相关程度,等等。

问题分析论证。分析各假定目标活动开展后预期会产生的问题。各假定目标的活动开展后,对可能会遇到各种困难和问题的分析,要分析其性质是什么、程度如何、它的可控程度,等等。

4. 确定目标

这是指对各假定目标进行比较,最后确定其一,或最后综合为一的过程。比较,就是将分析论证阶段的各项进行比较,以按利择其大,害择其小的原则进行选择或综合。但是确定目标时还要注意:

目标的清晰性。目标的时间、数量、质量等标准应当是清晰明了的,不应当是多义的或有伸缩性的。

目标的考核性。在确定目标时,应当建立实际执行目标成绩的衡量和评价标准,使目标具有可考核性。为此,就要明确衡量目标成果的主要领域,规定实现目标的标准化涵义。

5. 反馈修正

制定目标不是到确定目标阶段就结束了,因为在目标的实行过程中,或可能出现新的情况,或可能原目标不能适应环境的需要,或可能与条件不够平衡,这就需要根据实施过程中反馈回来的情况,对原目标进行必要的修正和补充。

(三) 战略目标的制定

领导活动目标,可以从不同的角度进行分类。如果从目标在领导活动中的地位和作用来看,可分为战略目标和战术目标。战略目标;是指一项领导活动在较长时间内在全局整体上应达到的要求。由于战略是带有全局性、长远性、根本性的重要谋划和对策,因而战略目标在领导活动战略中处于核心地位,它规范着、控制着领导活动成员的行为,反映着人们的长远利益和根本利益,因此,领导活动成员,特别是领导者应特别重视战略目标的研究和制定。

1. 摸清、摸准情况

不同范围、不同性质类型的领导活动的战略目标的制定,所需了解的情况是各不相同的。但是,一般来说,以下情况都是必须了解的:

社会需要。从根本上说,社会需要就是人民不断增长的物质生活和文化生活需要。其次,要了解需求的产生。再次,要了解社会需求的变化趋势。

本身条件。领导活动要从实际情况出发，就要了解本国、本地区、本部门、本单位的具体情况，它包括：

资源情况。现有什么资源？潜在资源有哪些？如何合理开发和利用？

时情。研究处在什么样的时代，处在该时代的哪个发展阶段，看看该时代的要求是什么，该发展阶段要做的和自己能做的是什么。

人情。即人口的数量、质量、结构、分布等。

文情。即文化背景。研究自身生活的文化环境，成长在什么文化环境之中，人们的衣食住行、婚丧嫁娶、待人接物、行为处世等应遵照的社会文化模式。

2. 规定战略目标

战略目标，是涉及全局范围的，如果从系统的角度讲，战略目标的规定，是系统的输入、系统的操作和系统的输出的活动过程。

系统的输入。这是指规定战略目标的依据、情况和条件等。具体是指：战略指导思想——规定战略目标过程中所遵循的基本思想原则；价值标准——规定战略目标过程中必须遵循的价值标准；社会需要——各种客观需要；本身条件——领导活动系统的人力、物力、财力、管理机制等；环境——领导活动系统所处的社会环境和周围具体工作环境。

系统操作。这是根据一定的理论和方法，对战略目标的规定进行具体的分析研究的过程。这些研究包括：研究战略目标规定与理论依据的关系；研究战略目标规定与社会需要的关系；研究战略目标规定与自身条件的关系；研究战略目标规定与环境的关系；研究各层次战略目标的相互关系；等等。

系统输出。这是指所得到的战略目标规定。不论哪一层次的领导活动，最后形成的战略目标应当包括：战略目标的发展状况指标——战略对象的发展规模，战略对象的发展水平，战略对象的科学技术发展状况，战略对象各部门的发展规模和水平等。战略目标系统——横向上是由一群相互联系的目标组成的目标群，纵向上是由总目标、中间目标和具体目标组成的一个多层体系。战略目标模式——这是战略目标体系横向、纵向和时间上全部内容的综合。

3. 制定战略规划

这是指对实现战略目标的途径、措施、步骤等做出具体的规定和设计。主要内容包括：

确定战略方针。即确定为实现战略目标的基本行动准则。

划分发展阶段，规划战略步骤。主要是指战略目标在时间上的分解和空间上的发展层次，规定各个发展阶段所要实现的具体目标，阐明前后阶段的关系。

确定战略重点。战略重点，是指对实现战略目标的全局有决定意义的部分。一般说来，对全局发展有决定意义的部分，或许是自己的优势领域，或许是领导活动发展的薄弱环节，或许是领导活动发展的关键部位，或许是阻碍实现战略目标的因素。

**二、目标的实施**

目标的实施，是将目标确定过程所取得的成果，转变为达到目标的具体行为过程。一般说来，目标的实施过程，主要包括：

（一）把总体目标化为行动计划

目标，是思想形态或观念形态的东西。目标的实施就是要把这种思想形态或观念形态的东西，变成现实形态或"物质"形态的东西，也就是要把观念形态的总体目标变成执行者的共同行动。为此，就要组织编制具体实施计划。因此，把总体目标化为行动计划，是目标实施的基本环节。

如何把总体目标化为行动计划呢？一般说来，可以按下列程序进行：

规定任务。根据总体目标规定具体的任务。主要是回答这样一个问题：为了达到总体目标，需要做些什么事情？规定任务，就是规定在整体上应当负责完成的工作。规定的任务应当明确，如果是模棱两可，就很难通过完成任务去达到目标的实现。

安排资源。目标和任务都是根据本身的资源来定的。而确定目标和任务后，就要通盘考虑本身的资源，对完成任务所需要的人力、物力、财力、时间等做出安排。安排资源时，关键是各种资源要协调，太多了会造成浪费，太少了会供不应求。

制定措施。提出执行计划采用什么样的方法。

确定策略。对实现目标过程中的重点、关键要害部位的把握，人、财、物等资源的巧妙运用等进行谋划。

规定政策。对实现总体目标过程中可能涉及的问题，需要协调的关系、活动，领导组织和领导活动成员行动的限度等做出相应的规定。

预算成本。对实现总体目标的成本加以量化表示。

确立步骤。对实施总体目标的行动方式、时间顺序做出规定。

拟出草案。对上述各项内容在进行调查、预测、征求专家意见、发动群众讨论的基础上，运用科学的方法拟出两个以上的计划草案。

论证修改。对计划草案通过各种形式和渠道进行评议、论证，广泛听取意见，拟出修订稿，再次听取建议，征求意见。如此反复多少次可视情况而定。

定稿审批。修改稿经专门班子进行审定，做出决定后需经权力机构进行批准、通过，最后才能正式对计划进行部署。

（二）把计划转化为广大群众的自觉行动

要把计划转化为领导活动全体成员的自觉行动，需要一系列的组织管理工作。

目标分解。将领导活动系统的总体目标和任务，按组织层级进行分解，总体目标被转变成越来越具体的分目标、作业目标。在总体目标逐层分解的同时，分层制定出行动计划和保证措施。在目标分解时，各部门、各单位乃至各个个体成员要根据自己部门、单位、岗位的性质、职能、状态，根据总体目标和任务的要求，订立分目标、岗位目标。总体目标和任务要逐级分解、逐级落实，每个部门、每个单位、每一个人都有明确的目标，并提出确保目标实现的计划和措施。

建立岗位责任制。根据岗位和岗位目标，确定应负的责任。根据岗位责任，赋予履行责任所需的权限。根据岗位责任，确定应当获得的利益。解决责与权、责与利相适应的问题，建立起责、权、利相结合的岗位责任制。

建立考核办法和奖惩制度。制定实现岗位目标的起始时间，与目标体系相对应制定考核评价的标准，制定保证目标实施的奖惩制度。

督促检查。将各部门、各单位、各个人在目标实施过程中的进展情况和进展的每个环节与原确定的目标进行对比，进行必要的诱导和目标调整，以强化目标意识。

（三）评定结果

对领导活动系统各级组织和全体成员在实施目标过程中的一定结果进行评定。

评定的形式分为定期评定、年终评定和最终评定。定期评定，是指每隔一定的时间（至少3个月）对照目标考查一次，评定计划执行情况和各个人的工作成绩，如发现目标不当，则进行必要的调整。年终评定，是每年做一次总的评定，评定中可以根据实际情况，对目标做出适当的修改。最终评定，是岗位目标和总体目标实现后所做的评定，主要是对实施目标全过程的评价和经验总结。

在评定结果时，一定要把评定与奖励挂起钩来。这样才能体现不是为评定而评定，目的是为调动人们的积极性，同时也是执行岗位责任制的要求。

在评定结果时要及时做好反馈工作。即及时把评价结果反馈给实施者，目的是使其明确自己在目标实施过程所做出的成绩和存在的问题，以进一步提高执行任务的积极性和责任心。

### （四）目标实施中的领导者

目标实施，并不是意味着要求领导者去做具体的"实施"工作，而是要求领导者做目标实施的"领导"工作。在实施目标过程中，领导者的主要任务是：

#### 1. 实施运筹

就是要研究领导活动总体目标实施的对策。领导者对目标实施运筹可着眼于以下几点：

保证目标实施过程的阶段性和连续性的统一。目标实施活动的开展，在时间上是呈现阶段性的。任何总体目标的实现，总是从眼下开始，分阶段逐步向最终目标递进的。但是各阶段之间又不是孤立的，有其时间上的前后相继性，前阶段为后阶段目标的实现创造条件，后阶段目标实现是前阶段目标实现的发展结果，如何保证目标实施各阶段的衔接和统一，需要领导者的运筹。

保证目标实施过程的协调性。实现领导活动总体目标，不是某一部门、一个单位或某一个人的事，而是整个系统的各个部门、各个单位和全体成员的共同任务，因此，需要他们协调配合。各个部门、单位和个人，虽然负责实施的是相应的岗位目标的实现，但是任何岗位目标都是整体目标的一部分。任何一个岗位目标的实现，不仅意味着向总体目标的实现前进了一步，而且为其他岗位目标的实现创造了条件并起着促进作用，并使总体目标实施活动的开展保持必要的比例和合理的结果，客观上呈现出目标实施在空间上的协调性。由于领导者处于统观全局的地位，应当对如何实现这种协调性进行运筹。

保护目标实施的最佳性。实现目标的途径不是单一的，而是多种多样的。在这些途径中又必有一种或几种是最优的或良好的。那么，什么样的实施途径最佳呢？这要根据处于不同领域、不同层次的部门和单位的具体情况而定，这也要靠领导者运筹。

#### 2. 实施组织

领导者实施运筹要成为现实，就要实施组织。上面谈到的"动员组织力量，把计划转化为广大群众的自觉行动"是从目标实施的过程来讲的，如果从领导者对实施目标的组织来讲，其任务主要是：

组织力量。运用各种形式，将人、财、物与目标的实现有机结合在一起。

调动、指挥力量。合理地调动人力、物力和财力，去实现组织的总体目标。

处理各种矛盾。及时发现和解决在目标实施过程中的矛盾。

协调各种关系。努力使各部分为实现目标所采取的行动达到相互契合，这主要是通过内外协调、上下协调、左右协调、前后协调等手段完成。

3. 实施监督

采用各种方式检查、监督领导活动系统的目标实施活动状态，使其与总体目标和行动计划的要求相一致。

4. 实施调整

根据客观情况，在目标实施活动中，做必要的调整工作。包括：

目标调整。根据暴露的问题和环境的变化对目标做一些调整。

行动计划调整。对不大切合实际的计划作出调整，使计划更加切实可行。

### 三、目标的运用

在领导活动中，领导者不仅要在目标设置、目标实施中起领导作用，而且要能在目标的设置、实施到评价反馈的循环往复过程中充分地运用目标，以激励领导活动成员，调动他们的工作积极性。

从领导者的角度，对目标的运用主要是：

（一）集体目标与个人目标的统一

在目标的设置上，要把集体目标与个人目标有机地结合起来。领导活动成员与领导组织是矛盾的统一。领导组织有领导组织的目标，成员有成员的满足其需要的个人目标。领导组织的目标不单纯是为了某个成员的需要，而各个成员都希望从领导组织得到需要的满足，成员要满足需要就必须依赖领导组织，而领导组织要实现其目标必须依赖其成员。从这种关系来看，要使领导组织和成员两方面都有积极性，就应该强调二者的统一，使成员通过达到领导组织的集体目标来满足个人需要，而领导组织通过满足其成员的个人需要也能使自己得到发展。当人的需要转化为某种稳定的目标时，就具有了明确的动机，推动人们去从事某种活动，向目标前进。因此，设置领导活动的目标，必须把集体目标与其成员的个人目标有机地结合起来。

在目标的设置过程中，为使集体目标与个人目标有机地结合在一起，必须：

分析领导活动成员的需要结构，找出其主导需要和当前需要的特点，在此基础上有针对性地设置领导活动的目标。

领导活动的目标，应当既是集体的方向，也是个体的方向；既是集体利益的体现，也代表领导活动成员的意愿和利益。

领导活动的目标，要含有领导活动成员个体所能接受和乐于接受的个体意义，因此从集体目标的内容上讲，应当包括工作任务和成员需要的满足这两个方面的内容。

在设置目标的过程中，要注意分析领导组织的集体目标与领导活动成员的个体目标之间的一致性与差异性。领导组织在设置目标过程中应当把集体目标与个人目标统一起来，尽量地寻求和扩大它们之间的结合部。当然，集体目标和个人目标之间有不一致的地方，在设置集体目标的时候，也应当考虑集体目标的实现是为个人目标的取得创造条件的。

（二）目标认同

在对目标的认识态度上，不仅要使集体目标与个人目标有机结合，而且很重要的是要使领导活动成员对集体目标产生认同。

所谓目标认同，就是指领导活动成员个体对集体目标有所认识，并积极拥护，把个人目标融合于集体目标之中，以及变集体目标为个人目标。

领导组织和领导者要使成员个体产生目标认同，主要可从以下三个方面着手。

1. 发动群众参与集体目标的制定和设计

人都有参与的需要。在制定领导活动目标的过程中，发动群众参与不仅是社会主义性质所要求的，而且是使群众产生目标认同的重要手段。因为，群众参与目标的设置，等于为他们提供自我实现的机会，满足其实现自我价值的需要，他们觉得这不光是为集体的利益而做，也是为自我的实现而做，对其参与设置的目标往往不仅能接受，而且做起来也有干劲；可使他们感受到自己在集体中不是可有可无的人，增强他们的归属感和责任感；群众的参与过程，也是统一对目标的认识过程，群众对目标的设置既可发表自己的意见，又可听取其他同志的各种看法，一旦形成目标，就可以同心同德，上下一致地去实施；群众参与目标设置，也有利于群众用党和国家有关政策来约束自己，因为当人们主动介入某些事情时，就会对自己的有关行为负责。

要发动群众参与目标设置，就是要利用各种形式和渠道，使他们积极参加讨论，主动提出各种建议，对群众的各种意见及时反馈，等等。

2. 正确阐明领导活动目标的意义

组织的目标和任务，只有为领导活动全体成员充分地了解，变成他们的信仰和行为规范，才能产生高度的目标认同。领导者如何阐明集体目标的意义呢？

阐明目标的价值取向。即阐明本领导活动系统设置该目标的价值追求。

阐明目标使命。即围绕集体目标，规定集体的全体成员哪些是该做的，哪些是不该做的；什么样的行为是领导组织所期望的，什么样的行为是该抑制的。

阐明目标与领导组织的关系。即说明目标实现程度的大小对组织生存和发展的影响程度。

阐明目标与领导活动成员个体的关系。说明集体目标实现程度的大小对成员个体的需要满足及其发展的影响程度。

阐明目标与社会的关系。即说明本领导组织的目标实现程度对社会和其他组织及国家的影响程度。

3. 要把集体目标转化为个人目标

领导活动成员要形成对集体目标的认同，很重要就在于内在需要，因此，能把集体目标转化为满足成员个体需要的个体目标，就容易形成目标认同。

引导成员个体在集体目标中认识与自己需要相结合的共同点、结合部。诸如认识集体目标的实现就是自己的生存需要、发展需要和享受需要的某一方面或几方面的满足；集体目标的实现等于为自己需要的满足创造了条件；集体目标的实现等于为自己将来满足需要打下基础；等等。

引导成员个体从集体目标中明确自己必须承担的义务和履行的责任。即引导领导活动成员个体认识自己所处的领导组织对自己的重大作用，诸如组织给自己提供财力、安全的工作场所、充实的图书资料等各种资源，给自己成长和成就事业提供广阔的舞台，给自己各种需要得到满足提供依托，等等，因而每个成员都要为领导组织的正常运转和生存发展承担义务和责任。而集体目标就是使领导组织生存和发展的重要方面，因而每个成员对集体目标活动的开展也要承担相应的义务和责任。一旦领导组织的成员个体认识到了组织对自己的重要作用，就能把集体目标变成个人目标。

引导成员个体从领导组织的需要来确立自己的个人目标。如果组织各成员个人目标的确立是从组织需要的角度出发的，往往就能使个人目标与集体目标的一致性大大增强，这样，就容易把集体目标转化成个人目标。

（三）目标导向

目标有导向功能。领导组织和领导者要在目标实施过程中，充分发挥目标的导向作用。

目标导向，就是利用目标调节来控制人们的行动方向、活动内容。因此，人们的种种心理过程都要受到目标的制约和服从目标的要求。利用目标的导向作用，可以强化人们的某种动机，可以调动人们的工作积极性。

在目标实施的过程中，如何进行目标导向呢？

1. 在目标实施过程中实行责任目标制，利用责任目标的压力，增强人们的责任感

在目标实施过程中实行目标责任制，领导活动系统各部门、各单位乃至各个人都有各自的责任目标。责任目标可以给人一种压力感，即对各部门、各单位和各成员具有一种无形的约束力。若能把外在压力变成内在动力，就能增强人们的责任感。

领导组织和领导者如何把这种责任目标的压力变成增强各部门、各单位和各个成员的动力呢？一是要提高他们的抱负水平，即要有志气达到目标责任制所规定的标准；二是提高人们的自尊心，尊重自己的荣誉感，尊重自己的人格，维护自我尊严，从而让责任目标压力在人们的自尊心里找出力量的源泉，变压力为动力；三是增强责任目标对各单位、各部门和各个成员的心理刺激，使他们心理产生一种"要战胜一切"的欲望，进而把外在压力变为积极进取的巨大动力；四是帮助各部门、各单位和各个成员找到完成责任目标的突破口。

在目标实施过程中，实行"大目标，小步走"，提高人们的积极性。大目标，是指具有挑战性的集体目标。小步走，是指实现大目标的各个具体步骤。采取"大目标，小步走"的方法，既能使人们感到大目标可望，又看到实现这一目标的步骤切实可行，增强对集体目标可行性、可信性的判断，自觉接受集体目标。另外，采取这个办法，可以使人们不断看到集体目标的价值及前景，增强人们的期望值，提高集体目标对人们的吸引力。

2. 在目标的实施过程中，提倡在集体目标的指导下制定个人目标

这里有几层涵义：一是各个部门、各个单位和各个成员制定为实现集体目标的个人工作目标；二是各个成员按集体目标的要求制定不断提高自己素质的个人学习目标；三是各成员按集体目标所指向的前景制定自己的个人奋斗目标。这样，集体目标使人们的行动方向趋于稳定，行动内容不断完善，并按照其要求的方向行动。

3. 在目标实施过程中，正确认识和处理集体目标和个人目标的矛盾

在目标实施过程中，集体目标和个人目标会发生这样那样的矛盾，这是很难避免的。领导组织和领导者要运用目标，就必须对此作出正确认识和处理。

集体目标与个人目标的矛盾主要表现在：

需求内容上的矛盾。集体目标所反映的需求与个人目标所反映的需求不一致。领导组织需要的，成员个体可能不感兴趣；而成员个体所需要的，领

导组织也可能反对。两者在需求内容上可能是相悖的。

利益上的矛盾。目标体现着利益。一般说来，集体目标所体现的是领导活动成员的根本利益，是领导活动系统的长远利益，是领导组织的整体利益；而个人目标所体现的是成员个体的目前的、暂时的、局部的利益，二者之间可能存在矛盾。

资源上的矛盾。实施目标总要有相应的资源，在资源有限的情况下，如果把资源用于实现集体目标，个人目标实现就要受到影响；如果把资源用于个人目标的实现，集体目标的实现也会受到影响。这里讲的资源包括成员个体的时间、精力等在内的一切目标实施手段和条件。

另外。还包括目标实施方式上的矛盾，等等。要处理好集体目标与个人目标的矛盾必须遵循以下原则：

合理性原则。即看个人目标、集体目标是否合理，如果有哪一方不合理，那么，不合理的要服从合理的。

兼顾性原则。只要目标是正当的、合理的，一般说来，各方目标都要兼顾到，不能重一方轻一方，扬一方抑一方，甚至取消个人目标。

包容性原则。当集体目标和个人目标发生冲突时，只要是正当合理的目标，就应当尽量扩大目标的内容，这样，集体目标覆盖、包含着个人目标；个人目标也接纳着集体目标，并且集体目标的实施有利于个人目标的实现，个人目标活动的开展不会有碍集体目标的实现。

让步性原则。当集体目标与个人目标发生矛盾时，可采取让步的办法，或以一方的让步来满足另一方的要求，或以双方做一些适当让步，缩小矛盾，各自在一定程度上满足对方要求。只要个人目标是正当合理的，又是在紧急的情况下，领导组织也可做必要的让步，满足成员个体个人目标实现的要求。

服从性原则。一般情况下，要提倡个人利益服从整体利益，眼前利益服从长远利益，一般性利益服从根本利益。但是，在个人目标服从集体目标的情况下，领导组织和领导者也应当尽量考虑集体目标的实施和实现要为个人目标的实施和实现创造条件。

# 第四章 领导信息

信息是领导活动的一个重要环节。它不仅是领导活动各要素的粘合剂，是它们组织起来的前提，而且是领导活动决策的基础和控制的前提。我们必须研究领导信息的问题。

## 第一节 领导信息概说

我们要研究领导信息环节，首先必须对领导信息概念相关的问题有一个大致的了解。

### 一、领导信息的涵义

（一）信息的涵义

关于信息，目前还没有一个统一的定义，维纳指出："信息这个名称的内容就是我们对外部进行调节并使我们的调节为外界所了解时而与外界交换来的东西。接收信息和使用信息的过程就是我们对外界环境中的种种偶然性进行调节并在该环境中有效地生活着的过程。"[①] 从中我们看到维纳把信息定义为人们与外界进行交换的一种东西。那么，这个东西是什么呢？维纳说信息就是信息。有的学者认为，信息这个"东西"，一是在于差异，二是对客观事物特征的描述，三是可传递的。为此，给信息下了这么一个定义："所谓信息，就是客观世界中各种事物的变化和特征的最新反映，是客观事物之间联系的表征，也是客观事物状态经过传递后的再现。"[②]

（二）领导信息的定义

领导活动和其他任何事物一样，本身在不断地发展变化着，呈现出不同

---

[①] 维纳：《人有人的用处》，商务印书馆1978年版，第9页。
[②] 黄学忠：《经济信息与管理》，人民出版社1985年版，第14页。

的状态和特征,所以,反映领导活动特征和变化的信息,也在不断地生成和传递着。领导活动内部各事物之间,领导活动与其他事物之间在相互联系、相互作用,所以,作为事物之间相互联系、相互作用表征的信息也在不断地生成和传递着。基于我们对信息的上述认识,基于我们对领导信息是领导活动事物存在的一种普遍形式的这一认识,我们可以给领导信息下这么一个定义:所谓领导信息,是指以消息等形式存在的关于领导活动形成、存在和发展变化的情况。

我们在理解领导信息涵义的时候,要注意这么几点:一是要注意认识领导信息是领导活动中各种事物变化和特征的反映;二是要认识领导信息是领导活动中各种事物之间相互联系、相互作用的表征;三是要认识领导信息都是经过领导活动成员传递,能够再现客观事物状态的信息。

**二、领导信息的特征**

领导信息除了具有信息所具备的客观性、共享性、可传递性、时效性、开发性等特征外,相对于其他信息而言,相对于领导活动的其他环节即领导目标、领导规范而言,还具有自己的特征。

（一）广泛性

领导信息跟其他信息相比,或者跟领导目标、领导规范相比,具有广泛性的特征。因为不管是哪一种领导活动,它所涉及的事物相当多,与其发生的关系相当复杂,所要认识的问题更是无穷尽,所以领导活动形成、存在、发展变化的情况既快、又多、又杂,因而领导信息具有比其他信息、比其他领导环节的信息更为广泛的特征。

由于任何一项领导活动都要涉及人员组织、物质设备、自然界事物等,所以,领导信息一般涉及人工信息、人机信息、自然信息等类型的信息。可以说,凡信息存在的范围,任何一项都要涉及领导信息,只不过是量的多少而已。

（二）时效性强

时效性,本来就是信息的特征之一。但是领导信息比其他信息,领导信息环节比领导目标、领导规范环节的时效性更强。这是由现代社会领导活动决策的及时性所决定的。现代社会活动发展变化愈来愈快,不仅生活节奏加快,而且科学技术周期大为缩短,人们的需求加速发展,这就要求领导要及时决策。

领导信息时效性强的表现,一是领导决策对领导信息需求的时间性要求及时、准确;二是领导信息的时间价值很明显,不同的时间,领导信息的价值就大不一样，甚至转瞬间就会失去价值。

（三）开发性更大

信息是一种资源，本身就有很大的开发性。而领导信息的开发性更大。这是因为领导活动是一个庞大的复杂系统，它不仅在纵向上有很多层次的系统，而且在横向上有众多的平行系统，同时在纵横交错上有很多交叉系统，所以，作为为领导系统服务的领导信息就具有很大的开发性。

领导信息的开发性表现是多方面的。一是众多开发主体。众多开发主体，就可以从众多需求、众多手段上对领导信息资源进行开发。二是众多开发主题。领导活动囊括了社会生活的一切领域，任何一项领导活动都涉及多方面的事物，所以，一个领导信息就可以进行多主题的开发，同一个信息在领导领域与在其他领域相比，领导领域就要进行多侧面、多主题的开发。三是更深度的开发。因为领导活动涉及各个层面的问题，各种问题之间的联系面更广、联系的密切度更深，因而对一个领导系统就能进行多梯度的深层开发。四是综合性更强的开发。由于领导活动就是一种综合性强的复杂活动，因而要求对为它服务的领导信息进行综合、分析、处理、反馈，从而对领导信息进行综合性的开发。

（四）领导信息的目的性明显

领导信息不同于一般的信息，它直接生成于领导活动过程之中。由于任何一种领导活动都是有目的、有意识的活动，所以作为领导活动表征的领导信息就具有鲜明的目的性。这种目的性，一是表现在为领导活动发展服务；二是领导信息的收集、加工、处理、发送、传递等都是领导活动成员的一种有目的的行为。

### 三、领导信息的地位

领导信息的地位问题，是指领导信息在领导活动中处于一种什么位置，它与领导目标、领导规范处在一种什么样的关系之中。

领导信息在领导活动中处在信息联结的位置。因为在领导活动中，领导活动的各要素要联结，领导活动过程的各阶段要联结，领导活动实践的各种行为要联结等，而领导信息正是处在这种联结的位置上。如果没有领导信息及其传递，领导活动无法形成，即使形成了也无法进行。因为：

（一）领导信息处在领导活动各要素相互联结的位置上

我们知道，领导活动由领导者、被领导者、作用对象这些要素所组成。但是，这些要素是分散地存在于社会之中的，如何才能把这些分散物、个别的要素有效地组合在一起，使之成为一个相互联系的有机整体呢？这起码要有两个条件：一是各个要素要感知对方的存在；二是要感知整体目标，从而集合在整体目标的旗帜之下。那么，它们靠什么来感知对方的存在和整体目标呢？只能靠领导信息及其传递。因为领导信息和其他任何信息一样，具有可传递性和共享性等特征。因为领导信息及其传递，各要素消除了彼此之间的不肯定性；各个要素发出并接收了具有实现共同目标的信息，从而为实现整体目标而集合到一起，从而把领导活动各要素联结起来。

（二）领导信息处在领导活动过程各部分的联结位置上

领导活动各要素组成有机系统后，就要开展相应的领导活动。领导活动是一个过程，它是由各个部分、各个方面共同配合、参与所完成的。要怎样形成这个过程，一是要把领导活动过程的各个部分、各个方面、各个环节、各个阶段联结起来；二是要使它们按一定的时间、空间等活动要求动作起来。这要靠领导信息及其传递。因为领导信息有其鲜明的目的性。在领导活动中，正是由于领导信息及其传递，才使领导活动过程的各个部分、各个方面、各个阶段、各个环节相互对接，形成一个过程；才使各个部分、各个方面、各个阶段、各个环节接收领导活动的时间、空间、命令等相关要求，从而动作起来，使领导活动过程发动起来，持续下去。可见，领导信息处在领导活动过程各个部分的联结位置上。

（三）领导信息处在领导活动行为协调的调控点位置上

领导活动不仅要组成有机系统，把活动过程发动起来、开展下去，而且要使各种领导活动行为动作协调，这样才能有效地开展领导活动，获得高的领导效益。要使领导行为动作协调，步伐一致，就要发出协调的指令，监控协调的状况；纠正不协调的偏差，开辟协调发展的渠道等。而要做到这些，其中很重要的就是要靠领导信息。从发送协调的指令来讲，实际上就是发布协调的目的、内容和要求等方面的领导信息；从监控协调状况来讲，就是要总结协调的新鲜经验，获取不协调的信息；从纠正不协调的偏差来讲，就是针对偏差的原因和状态，用协调的标准信息与之发生作用，消除不协调现象；从开辟协调发展的渠道来讲，就是开辟领导信息输入与输出的渠道，从而使领导信息交换量增加而使领导活动系统中熵值减少。可见，领导信息处在领导行为协调的调控点位置上。

**四、领导信息的作用**

领导信息的作用，是由领导信息的属性和功能决定的。它的作用主要表现在：

(一)"粘合剂"作用

所谓"粘合剂"作用,是指领导信息把领导活动有效地组合在一起了。没有一定量的领导信息,就无所谓领导活动。这种"粘合剂"作用的主要表现是:

领导信息是领导组织的"粘合剂"。领导组织之所以能组织起来,因为领导组织是以反映"共同宗旨"状况的领导信息的存在和传递为前提的,正是领导组织各要素感知、认同了这一"共同宗旨",领导组织的各要素才真正形成一个领导组织。领导信息量越大,传递效率越高,领导组织的组织程度就越高。

领导信息是领导活动过程形成的"粘合剂"。领导活动过程由各个部分、各个环节、各个阶段所组成。只有通过领导活动开展的命令、时间、空间等要求的领导信息传递以后,这些部分、环节、阶段才能按命令和要求动作起来,从而形成领导活动过程。

领导信息是领导行为协调的"粘合剂"。在领导活动中,无论什么样的领导行为,跟领导者、被领导者、作用对象乃至领导环境等都有着密切关系,只有领导行为主体,即领导活动成员感知到了领导目标、领导规范,认识到了自己的行为与它事物之间的关系,了解到了领导者与被领导者之间、上下级之间、个人与组织之间、职责与利益之间、纪律与自由之间、领导与服从之间、分工与合作之间、竞争与协作之间、集权与分权之间等关系后,领导行为才能协调,步伐才能一致,而这些都要靠相关的领导信息及其传递才能实现。

(二)基础作用

领导信息是领导活动的基础。因为领导活动是建立在领导信息的基础之上的。这种基础作用主要表现在:

领导信息是领导决策的基础。因为领导决策就是确定决策目标和优选决策方案的过程。如果没有掌握相关事物的领导信息,没有对领导决策相关事物未来发展的认识,领导者就很难进行决策。领导信息是决策的"原材料",是巧妇煮炊的米,是确定目标、优选方案的背景材料。

领导信息是领导活动实践的基础。从事领导活动实践,需要各种领导信息及其传递。因为领导活动实践过程中,无论是领导系统的内外部,都在运动、变化着,领导活动成员需要掌握相关的领导信息,才能正常、有效地开展活动。如果没有这些领导信息,或者这些领导信息传递受阻,那么领导活动实践就要中断。

领导信息是领导控制的基础。如果没有领导信息及其传递,就不能发现领导活动的问题，不能查明产生问题的原因和性质，从而也就提不出纠正偏差的举措。如果掌握了必要的领导信息和信息联系，则可以发现领导活动发展中的偏差，使这种偏差趋向平稳，回到正常轨道上来；或者可以消除、削弱引起偏差的因素的活动，使领导活动保持平稳；或者可以使领导活动摆脱有关的干扰，控制领导活动的运行。

（三）素质修养作用

领导信息，无论是对领导活动成员个体，还是对领导组织，都可以起素质修养作用。因为他们的素质修养要靠知识，要靠知识向能力的转化，而领导信息具有智能、技能等功能。

领导信息的知识修养作用。领导信息经过加工，就可以成为领导知识。这不仅为领导活动成员、领导组织提供学习的知识，还可以提高他们对领导规律的认识，提高他们的知识素质。

领导信息的技能修养作用。在领导信息中，有很多领导技术、领导艺术方面的信息，对这些领导信息的加工处理，可以成为领导技术、领导艺术的知识，从而为他们提高这方面的认识服务。

领导信息的人力资本、资源管理作用。领导信息，包括领导活动中对各种人力资本、人力资源管理的各种信息，通过对这些信息的掌握和传递，可以提高管理的科学性，从而促进人力资本、人力资源素质修养的提高。

## 第二节 领导信息的粘合

### 一、领导信息的收集

信息收集，是指从信息发生源获取原始形态的领导活动信息，或接收系统外传递来的信息。

（一）收集的内容

领导信息的收集内容广泛，主要是两大类：

从信息的机能上看，领导信息收集的内容有：

经济信息。这是指"对经济运动及其属性的一种客观描述，是经济运动中各种发展变化和特征的真实反映"。[1] 它包括生产性信息、需求性信息、消费性信息、产业结构信息、经济决策信息、经济条件信息、经济管理信息、经济分配性信息，等等。

---

[1] 黄学忠：《经济信息与管理》，人民出版社1985年版，第28页。

社会政治信息。这是指社会生活、政治生活发展变化及其特点的情况。它包括：人们的思想状况、社会秩序状况、社会环境状况、政策法令状况、就业与劳动状况、政治体制、经济体制等各项改革的状况，等等。

科学技术信息。这是指科学技术及其发展变化的情况。它包括：科学技术的研究与发展状况、科学技术的应用状况、科学技术的发明创造率、科技人员占总人口的比例、科研资金在国民经济预算中的比例及其变化率，等等。

文化教育信息。这是指文化教育及其发展变化的情况。它包括：智力投资状况、各类学生在同龄人口中的比例、各类专业教育的比例、成年人教育的状况、各类公共文化的发展情况、报刊书籍的种类及其销售状况，等等。

此外还有卫生信息、军事信息，等等。

从信息的应用上看，信息收集的内容主要有：

决策信息。这是决策所需的各种信息。它包括：外部信息——即本单位之外的所有与决策有关的事实和思想的总和；内部信息——即自己本单位的各种基本状况和潜力的信息；最终信息——即经过综合分析和论证后提出的多种可供选择的方案，等等。

实施决策的信息。这是指实施决策所要获取的信息。它包括：决策的动态信息——目标、任务、进度、关键线路、资金收支等情况；实施手段的动态信息——行政手段、经济手段、法律手段等单独或综合使用后的动态；实施技术的动态信息——在实施决策过程中，采用的技术和方法的效果等状况。

管理队伍的信息。这是指领导活动中管理队伍的状况，它包括：管理队伍的素质、管理队伍的现实表现、管理队伍的工作成就、管理部门的上下左右之间的关系、外单位管理队伍的发展变化状况，等等。

（二）收集的渠道

收集领导信息的渠道主要有：

社会的信息渠道。这是指由社会所创立和组织的，为全社会的集体和个人所享用的那些信息传播的渠道。它包括：报纸、电台、广播、出版等部门所构成的信息渠道；社会各部门各行业的专业信息系统；各种类型的图书馆、档案馆、信息情报机构等；各专业的学会、研究会；信息中心和咨询中心机构；各种类型的展览会、信息交流会，以及技术市场，等等。

本单位的信息渠道。它包括：各单位的职能机构、咨询机构、调研部门或政策研究部门、图书情报部门、专业的学会、协会、研究会、对口的协作单位，等等。

(三) 收集的要求

领导活动要求信息收集：

目的明确。领导活动收集的信息，目的是可以用来回答领导活动的相关问题的，以做出各种决定，调节相应的行为。

全面。领导活动收集信息时，要注意国内外、部门内外、系统内外的社会信息、自然信息和知识信息，保证原始信息的相对齐全，不能残缺不全。

及时。所收集的信息要迅速而灵敏地反映领导活动和内外环境的最新变化，并尽可能快地将信息进行加工处理，传递给使用者。

可靠。收集到的信息要可靠，要真实地反映客观情况的变化，有较高的可信度和精确度。

收集制度化。对领导活动收集信息的目的、收集信息的态度、途径和方法等都要有明确的规定，形成制度。

(四) 收集的方法

原始信息收集的方法很多。除运用计算机网络收集领导信息外，还需要采用其他方法。因为有些领导信息在计算机网络上是收集不到的。这里仅谈几种主要方法：

1. 调查法

就是通过一定的途径对客观事物进行直接观察、了解，以获取相应信息的方法。调查法主要是通过典型调查、抽样调查、重点调查和全面调查等方法来掌握第一手材料的。

典型调查。这是指选择有代表性的事物作为调查对象，从而了解同类事物普遍存在的性质和状况的一种方法。运用这种方法收集原始信息，关键是要选好典型。在选择典型时，一是要注意它的代表性，即从中能够知道或推及事物总体的状态；二是在不同类型的事物中选择相应的典型，但要确定每一类型在总体中的比例。

抽样调查。即按随机原则，从被调查的总体中，抽取一部分样本，并对其进行观察、测定，然后运用概率来推算出整体状况的一种方法。运用这种方法收集原始信息，关键是要确定样本抽样。

重点调查。这是指在调查总体中，选择一部分在其中起决定作用的单位作为调查点而进行调查的一种方法。搞好重点调查的关键，是准确地选好重点单位，并注意重点的变化。

全面调查。这是对所有调查对象的情况进行全面、系统地调查的方法。这种调查，是国家宏观决策的必需，也是各地区各部门了解全面情况、掌握系统资料的一种重要方法。

2. 观察法

这是指人们直接用感官或借助于仪器来获得原始信息的方法。这个方法的基本特点就在于它是在对客观现象不加以人为控制的条件下对事物进行考察。

采用观察法来获取信息，一是要坚持观察的客观性，观察事物和现象不能掺杂个人的主观成分；二是坚持观察的全面性，要注意事物的各个方面及其联系，注意事物之间的联系；三是坚持观察的系统性，对事物发展的全过程进行持续地观察；四是坚持观察的辩证性，注意观察的条件性、典型性和随机性；五是坚持观察的思维性，在观察中不是消极地注视，而是进行积极的思维。只有这样才能发现事物的本质，善于发现在别人看来不那么重要的事情和特征。

3. 信息网络法

这是指围绕领导活动所需要的信息，建立纵横交错的信息渠道，通过设点、布阵，形成一个观察哨式的积极的信息控制网络。日本为了迅速地收集世界各地的工商、科技等各种信息，不惜投资建立环球信息网络，在 114 个国家和地区，设有 6 800 多家跨国公司，这些公司、办事处既是经营网，也是信息网。日本三井物产贸易公司的环球商情网布设 133 个点，5 个控制中心，东京中心管亚洲全区，纽约中心管北美和拉丁美洲，伦敦中心管欧洲和非洲，巴林中心管中东地区。

运用信息网络法时，一是设点、布阵要合理，要根据各点的信息摄取能力考虑它的辐射面；二是控制中心要选好，控制点应是其控制面的经济、政治、文化中心，要根据控制点的控制能力来考虑它的控制面；三是各点、各中心要形成一个有机的整体。

4. 文献研究法

这是指从文件和书报杂志等文字材料中获取信息的一种方法。例如，马克思为指导无产阶级革命运动写作《资本论》时，伦敦大英博物馆里存放着英国和苏格兰调查委员会和工厂观察员报告的蓝皮书。对这些东西谁也没有从中发现什么，甚至许多议员把这些东西当做废纸按重量卖掉，而马克思却从中发现资本家剥削工人的秘密和资本主义生产方式发展的规律。

运用文献研究法来获取信息，一是要了解文献产生的时代背景；二是把文献所涉及的问题、所运用的方法、所运用的材料与现实中需要解决的问题相联系，从中得到启迪；三是要充分挖掘文献中所蕴含着的信息量，发现潜在信息。

在领导活动中要及时地获取完整而准确的信息，从领导组织和领导者的角度来讲，就必须建立渠道畅通的信息系统，必须定期或不定期地获取本地区、本部门、本单位与领导工作有关的数据和资料，深入实际，掌握必要的第一手材料。

### 二、领导信息的加工

信息的加工，是指经过检核的信息按照一定的要求和方法进行加工整理，使之浓缩和有序化，便于传递和储存及提供使用者使用。因为通过各种途径收集到的信息，质量有高有低，价值有大有小，离适用还有一定的距离，因此，必须经过加工处理，才能供使用者使用。

（一）信息加工的基本步骤

领导信息的加工处理，实际上就是根据领导活动的需要，采用一定的方法把原始资料做各种分类、对比、分析等，使其成为有意义的信息。其基本步骤是：

分类。将杂乱无章的原始状态信息或按时间、或按问题、或按目的要求，分门别类，排列成序。

比较。把收集到的信息资料相互之间进行比较；把信息资料与领导活动的需要进行比较。

计算。对数据状态的信息进行加工运算，得出领导活动所需要的新的数据。

研究。对信息进行分析、研究，形成新的概念和结论，成为富有指导意义的信息。在研究步骤，信息加工的主要工作是选择、提炼和开发。选择，就是从大量的信息中选择有用的信息，舍弃对己无用的信息。提炼，就是从错综复杂、重叠交织的信息中提炼出信息的本意、内涵、真值和精华。开发，就是从既得的信息中通过观察、分析、探求，丰富原有的信息，产生新的信息，增值信息。

判断。鉴别信息的准确性、可信度，判断信息的含量、价值、时效。

编写。将加工的信息资料编写成新的信息资料。在编写步骤中的主要工作是编辑加工和格式安排。

（二）信息加工的方法

要使信息加工处理符合领导活动的目的要求，就必须采用科学的方法。信息加工的方法很多，这里仅谈几种。

1. 逻辑加工法

这是指对获得的信息进行合理的逻辑思考，从而对信息进行新的提炼或找到信息之间的相互关系的一种方法。对信息进行逻辑加工，可从以下几方面着手：

明确或提炼概念。即通过对获得的信息进行逻辑思考，或明确客观事物的实际内容，抽象出与客观事物实际内容相符合的名称——概念；或找到概念之间的各种关系——同一关系、属种关系、交叉关系、对立关系、矛盾关系，进一步明确概念；或进行概念的限制；或进行概念的概括，等等。

进行判断。即通过对获得的信息进行逻辑思考，做出与事实相符合的判断。这种判断，对事物或做出肯定，或做出否定，或做出既有肯定又有否定的种种判断。

逻辑推理。即从已有的判断逻辑推出一个新判断。也就是通过对获得的信息进行逻辑推理，从已有的信息中逻辑地推出一个新的结论。它或许从个别性出发，通过特殊性而达到普遍性；或许从普遍性出发，通过一般返回到个别。

2. 比较加工法

这是对收集到的各种信息进行比较，从而对信息进行选择、提炼和开发的方法。

对收集到的信息，可根据领导活动的需要进行多种多样的比较加工。

纵向比较。按领导活动某一主题的需要，把各个时期的有关信息资料汇集起来加以比较，由此看出该事物的发展变化及其趋势，形成新的信息资料。

横向比较。按领导活动的某种需要，把同一时期的不同部门、不同单位所开展的相同的某种领导活动的信息资料汇集在一起，加以比较，可以看出同异和优劣，形成新的信息资料。

质量比较。这是按领导活动的某一主题，把收集到的有关该主题的信息都汇集一起，对它们加以比较，去粗取精、去伪存真，摘取相对接近的信息，筛选出比较理想的信息。

原因比较。在领导活动中，将有相同结果或相同因素的信息资料汇集在一起，加以比较，从相同因素的信息中看它们的结果，从相同的信息中追溯它们的原因，这样就可以形成新的信息资料，说明事物的因果关系，以及一因多果、多因一果等状态。

3. 综合加工法

综合，是在思想中把对象的各个部分、各种要素和各个方面联合起来考察的一种思维方法。用这种方法来加工信息，就是从部分到整体来把握领导活动信息的一种方法。它主要是：

按目的对信息进行综合加工。即把许多原始信息资料按一定的目的汇集在一起，从而反映某一领导活动的概况和问题。

按主题对信息进行综合加工。即将反映某一主题的原始信息集中在一起，加以全面、系统地综合归纳，以说明某一领导活动的全貌。

求同性地对信息进行综合加工。即把各种各样的信息汇集在一起，并对其加以综合，从中找出领导活动某些共同性的东西。

4. 数据加工法

在领导活动中，特别是经济领导活动中，存在着大量的数量关系，数据加工法，就是对这些数量关系进行加工。

数据对比。即把领导活动的有关数据的信息资料进行对比，以反映领导活动的变化和特征。它包括纵比和横比。纵比，表示同一领导活动发展的今昔对比，反映领导活动的发展变化；横比，指把不同单位之间的同一种领导活动的有关数据进行对比，反映先进与落后、好与坏。

数据化小。即把反映领导活动的大数字以浓缩的形式化为小数字。这种把大数字浓缩成小数字的形式出现，往往给人以清晰的印象。

数字转换法。这是把人们生疏的、不易懂的数字，转换成人们所熟知、易懂的数字，这样的数字用以反映领导活动就通俗易懂。

### 三、领导信息的传递和贮存

在领导活动中，经过加工处理的信息不是马上就能被使用的，是要经过传递和沟通，有的不是马上就使用的，需要贮存起来，因此，存在着信息的传递和贮存的问题。

（一）信息的传递

在领导活动中，各种信息数以万计，内容复杂，如何适时地传递给各个需要的使用者呢？

1. 传递要规范化

领导活动中信息的形式多样且在不断地生成、变化，因此为使信息传递不出差错，必须做到传递规范化。

所谓信息传递规范化，就是对各种信息传递的方式、方向、路线做出明确的规定。

2. 传递要快

信息传递最明显的特点是在时间、空间和内容上都受到人们有目的的控制，因此，对信息的基本要求是快和好。

快，是指传递讲求速度，提高时效性。领导活动信息传递如果不讲求速度，在军事领导活动中就会因某信息传递相差分秒而导致全军覆灭；在经济领导活动中就会因信息传递缓慢，失去时机，丧失市场，对新技术吸收迟钝；在政治领导活动中就会因信息传递不及时造成处处被动。信息的价值之一就表现为及时。快的要求，一是信息发送者快速发送；二是信息接收者快速接收；三是信息使用者及时使用信息。

3. 传递要好

这是指信息传递的质量要求。信息的价值之一表现为质量，信息越准确，不肯定性越小，则质量就越高。信息质量好，要靠原始信息的质量和信息传递的质量来做保证。信息传递质量好，就要求传递的信息要真实可靠，可信度高，不失真。

（二）信息的贮存

加工后的信息，有的立即可以使用，有的不是立即就使用的，就需贮存，以备日后使用，有的信息使用后，还有再次或多次使用的价值，也需要贮存。信息库就是信息贮存手段。怎样才能把领导活动的信息贮存好呢？总的说来是贮存要档案化。具体要求是：

1. 信息形式要标准化

领导活动中的信息，总是要以一定的形式来表现和反映。为便于贮存和利用，信息形式要标准化。对原始信息、处理的信息、反馈的信息等都要制订统一的标准。对各种信息都要有正式的核定和编码。

2. 信息贮存要系统化

所谓信息系统化，就是把反映领导活动某一方面问题的信息，放在整个领导活动系统之中考察，从整个领导活动系统的角度来看待某一个方面的问题。为使信息内容系统化，在信息处理时要提高信息的有序化程度。在信息贮存中按领导活动系统的结构序列来安排。

3. 信息贮存要现代化

即利用信息库、自动记录仪、磁带、磁盘、摄影等现代技术手段来贮存信息。

4. 建立信息贮存的档案制度

对领导活动中信息贮存的各种问题做出相应的规定。即根据档案学的原理和方法，进行统一分类，分档贮存，并规定统一的分类标准、统一的检索方法等。

四、领导信息的利用

在现代社会的领导活动中，信息的作用很突出。现代社会里，信息与能源、材料被誉为当代科学技术的三大支柱，信息的社会化是其基本特征。正因为如此，各级领导组织和领导者要善于充分地利用信息。

（一）积极开展信息竞争

在市场经济社会里，信息竞争是不可避免的。在领导活动中要充分利用信息，首先要开展信息竞争。如果在信息竞争中处于失败，充分利用信息就无从谈起。只有在信息竞争中立于不败之地，才能谈得上对信息的充分利用。

1. 争夺信息资源优势

信息竞争总是首先在争夺信息资源上拉开序幕的。在领导活动中，信息搜集的目标主要包括：领导活动环境和竞争对手的信息。

领导活动环境信息包括：社会经济环境的信息、科学技术的发展及其运用状况、人们的思想状态，等等。

竞争对手信息包括：竞争对手的能力信息、竞争对手的实力信息、竞争对手的处境信息、竞争对手的战略、策略信息，等等。

这一系列的信息，有的可通过正常的渠道用公开的手段获得，有的必须通过非正常的渠道用秘密手段获得。特别是领导活动竞争对手信息的获得很不容易，应当把它作为重点的信息获取对象。

2. 争夺信息加工技术的优势

争取信息资源优势，关系到信息含量；争夺信息加工技术的优势，关系到信息的吸收。只有具有加工信息的技术，才能提高信息的密度和可信度，才能综合孤立的信息资料，对其进行科学判断和得出结论，为我所用，因此争夺信息加工优势在信息竞争中具有重要地位。

要在信息加工技术中争得优势，一是要提高信息人员的素质，加强信息系统的建设；二是要加强对信息加工技术的科学研究；三是要应用信息加工的新技术。

3. 争夺信息传递技术的优势

信息传递技术，关系到信息在空间的传播。而信息传播的状态如何，关系到领导组织和领导者能否随时获得领导活动的动态和新的信息，因此，信息传递技术是信息竞争的一个重要方面。

要争夺信息传递技术的优势，一是要加速信息传递的通信网络建设；二是使用先进的信息传递媒体；三是不断提高信息传递人员的素质。

4. 争夺信息贮存的优势

信息贮存得越多、越全面，使用起来就越方便，越有利于为领导活动服务，因此，信息贮存也是信息竞争的一个重要方面。

要争夺信息贮存的优势，一是要建立信息库；二是要有先进的检索技术。

（二）重视信息刺激工作

信息，是个重要的刺激物。因为信息作为客观事物存在、运动、发展的各种信号，信息以及加工的资料，对人们的态度、情感和行为都有刺激性，或者改变或者强化人们的态度、情感和行为。各级领导组织和领导者通过筛选一定的信息，并使人们接受和理解它，就能形成有利于领导活动的态度、情感和行为。

在领导活动中，如何利用信息来刺激人们，使之态度、情感和行为都朝着有利于领导活动的方向发展变化呢？

1. 利用逆境信息刺激人们奋进

在领导活动中，无论是领导组织，还是成员个体，都可能处于逆境，或者条件很差，或者困难很大，或者遭受挫折，或者遇到失败，等等。作为一个领导组织或领导者，应当而且也可能利用逆境的信息，激发人们在逆境中奋进。

在逆境信息中，认识身陷逆境的原因。一个组织或一个人处于逆境，是有其主客观原因的，利用逆境来激发人们奋进，首先要使人们在逆境信息中认识产生逆境的原因。从主观原因说，或是认识上的局限，或是能力上的限制，或是目标过高，或是方法不当，或是生理、心理缺陷等，导致自己挫折、失败。从客观原因说，或客观条件不许可，或传统观念的桎梏，或嫉妒思想的影响，或落后管理的羁绊等，使得人们处于逆境。

在逆境信息中，寻求孕育的奋进因素。任何事物都是一分为二的，一个组织或人们身处逆境是坏事，但是只要寻求到逆境所孕育的奋进因素，做逆境的强者，它又是一件好事。因此，领导组织和领导者要引导人们认识到逆境可以使人们变得聪明，可以促使人们另辟蹊径，踏出人生之路，可以使人们不甘沉沦，自强不息，等等。只要这样，人们就能在逆境中崛起。

在逆境信息中，探索逆境转化为顺境的机制。一个组织或一个人，当自己处于逆境时，要能使自己在逆境中走出来，关键的是要探索逆境转化为顺境的机制。作为一个领导组织或领导者，应当引导人们在逆境的信息中看到自己担负的责任，努力克服自己的不足，迅速抛弃自己的错误，积极吸取教训，确定恰当的抱负水平，寻求事物之间的内在联系，执着地追求自己的理想。

2. 利用竞争对手的信息刺激来维系人心、提高士气

在领导活动中，无论是一级领导组织，还是成员个体，都有自己的竞争对手。有关竞争对手的信息，就是自己的刺激物。这些信息刺激只要运用得

好,就可以用来维持和提高领导活动系统的向心力。

通过竞争对手的正面的、优越性的信息来激发自己的士气。即通过提供竞争对手所取得的业绩,所获得的进步,激发自己的士气。这种信息刺激,主要用于条件、情况差不多的部门、单位和个人,因为竞争对手的条件和本单位差不多,那么,对手能取得某种业绩,获得现有的进步,自己又为什么不能呢?这里的信息刺激,主要是分析对手的客观条件与自己客观条件的相同性,分析对手的主观能动性与自己主观能动性的发挥差异,从而激发自己挖掘潜力、发挥优势、赶超他人。

通过提供竞争对手的弱的信息来激发自己的士气。在领导活动中,竞争对手有优点也有弱点,有长处也有短处。对手的弱势是可以利用的。这种利用不仅有助于以我之长克敌之短,而且还可以利用对手的弱势信息来刺激自己,激发自己的士气。因为分析竞争对手客观存在的短处,可以增强自己的自信心,如果将利用对手的短处、发挥自己的长处结合起来,对士气激励作用是很大的。

3. 利用环境信息刺激,促使自己制胜思考

领导活动总是在一定的环境下进行,而且环境不断地发展变化,不断生成新的信息。各级领导组织和领导者,通过向领导活动成员提供环境的各方面信息,使他们在信息刺激下,进行各种致制胜思考。

思考环境的需要。从环境信息中认识环境的各种需求及其变化。

思考环境所提供的条件。客观环境为人们提供相应的物质条件和精神条件。人们通过环境信息可以认识环境为我们所提供的相关条件。

思考环境的要求。环境,有它自身的发展变化规律。人们要适应环境、改造环境和利用环境,就要按客观规律办事。人们通过环境信息,就可以不断深化对环境发展变化规律的认识,把握客观规律的要求。

4. 利用成功信息刺激,进行成功反思

在包括领导生活在内的一切社会生活中,人们好像都有一种认识:失败者才有必要进行反思,成功者、胜利者就没有必要进行反思。这实在是一个不小的误区。因为一个人现在成功不能保证将来也会成功,只有对成功进行必要的反思,才能更好地把握规律。有的人从失败走向成功,而有的人则由成功走向失败,其差别就在于"反思"。

在领导活动中,利用成功的信息刺激人们对成功进行反思,主要是指对这些问题进行思考:自己的成功,是由于自己对手的失败所致,还是自己优势发挥所致?自己的成功之中,隐含着什么短处没有,如何改正?自己成功的历程之中,还有哪些有利条件未利用,哪些合理的力量未利用,如何利用

它们来推进自己的发展？自己的成功之中是否潜伏着危机，与理想的成功有否差距，其表现在哪里，如何缩小以至消灭差距？等等。

（三）做好信息的拓展

所谓信息的拓展，就是对获得的信息进行多角度、多层次的解剖，研究信息的一切方面、一切联系和"中介"，把信息本身蕴含的价值尽可能地发掘出来，加以充分利用。

信息的时间拓展。不仅看某信息对现实领导活动的意义，而且还要视其对领导活动将来有什么意义；同时视其对领导活动的历史的重新认识有何意义。

信息的空间拓展。考察同一信息对不同国家、不同地区、不同民族、不同部门、不同单位的意义。

信息的时空拓展。考察信息在不同时空组合中的意义。即考察同一信息在同一时间不同空间或同一空间不同时间的意义。

信息的过程拓展。考察信息在事物发展过程中的意义，它包括考察信息对事物发展过程中不同阶段的意义；考察信息对事物的不同层次的意义；考察信息对事物的不同方面的意义；等等。

信息的结构拓展。考察信息与事物相联系中的意义，它包括考察信息与不同认识主体相结合的意义；考察信息与科学技术手段相结合的意义；考察信息与信息之间的组合意义；考察信息与不同事物相结合的意义；等等。

（四）提高利用信息的灵敏性

利用信息的灵敏性，就是领导者或领导组织对来自四面八方的信息，能及时认识到什么样的信息对本领导活动有用，什么信息与本领导活动无关，怎样处理这些信息等。

1. 加强信息意识

信息意识，是人们对信息在生活领域中重要意义的认识。对领导组织和领导者来说，特别要认识信息对领导活动的重要性。从当前情况来看，人们要加强信息意识，一是要破除封闭观念；二是要清除保守思想；三是要克服依赖心理。只有这样，人们才能把信息看做是人类的重要资源。

2. 不断跟踪新的科学技术

当前，虽然人们对信息的本质的解释还不同，但它在现代社会中的重要作用已为人们所公认，它同材料、能源一起，被称为科学技术的三大支柱。各级领导组织和领导者要提高利用信息的灵敏性，必须不断跟踪新的科学技术。

跟踪新的科学技术，一是要跟踪新的科学技术知识；二是要跟踪新的技术成果;三是要跟踪科学技术的发展方向;四是要跟踪科学技术与社会、经济的关系发展变化。

3. 善于捕捉信息的价值

一个领导组织和领导者要能捕捉住信息的价值,有两点特别要注意:

把握决定信息价值的要素。信息的价值是由信息的数量、质量和信息的及时性和针对性所决定的。领导组织和领导者要把握信息的价值,必须要及时地掌握足够数量和高质量的信息,而且信息的针对性应与领导活动的任务相一致。

不同类型、不同层次的领导组织和领导者所掌握的信息不一样。因为他们对信息的需要是不一样的。高层领导组织和领导者所需要的是制定战略目标等方面的信息;中层领导组织和领导者所需要的是对本部门、本地区、本单位有大的影响的信息;基层领导组织和领导者所需要的是实施本单位领导决策的信息。

另外,要提高利用信息的灵敏性,还必须注意利用信息的及时性,把握利用信息的针对性,等等。

# 第五章 领导规范

在领导活动中，把各领导要素结合在一起的，除了信息粘合、目标的召唤以外，还有规范的规矩。因为仅有目标的召唤、信息的粘合，领导活动成员可以汇集在一起，可以开展领导活动，但是不能保证领导活动成员的汇集是有序的，开展活动是协调的，还需要领导规范来规矩。所以，领导规范是领导活动的重要环节。

## 第一节 领导规范概况

我们要研究领导规范如何把领导要素联结起来，首先要对领导规范有一个基本的了解。

### 一、领导规范的涵义

（一）规范的涵义

在《辞海》里还没有规范的条目，我们可以从"规"和"范"的字义上来理解。"规"，有多种涵义。有校正圆形的用具之意，《诗·小雅·沔水序郑玄笺》："规者，正圆之器也。"有规则、章程之意；有典范之意，王粲《咏史》诗："生为百夫雄，死为壮士规"；有规劝、谏诤之意，《国语·周语上》："近臣尽规"；有规划，打算之意，陶潜《桃花源记》："南阳刘子骥，高尚士也，闻之，欣然规往"；有效法，摹拟之意，张衡《东京赋》："规遵王度。""范"，有模子之意，《论衡·物势》："今夫陶冶者，初埏埴作器，必模范为形故作之也"；有榜样之意，沈约《谢灵运传论》："垂范后昆。"

根据"规"和"范"字的字义，我们是否可以把规范理解为：规则，章程，校正用具的模子，供人效法的模样。

（二）领导规范的定义

根据规范的涵义，我们把领导规范定义为领导活动成员必须遵守的已经确立的思想、评价和行为标准。

我们在理解领导规范定义的时候，要注意几点：一是领导规范是一种规则。它规定人们在从事领导活动的时候，必须这样办，而不能那样办，领导活动成员应该做什么，不应该做什么，应当有什么样的行为，不应当有什么样的行为。二是领导规范是领导活动成员意志的反映。领导规范为什么规定必须这样，而不能那样呢？因为这些规定和行为规则是领导活动成员的意志，反映了领导活动的关系。领导规范，从外表上看是法律、规章、制度、纪律等，从本质上看，它是领导关系的反映。三是领导规范是一种总称。它是有关的法律规范，有关的领导规则、章程、规定，还有各种领导纪律等；它既是一种规定，又是一种行为规则，还是供人效法的"模样"，又是用来校正领导活动成员行为的"用具"模子等。

**二、领导规范的特征**

领导规范，作为领导活动的章法，它是领导活动成员必须遵守的。其特征主要有：

（一）规范性

规范性，是领导规范的最主要特征。它是领导活动规范化了的行为准则和工作要求。它使领导活动有法可依，有章可循，有矩可规。这种规范性表现在：它规定着领导活动成员在什么情况下应当做什么，可以做什么，不应当做什么；它体现了领导活动行为的规定、工作的规范；它作为评价领导活动行为的标准。

（二）权威性

领导规范，由于它是领导活动成员意志的反映，它体现了领导性质，所以具有权威性。领导规范的这种权威性的表现：一是具有"法"的性质。除了有关领导活动的法律规范以外，其他领导规范一经制定并正式实施就具有"法"的性质；二是领导活动成员对规范的认定和承认，众所共仰；三是它拥有对任何一个领导活动成员相适应的影响能量。

（三）严肃性

领导规范，由于不管是法律规范还是其他规范都具有"法"的性质，所以它具有严肃性。领导规范的严肃性主要表现在：一是严格性，只要是本领导活动成员就必须严格地执行，不能把领导规范当儿戏；二是严厉性，领导活动成员如果不执行，就会产生严重的后果，任何领导活动成员不能无视它的存在，都不能置身于它之外。

（四）强制性

所谓领导规范的强制性，是指领导规范一旦颁布实施，就必须执行。这种强制性主要表现在：一是领导活动成员都必须遵守，不能违犯；二是谁违犯，就应该接受相应的惩处，违者必究；三是对不服从者强制执行。

### 三、领导规范的地位

领导规范无论从整个领导活动来讲，还是从领导环节来讲，它都是处在"维系"者的位置。因为领导规范与领导活动系统之间是一种"维系"关系，与领导环节之间也是一种"维系"关系。它的"维系"地位主要表现在：

（一）领导规范处在领导要素联结关系"维系者"的位置

前面我们曾分析到领导者、被领导者、作用对象这些领导要素，靠领导目标联结在一起，靠领导信息粘合在一起，但是，领导要素联结起来，粘合一块后如何来维系呢？这就靠处在维系者位置上的领导规范。因为领导规范既不仅仅是对领导者的规定，也不仅仅是对被领导者的规定，也不仅仅是对作用对象的规定，而是对所有领导要素的规定。所以，它是通过各种规定使各领导要素维系着彼此联结的关系。可见，领导规范就像握着一根根无形的"线"、"绳"、"索"的"维系者"。

（二）领导规范处在领导活动正常秩序"维系者"的位置

领导活动要正常开展，就必须维持正常的秩序。但是，领导活动开展以后，由于受到外界环境的影响，受到领导系统内部各种因素的影响，会产生这样或那样的无序现象。因此，领导活动要不断地正常开展着，就必须由领导秩序的"维系者"来维系正常秩序。这个秩序的"维系者"就是领导规范。因为领导规范把领导活动开展的正常秩序，通过法律条款、规章制度条文、道德规范等予以肯定和规定。领导规范为领导活动的开展提供了相应的行为模式，即应当做的行为、可以做的行为和不应当做的行为。所以，它既为领导活动成员在规范所允许的范围内去选择自己的行为，又为领导活动成员确定在应当做的事项上积极行动，还为领导活动成员确定禁止性行为。这样，有利于领导活动在开展过程中打破旧的平衡，实现新的平衡，克服无序现象，打破旧序建立新序，使领导活动处于有序状态。

（三）领导规范处在良性领导关系"维系者"的位置

在领导活动中，会形成各种领导关系，只有领导关系处于协调状态，领导活动才能达到应有的目的。在领导活动中的关系不仅是丰富多彩的，而且是很复杂的。诸如有领导与被领导、上级与下级、部门之间、同事之间、领导系统与环境之间、个人与组织之间等的关系。在这些关系中所蕴含的内容是丰富多彩、错综复杂的，有责、权、利的关系，有分工与合作的关系，有竞争与协作的关系，有权威与顺从的关系，有集权与分权的关系，有纪律与自由的关系，有有序与无序的关系，有改革、稳定、发展的关系等。这些关系要靠领导规范做出相应规定，靠领导规范的颁布来明示，靠领导规范的实施来有效控制。因为领导规范一方面可以保护正常的领导关系，保护业已形成的稳定化了的领导关系，肯定和引发有利于社会主义领导活动开展的新型领导关系，保护领导关系的发展进步；另一方面可以排斥不正当的领导关系，对某些不正当的领导关系，定为不合法，违反规范，予以禁止，让行为者承担相应的责任和后果，以保证领导关系的良性运行。可见，领导规范处在领导关系"维系者"的位置上。

**四、领导规范的作用**

由于领导规范具有规范性、权威性、严肃性、强制性等特征。所以，它在领导活动中起着"保护神"的作用。这种作用主要表现在：

（一）领导规范是实现领导目的的基本保证

领导规范规范着领导活动成员的行为，使之符合领导目的要求行动；它规范着领导秩序的运行，使之向着领导目的逐步实现的方向运转；它规范着领导关系的发展，使之朝着实现领导目的所要求的良性关系的轨道变化，从而保证领导目的的实现。

（二）领导规范是体现社会主义领导本质的基本保证

社会主义领导活动的本质是服务。要使社会主义领导活动真正体现出"服务"的本质，就需要领导规范这个保证体系的重要支撑。因为领导规范把领导活动成员的行为纳入了为人民服务的轨道，使其只能在这一轨道上活动；因为领导规范有权威性，使领导活动成员不敢离开服务轨道为所欲为；因为领导规范规定着一套违规的惩罚举措，强制地清除领导活动中的变质成分，维护着社会主义领导的本质。

（三）领导规范是领导活动发展进步的基本保证

领导活动不能永远停留在一个水平上，要不断地发展进步，这就要提高科学化、民主化、法制化的程度，并进行改革。领导规范在其中可起到重要作用。一是领导活动的科学化、民主化、法制化正是领导规范规范的重要内容，只要是科学的、反映民主要求的、用法规来确认的领导规范，就可以保证领导活动发展进步。二是领导规范是一种领导文化的传递工具。在领导活动实践中，领导活动成员不断地创造出很多新鲜经验，创造出新的领导文化。这些新的经验、文化，在领导规范中得到肯定，有的就作为一种新的领导规范规定下来，这样领导规范就向领导活动成员，向社会上的人们不断传递新的领导文化，从而促进着领导活动的发展。三是领导规范的创新，可以促进领导活动的改革。在领导活动过程中，人们总是以领导生活的现实需要，以领导生活对社会生活的适应程度来不断审视现有的领导规范，所以，人们可以逐步认识到现有领导规范的不合理部分，或者认识到现有领导规范的空白部分，于是创造新的领导规范来代替旧的领导规范。人们创新的领导规范，特别是一些带有改革性的领导规范，实际上是对领导活动改革在规范上的反映，从而促进着领导活动改革的开展，保证领导活动的发展进步。

## 第二节 领导规范的维系

### 一、领导规范的内容

规范所涉及的对象是非常广泛的，内容也是多种多样的。从大的方面来看，可以是国家的法律制度，民族的风俗、习惯，传统文化以及人们的观念、信仰等；从小的方面来说，则包括机关、工厂、学校等的规章、守则和纪律，人们的行为和行为方式。人们生活所涉及的各个领域都有规范存在。而领导活动规范内容，是指领导活动领域所存在的规范。它除了有关的法律规范外，主要内容还有：

（一）行政法规

行政法规，是有关国家行政领导与管理的法律规范文件的总称。凡由国家机关制定的、体现统治阶级意志的、以国家强制力保证实施的关于确立国家行政机关的组织与活动的行为规则的法律文件都是行政法规。主要内容有：

国家行政机关的组织、任务和职权。我国行政机关，按宪法赋予的职权和管辖范围可分为最高行政机关（中央人民政府）和地方各级行政机关（地方各级人民政府）。从工作的性质、内容和作用上说，可分为领导机关、职能机关、直属机关、办公机关、派出机关、顾问机关等。它们在宪法和法律的规定职权范围内，行使国家行政权。与此相应的法规内容包括行政机关中各工作机构的责、权和相互间的分工合作关系，行政管理的工作程序、方法和制度，行政纪律，督促行为等。

国家行政工作人员任免、选拔、培养、考核、奖惩、离职以及与职务有关的权利和义务。我国的《宪法》、《地方各级人民代表大会和地方各级人民政府组织法》、《国务院任免行政人员办法》、《国务院关于国家行政机关工作人员的奖惩暂行规定》和国家公务员制度等都对此做了规定。

在行政活动范围内国家行政机关、其他国家机关、企事业单位、社会团体和公民的权利与义务。例如，国家行政机关要根据国家宪法和法律的规定，在各自的职权范围内制定和实施行政管理法规，发布行政决定和命令，对国家的行政事务进行领导、组织和管理，各级国家行政机关都要对本级国家权力机关负责，并报告工作，接受领导和监督。

国家行政机关从事管理活动的原则、方式、方法和程序。

行政监督制度和行政诉讼制度。这是为了防止和纠正对行政法规实施不当和滥用法规的现象，保证法规的有效施行，从而保障人民的民主权利，同一切违法乱纪、玩忽职守的行为和官僚主义作斗争等所做的有关规定。

（二）社会规范

社会规范是指导人们行为的模式，指导人们处理各种社会关系的一整套规范。在领导活动中，领导活动成员的行为是社会性的，受一定社会规范制约的，因此，社会规范也属领导规范之列。近年来，我国社会主义领导活动制定的行之有效的乡规民约和规章制度都是社会规范。

1. 风俗与习惯

这是指人们在集体生活中逐渐形成并共同遵守的风尚、习惯，主要包括衣食住行的物品种类、式样和使用方式，婚丧嫁娶、节日盛典、待人接物的礼仪等。习俗是调整人们社会行为的规范体系，在社会生活各领域发挥作用。在领导活动中，要以有利于社会的利益，有利于社会的安全为标准，提倡和培养优良的风俗习惯。

2. 道德规范

道德是通过社会舆论、内心信念和传统习惯来评价人们的行为，以调节个人之间、个人与社会之间的关系的行为准则的总和。道德利用一褒一贬的办法，促使人们弃恶向善，遵守各种道德规范。在社会主义领导活动中，要树立和发扬爱祖国、爱人民、爱劳动、爱科学、爱社会主义的道德风尚，加强社会主义公共道德、职业道德和家庭美德建设，充分发挥道德规范的作用。

3. 社会舆论

它是社会大众的议论和意见，是社会控制的一种重要工具。在领导活动中，要大力提倡和支持积极的舆论，批评消极舆论，制止反动舆论。

### (三) 单位管理法规

不直接以法律形式出现的规章制度叫管理法规。制度，一般包括两方面的涵义：一是指在一定历史条件下形成的政治、经济、文化等方面的体系，如社会主义制度等。二是指要求人们进行各种活动所必须共同遵守的规定、准则、方法和程序的总称。这里是指后一种意义而言的。领导活动单位的规章制度。是指各单位在各项领导活动中所制定的规则、章程、程序和办法的总称。

**1. 党群工作制度**

这是为改善和加强党的领导，协调党、政、工、团之间的关系，充分发挥各级组织及其成员作用而制定的制度。它一般包括：

党委工作条例。对党委的基本任务、组织机构的设置、党委对各群众部门的领导、具体工作制度、思想政治工作等做出的相应规定。

领导班子管理制度。对领导班子的基本准则、党风和党纪、工作作风等做出的规定。

组织工作制度。对离退休干部的待遇和管理、党员管理、积极分子的教育、组织发展等方面做出的规定。

工会委员会工作条例。对工会的基本任务、组织机构、财经管理及其他有关问题所做出的规定。

职工代表大会条例。对职工代表大会的基本任务、职权范围、组织制度、代表的权利与义务、工作机构、民主管理等所做出的规定。

此外，还要对纪律检查委员会工作、宣传工作、团委工作、武装部工作、保密工作、妇女工作等制定出相应的制度。

**2. 行政工作制度**

这是为提高行政工作效率和质量，改进机关的工作作风，提高领导和管理水平等而制定的制度。主要方面有：

行政领导工作条例。对行政领导的职责、权限、行政指挥系统等所做出的规定。其形式诸如厂长工作条例、校长工作条例等。

行政工作会议制度。对行政工作有关会议的基本职能、参加人员、讨论问题的范围及其他有关事项所做出的规定。

行政组织制度。对行政机构的设置、管理幅度的大小、行政层次隶属关系等所做出的规定。

**3. 劳动人事管理制度**

这是为加强劳动人事管理，合理组织工作，提高效益而制定的制度。对编制定员、职务任免权限、职工的招聘与调配、职工离退休、工作纪律、工资、奖惩、职业教育等所做出的规定。

4. 岗位责任制

这是一种把每个职工的工作责任、权限和利益结合起来的管理制度。

领导责任制。这是指领导者的领导岗位责任制。可采取职责条例或专职细则的形式，明确某领导岗位的职责、权限、任务、权利和工作标准。

专业责任制。这是对各职能机构专职人员来讲的。它同样可采取职责条例和专职细则的形式，按照全面、高水平、时限明确、利于协作、便于考核等的要求，建立岗位责任制，对各职能机构专职人员明确其任务、职责、权限、工作标准和奖惩规定。

职工岗位责任制。这是区别于领导责任制和专业责任制来讲的，是一般职工的岗位责任制。就企业来讲，是指生产工人岗位专责制；就学校来讲，是教师岗位专责制；等等。职工岗位专责制，要求明确每一个职工的工作岗位和每个岗位所担负的任务和责任，做到事事有人管，人人有专责，办事有标准，工作有检查，业绩有考核，考核有奖惩，等等。

## 二、领导规范的制定

在领导活动中，如何制定各种规范，没有固定的模式。但是，各项领导规范的制定，有共同遵循的原则和一般的程序。

### （一）制定规范的原则

不管是法律规范，还是行政法规，或是各项规章制度，在制定时都必须遵循以下原则：

1. 需要原则

就是说，要不要制定领导规范，应当制定什么样的规范，是看领导活动系统的需要。

那么，在什么样的情况下需要制定领导规范呢？就一般情况而言，在人们开展某项领导活动没有准则的条件下，需要制定相应的规范。具体说来，"需要"包括以下几方面的涵义：

整体性需要。一是形成领导活动系统的整体需要。因为领导活动的各个要素，在一定的信息和共同目标的作用下，还不能形成一个有机的系统，只有在它们作为一个整体形式存在的时候才组成有机的系统。而这种整体性，正表现在领导活动成员的认识、情感和行为的一致上。领导活动规范就是这种一致性的标准。没有领导规范，领导活动各要素就像一盘散沙，各自孤立存在，失去了整体性，领导活动系统就不复存在。二是维持领导活动系统整体性的需要。领导活动系统由许多个体成员组成，只有全体成员在一定准则的约束下，才能维持其整体性。一个领导活动系统越规范，成员个体之间的活动就越协调，系统就越整合，也就越容易让人们感到它的存在。

有序性需要。当领导活动不能维持秩序时，需要制定相应的规范。这样，规范一方面给人们树立一个认识标准，形成共同的看法和意见；另一方面，给人们的行为树立一个标尺，使各个成员在领导活动中应该居于什么位置，充当何种角色，享有哪种权利，尽什么义务，都按规范行动，秩序井然。

协调性需要。在领导活动中会产生各种各样的关系，这些关系需要制定相应的领导规范来加以协调，关系各方的根本利益一致性需要加以确立，关系各方的矛盾需要解决，这些都要靠制定相应的规范来加以解决。

2. 依据原则

即制定领导规范，一定要把握好依据。也就是制定任何领导规范，都要有根有据。那么，制定领导规范的依据是什么呢？

依据社会主义生产方式的要求。制定领导规范要有利于社会生产力的发展和社会主义生产关系的完善，因为作为社会主义领导规范，它的本质是由社会主义经济基础的性质所决定的。

依据群众的利益。社会主义领导规范的性质是由社会主义领导活动性质所决定的。社会主义领导活动的性质就是"服务"，服务于广大人民群众。因此，制定领导规范也要服务于人民群众。为此，要根据人民群众的利益、愿望和要求来制定规范，规范要为人民群众所接受，要面向广大人民群众。

依据条件的成熟程度。制定领导规范不仅要看需要，还要看是否具备相应的条件。制定领导规范需要考虑的条件是：人们对与所制定规范的有关事物的本质的认识程度；人们对与规范有关的领导活动的实践程度；人们对规范的接受程度。只有在人们对有关的实践活动比较了解，对有关事物的认识比较深刻，人们对制定规范有自觉要求的条件下，制定规范的条件才算成熟。在这些条件不具备的时候，可暂做一些一般的要求。

另外，还要吸取以往制定领导规范的成功经验与失败的教训。

3. 统一原则

这是指制定领导规范时，各项法律、法规、制度、章程等要相互一致而不相悖。

领导规范制定的统一原则表现在：相互衔接——不同时期制定同一性质的规范要前后相接，承上启下，先后照应；相互协调——领导活动各方面的规范是统一于一个方向的一致的活动，各自发挥自己应有的功能；配套——领导活动各项规范相互配合，互为补充，形成系统规范。

领导规范的制定要遵循统一原则，有两点必须注意：一是要以宪法为根据制定其他的法律、法规，因为宪法是我国的根本大法，其他的任何法律、法规都必须与宪法的精神相一致，只能是宪法在领导活动的某一方面的具体化；二是要依据法律、法规来制定规章制度，因为法律、法规是国家做出的对社会生活的规定，而作为人们某方面行为准则的规章制度不能违背法律、法规的有关规定，必须与其所规定的精神相一致。

4. 相对稳定原则

这是指领导规范一经制定，就不能随意变动，要使用一段时期或一段比较长的时期。因为领导规范正确与否，要有一个实践检验的过程，人们对领导规范也要有一个适应的过程，如果朝令夕改，随意变动，人们就会无所适从。

在领导规范的制定中要做到相对稳定，一是在制定规范时，既要立足现实，又要考虑发展；二是适度考虑原有规范的惯性；三是不要轻易改变原规范。

5. 适度原则

这是指制定的领导规范要合理、适当。适度有两层涵义：一是领导规范的数量要适度，太少了，该要的规范没有制定，领导活动开展缺乏必要的准则，这就使规范不健全；太多了，规范多至束缚人们的手脚，就不利于人们积极性的发挥。二是领导规范的内容要适度，宽与严要合适，繁与简要相宜。

在制定领导规范时如何才能做到适度呢？一是对领导规范要进行定量和定性分析；二是对领导活动某一性质的规范要分析其作用范围和所及的幅度；三是领导规范之间要有质的区别；四是对本地区、本部门、本单位的领导规范要有宏观上的控制。

（二）把握领导规范的构成要素

任何事物都由一定的要素构成。领导规范也一样是由相应的要素所构成的。要制定领导规范，就必须分析领导规范的构成要素，只有这样，人们所制定的领导规范才能是一项完备的规范。

由于领导规范是用以统一领导活动成员的信念、价值和行为的准则，因此，领导规范就有规范对象、规范目标和实现目标的手段这些要素。

1. 规范对象

这是指领导规范所要调动或约束的力量。任何一项领导规范都有自己需要调动或约束的力量。规范对象或是领导活动的成员个体，或是领导活动的群体，有的规范对象是事业或物。

2. 规范目标

这是指领导规范所要达到的结果。任何一项领导规范都规定着规范实施所要达到的结果的状态，没有规范目标，就难以达到颁布规范的目的。这种结果可能是单一的，也可能是多种的；可能是物质状态的结果，也可能是精神状态的结果；还可能两者兼有之。

3. 规范手段

这是指实现规范目标必须采取的措施和方法。任何规范目标的实现，都离不开起码的手段，因此，领导规范对此也必须做出相应的规定，使人们的行动有所遵循的原则。

可见，领导规范是对象、目标和手段的统一体，三者缺一不可。在这三者之间，规范对象是前提，规范对象不明确，规范目标和手段就无从谈起；规范目标是核心，因为规范的中心问题是规定着人们应当做什么，不应当做什么，应当达到什么样的结果；规范手段是"桥梁"，是实现规范目标的物质和精神力量。在制定领导规范时，应明确规范对象，有明确的规范目标，才有益于采取正确的规范手段。

（三）制定规范的程序

领导规范的制定要遵循科学的程序。科学的制定程序是使规范具有科学性的一项重要保证。

根据我国领导活动的长期实践，制定领导规范大体上可遵循以下程序：

1. 提出问题

任何领导规范都是为解决领导活动中出现的问题而制定的。因此，要制定领导规范，先要提出问题。但是，这里所讲的问题，不是领导活动的一切问题，而是仅指领导活动的无序问题。

要提出问题，就要把领导活动现有秩序状态与应当的有序状态加以比较，看看二者之间有没有差距，有多大差距，是不是由于没有相应的行为准则而造成差距，还要分析无序状态的程度和范围有多大，只有这样，才能考虑要不要解决这个问题和如何解决问题。

2. 拟定规范内容

问题明确后，就要拟定解决问题的方案。这里解决问题的方案，就是解决领导活动的无序问题的领导规范。拟定规范内容要求：

明确规范对象。这是要明确领导规范是面对谁的，其范围有多大。

明确规范目标。这是要明确规范对象的准则要求。这里的准则要求包括思想上、评价上和行为上的标准。

明确规范手段。这是要选择实现领导规范目标的措施和方法。这些措施包括经济上的奖惩、精神上的鼓励、法律上的制裁、纪律上的处分,等等。

3. 方案论证

方案论证就是对各设计方案进行比较分析,权衡利弊。主要可从以下几个方面进行比较分析:

针对性的强弱。对各方案针对领导活动无序问题的程度进行比较。

可行性的大小。对各方案所需条件的具备程度和成熟程度进行比较。

相关性的高低。把各方案与领导活动的基本规范,其他方面的具体规范进行比较分析,看它们之间的一致程度的高低。

效益性的优劣。对各方案实施的社会效益进行预测,权衡它们给社会带来的利害得失。

4. 决定和颁布

根据职能部门方案论证和方案选定情况,决策机关做出最后决定,并报请有关部门审批后,正式颁布实施。

**三、领导规范的实施**

领导规范的制定很重要,但制定规范是为了实施,所以规范的实施更重要。在领导活动中实施规范必须注意以下问题:

**(一) 实施规范要公正**

任何领导规范在它的适用范围内,都是必须遵守的共同准则,任何单位和个人都不能特殊化。如何做到公正地实施规范呢?

1. 制定规范公正

制定的领导规范应是合理的,不能对一些人或一些单位做出合理的规定,而对另外一些人或单位做出不合理的规定。公正制定规范是实施规范的前提。

2. 解释规范的一致

任何领导规范都有它的特定涵义,在制定规范时必须要清晰地加以表示。对其涵义的解释权必须由颁布单位拥有。但是解释其涵义时一定要按原义一致地加以说明,同一个规范不能对这个单位做这样的解释,对别的单位又做另外的解释。

3. 运用规范的同一

在规范所覆盖的范围内,对所有的人或事都一视同仁,类似问题、类似情况做类似处理。

**(二) 实施规范要重视教育**

在实施领导规范过程中,必须进行有关方面的教育。各级领导组织和领导者在规范教育中，重点抓好：

1. 规范意识教育

就是要使领导活动成员认识领导规范的功能、意义，从而在思想上认识到领导生活中规范的重要性和迫切性。

2. 规范内容教育

就是要使领导活动成员正确把握规范的内容——规范的具体要求、规范的作用范围、规范发生作用的条件、规范的实施后果。

3. 规范施行教育

就是教育领导活动成员为贯彻实施领导规范而做出努力，自我塑造良好的形象。教育领导活动成员在贯彻领导规范中努力做到：

自我培养。逐步提高贯彻规范的自觉性。诸如通过自我鞭策、自我鼓励、自我设置目标等办法，不断培养执行规范的自觉性和水平。

自我控制。对自己实行管束，抵制外来不利因素的影响，使自己的情感和行为限制在合理的范围之内。

自我监督。对自己贯彻规范的动机和行为做自我了解、自我表同、自我警告等，对自己实行监察和督促。

自我批评。对自己在贯彻规范过程中出现的缺点和问题，进行自我检查、自我反省、自我责备、自我改正。

在律人中律己。领导规范是集体利益的体现，为了维护领导活动的正常开展，对别人违反规范的言行要进行帮助、批评。为此，领导首先要严格要求自己，在坚持原则的同时也促进别人严格要求自己。

（三）实施规范要不断检查

要使领导规范得到很好地贯彻执行，就要不断检查规范的执行情况，这是保证规范顺利实施的重要措施。

1. 检查执行状态

按领导规范的条款，逐条进行对照检查。一般说来，要了解规范的执行范围状态；规范的实施程度；人们对规范的了解和认识状态；各级领导组织和领导者的重视程度，各单位实施规范的具体措施；实施规范过程中出现的典型人和事；存在的问题；等等。

2. 评价执行情况

评价领导组织和成员个体执行规范的动机；评价人们对规范执行的自觉程度；评价规范的实施效果；评价领导班子对领导规范的重视程度；评价规范的管理水平；等等。

3. 总结经验，表彰先进

总结在规范实施过程中带规律性的东西，表扬在规范实施过程中出现的好人好事。

4. 问题处理

通过检查，对于违反规范者，要根据情节，根据规范条款规定，根据个人态度，依规范论处。

（四）实施规范要不断完善规范

人们在制定领导规范时，或由于对问题认识不深刻，或由于对情况了解不够全面，可能在有些地方规定不够妥当，人们在实施领导规范的实践中，客观情况在不断发生变化，原来的有些规定就显得不够合理了，因此，有必要对规范进行一定的修正和补充。实施规范，包括对规范的不断完善工作。

**四、领导规范的利用**

规范在领导活动中有其重要作用，作为一个领导者，必须善于利用规范手段，充分发挥规范的作用。

那么，领导组织和领导者如何利用领导规范呢？

（一）把规范所产生的群体压力变为群体动力

领导活动是不能一日无规范的，已经形成的领导规范，对领导活动成员具有一种无形的约束力，即群体压力。作为领导者就要想办法把这种群体压力变为群体动力。

1. 把领导规范与成员个体的需要联系起来

领导规范虽然是为领导活动的正常开展，维护集体利益而制定的，但是它融会、包含了其成员个体的需要。因为在社会主义领导活动中，国家利益、集体利益、个人利益从根本上说是一致的。作为一个领导者要想把群体压力变为动力，就应当在规范所维护的集体利益中去发现其所包含的个体利益，去寻求集体需要与个体需要的结合点。

2. 把领导规范的实施与成员个体的社会化联系起来

领导规范的实施过程，实际上是领导活动成员个体的社会化过程。因为实施领导规范，就是以社会行为模式去影响每个成员，使每个成员成为一个合乎社会规范要求的人，否则，就会成为一个不符合社会需要的人。另外，实施领导规范就是使成员个体按规范所规定的社会角色行事，使他们成为一个符合社会要求的社会成员。而领导活动成员个体努力，使自己适应社会，适应社会发展，成为一个社会集体所期待的人是至关重要的。领导组织和领导者想要把群体压力变成群体动力，就必须把规范实施过程与成员个体社会化的实施过程结合起来。为此，领导组织和领导者在实施规范过程中，一要对人们进行社会规范教导；二要培养人们的社会角色参与性；三要引导人们参与竞争。

### 3. 把领导规范的实施与培养人们的良好形象结合起来

领导规范的实施，不仅可以使领导活动群体树立美好的形象，同时也培养了成员个体的良好形象。因为人们实施领导规范与一系列问题相关，诸如法纪问题、劳动问题、职业问题、人际关系问题，等等。如果人们按领导规范行事，就等于树立了自己良好的法纪形象、劳动形象、职业形象、人际形象，等等。因此，领导组织和领导者在实施领导规范过程中，要把培养人们的良好形象结合起来。为此，一要培养人们的形象意识；二要引导人们认识实施领导规范与培养自己良好形象的关系；三要引导人们正确认识和处理群体形象与个体形象之间的关系。

## （二）利用规范培养人们正确的价值观

在领导活动中，各级领导组织和领导者，绝不能仅仅为了规范而去制定规范和实施规范，而应利用规范的执行和实施，培养人们正确的价值观。

### 1. 利用群众参与制定来培养人们正确的价值观

在制定领导规范过程中，让群众参与对培养人们正确的价值观是大有益处的。因为群众参与制定领导规范，一是可以听到各种不同意见，有利于人们在不同意见的比较过程中，进行正确的价值取向；二是人们知道为什么要做出这样的规定而不做出其他的规定，等于就理解了相应的价值关系，认识了某客体对领导活动群体的意义；三是人们对各种意见的讨论过程，也是一种价值评价过程，有利于人们掌握价值评价的尺度，从社会价值的角度来看问题。可见，各级领导组织和领导者在制定领导规范过程中，上至国家宪法，下至一个单位的规章制度，都要依靠群众，走群众路线，发动群众积极参与，立足于群众思想认识的提高。

### 2. 利用规范实施，使硬规范向软规范发展

在领导规范中，法律、纪律、制度等属硬规范；道德、风俗、习惯等属软规范。硬规范具有外在的强制力，软规范具有内在的约束力。各级领导组织和领导者，一定要在规范实施过程中，注重硬规范向软规范发展。为此：

把规范的强制力变为人们的内在约束力。要让群众知道什么是领导规范，领导规范让群众掌握了，群众就会自动执行。

要注意群众习惯的养成。在领导规范的实施过程中，要使每个成员逐步养成按规范要求办事：一是要加强个人的社会责任感。即人们要从社会生活、社会需要、社会目标对个人的制约中来认识个人对社会的责任，从个人服从社会、服务社会的前提出发，来考虑自己的思想和行为。如果人们有较

强的社会责任感,就能从社会需要的角度去把握领导规范,执行领导规范就有了一个主动力。二是引导人们在执行领导规范过程中实行自我控制,自动把自己执行规范的思想行为与领导规范加以比较,找出偏差,并不断调整自己的内隐性和外显性的偏差。三是要引导人们从点滴做起,只要是领导规范,都严肃认真地加以对待,一丝不苟地加以执行。四是引导人们不断地总结自己执行规范的思想行为,使他们执行规范的自觉程度逐步提高。

3. 利用领导规范的实施,使领导规范向价值观念规范发展

领导规范,不管是硬规范还是软规范,都是以价值观念规范为基础的。所谓价值观念规范,就是价值观念的"尺度",即人们以什么样的准绳来认识和评价客观事物有无价值和价值的大小。人们执行领导规范总是以其价值观念规范做指导的,这是最深层、最内在的规范。在领导规范的实施过程中,各级领导组织和领导者,要利用价值观念规范的这种指导作用,使人们从执行规范发展到树立正确的价值观念规范。为此,一要引导人们在实施规范过程中追求真理、执行真理;二要引导人们在实施规范过程中去认识和适应社会进步的需要。

(三)利用规范来开展领导活动

制定领导规范,目的是使领导活动顺利开展,取得好的效果。因此,各级领导组织和领导者利用规范,就要善于利用它来开展领导活动。为此:

1. 自觉依据规范来履行职能

领导活动有决策、用人、领导思想政治工作等职能。各级领导组织和领导者要很好地履行这些职能,就必须以领导规范为依据。而要做到以领导规范来履行领导职能,就必须做到:

在履行领导职能时,首先要掌握有关规范的信息,研究有关规范的内容,认识规范与履行领导职能的关系。

其次要考虑规范的制约性。任何一项领导职能的履行,都有相应的规范做出有关规定,这些规定就制约着领导职能的履行。领导职能的履行应当在规范所许可的范围内进行。

再次要考虑领导规范的影响性。也就是在履行领导职能过程中,要考虑将会受到领导规范什么样的影响和作用。实际上只有受到领导规范的保护和促进,职能履行才得以顺利实现。

2. 自觉依据规范来处理领导活动中所出现的各种问题

在领导活动中会出现种种问题,一点问题都不发生的领导活动是不存在的。解决领导活动中问题的途径,不外乎靠经济手段,或是靠行政手段,或是靠法律手段,或是靠思想政治工作。在这些手段中,领导规范都有相应

规定。要依靠领导规范来处理领导活动中的问题，必须注意：

用规范来衡量问题的是非。实践是检验是非唯一的标准。而领导规范所做的规定，正是实践的总结，用规范衡量与实践检验是相统一的。

用规范来判定问题的性质。在领导规范中，对有关问题都作出了明确的规定。领导活动中发生的问题属于什么性质，要根据规范的规定来加以认定。

从规范中寻求问题的解决办法。领导活动中的问题要得到解决，就要看问题是何时发生，在哪里发生，谁的责任，问题要得到解决的条件是什么，而类似这些问题，在领导规范中都做出了原则性的规定，因此，要从规范中去寻求解决问题的办法。

3. 运用规范来保护领导活动

实际上，领导规范具有对正常的领导活动的保护功能。因此，领导组织和领导者要学会运用法规来保护领导活动。

运用规范来保护正当权益。在领导活动中，领导活动群体、领导组织、领导者、成员个体都有正当的权益。这些权益在规范中都做出了相应的规定。因此，各级领导组织、领导者以及领导活动全体成员，应当了解规范赋予自己哪些权益，树立权益意识，知道如何用规范来保护自己的权益。

运用规范来保护自己的正当手段。为了达到领导活动的目的，就要采取一定的手段。对于正当的手段，规范当中也有明确的规定。领导活动成员、领导者、领导组织应当明确实现领导活动目的的正当手段是什么，规范做出了什么样的规定，如何加以运用。

运用规范来开展竞争。随着竞争机制作用的发挥，领导活动竞争是激烈的。各级组织和领导者要学会运用规范来开展竞争。诸如，在规范许可的范围内，竞争条件的利用、竞争策略的施展、竞争手段的采用、竞争利益的获得，等等。

# 第三篇 领导结构论

领导活动各要素是通过领导环节把它们有机地结合在一起的。但是，领导环节把领导要素结合在一起，是以一定的组合方式来实现的，这就是领导结构的问题。

结构，是物质存在的一种基本形式，是事物各个部分的联结方式。领导结构，是指领导活动各要素、各部门、各成员的组合形式或联结方式，它包括领导组织结构、领导体制、领导机制、领导班子群体结构。领导原理学，主要研究领导结构的基本概念、领导结构的类型、领导结构的功能、领导结构形成的发展等。而应用领导学，则主要研究领导结构原理的应用，也就是研究领导组织结构、领导体制和领导班子群体结构的建立的具体操作性问题。

# 第六章　领导组织结构

领导结构，首先是领导组织结构。因为一切领导活动都必须要以一定的组织为依托，通过建立合理而先进的组织来进行。所以，我们要讨论领导结构，首先要讨论领导组织结构。

## 第一节　领导组织结构概说

我们研究领导组织结构，目的是要研究如何确立科学的领导组织结构。而要研究科学领导组织结构的确立，首先要对领导组织结构概念有一个基本的了解。

### 一、领导组织结构的涵义

领导组织是组织的一种；领导组织结构，是组织结构中的一种结构。为此，我们研究领导组织涵义则要对组织、组织结构有一定的了解。

（一）组织和领导组织的涵义

所谓组织，是指由具有一定宗旨和彼此发生各种关系的个人或单位结合而成的社会系统。我们在理解组织的涵义的时候，要注意以下几点：一是组织是具有一定的宗旨的社会团体。即组织总是组织成员为了特定的目的而建立的，它是组织成员共同意愿的集中反映，是组织的灵魂。二是组织是由人结合而成的结合体。即组织总是由两个以上的固定的成员所组成，而且个人之间的结合并不是随意凑合，只有有机结合才构成组织。三是组织是一个特殊的系统。即组织总是由它的各要素按一定方式联结起来体现着特定关系的统一整体。诸如它总是有一个权力中心，有它的分层体系，有一定的疆界，有一定的时间持续性等。

所谓领导组织，是指以特定的领导目的为宗旨和彼此之间发生各种领导关系的人员结合体。我们在理解领导组织的涵义的时候，要明确以下几点：一是领导组织的宗旨是特定的领导目的；二是领导组织是由领导活动人员或领导单位所组成的；三是领导组织成员之间所发生的关系是各种领导关系。四是领导组织是一个领导系统。

（二）组织结构和领导组织结构的涵义

我们前面谈到组织是由具有一定宗旨和彼此发生各种关系的个人或单位结合而成的结合体。那么，这些分散的个人或单位是怎样结合起来的呢？他们彼此之间所发生的各种关系又是怎样形成的呢？这就涉及组织结构的问题了。所谓组织结构，是组织的各组成要素的联结方式，或说排列组合方式。实际上任何组织都有它的结构。因为组织的各个组成部分如果不按一定的方式联结起来，它就不能成为一个统一的整体。

所谓领导组织结构，是指领导组织的各个组成部分的联结方式，或说排列组合方式。领导组织是由各个部分组成的。诸如，领导组织由横向的各部门、纵向的各层次、主干和旁枝、主干各部分等组成。那么组成领导组织的这些横向各部门如何联结，纵向各层次如何联结，主干和旁枝如何联结，主干各部分之间如何联结，这些横向部门，纵向层次，主干旁枝等之间又如何联结，就是领导组织结构的具体内容了。如果领导组织横向各部门是按照分工与合作方式联结起来的话，那么，它就是分工与合作结构；如果纵向各层次是按照权限划分和隶属方式来联结的话，那么它就是隶属关系的直线式结构；如果主干与旁枝是按主从方式联结的话，那么，它的结构就是一种主从关系结构；如果主干各部分是按照权力集中或权力分散的方式来联结的话，那么，它的结构就是集权与分权关系的结构等。领导组织结构的结果，从动态上讲就产生各种相应的领导组织行为；从静态上讲，就建立了各种领导组织机构，领导组织机构也就成了领导组织结构的存在形式了。

**二、领导组织结构的特征**

领导组织结构具有自己的特征：

（一）突出的系统性

领导组织结构，首先具有系统性特征。这是因为不仅领导组织结构是领导组织这一系统的结构，而且领导组织结构本身就是一项复杂的系统工程。

所谓领导组织结构的突出系统性，是指领导组织结构不是一般的系统，而是一种系统性特别突出的系统结构，它具体表现为：领导组织结构只有用系统观念才能真正构建；领导组织结构是一个有机的、完整的组织系统结构；领导组织结构的层次性特别突出等。

### (二) 明显的职权性

组织结构，本来就讲究职务、权力，本来就是组织内部职位、权力、任务、责任的划分。但是，领导组织结构的职权性更加明显。在领导组织结构中，职务被编织成一个等级序列，有高低不同；权力被编排成一个层次体系，有大小之分；地位，随着职务、权力而定，被安置成与职务、权力序列相适应的位置，有不同之别。

领导组织结构明显的职权性，是指领导组织结构特别强调职位的合理配置、职权范围界定的清晰、权力的科学划分、地位的正确安置等。

### (三) 强的法规性

组织结构，本来就带有法规性，它要根据一定的法律和有关的规章制度来构建。而领导组织结构的法规性更强，因为有关领导组织结构的问题，国家的有关法律和规章制度对其做出了相应的规定。诸如《中华人民共和国宪法》、《中华人民共和国国务院组织法》、《地方各级人民代表大会和地方各级人民政府组织法》等的有关章、节，都对领导组织结构的有关问题做出了规定，这都说明了它有很强的法规性。

所谓领导组织结构强的法规性，是指领导组织结构的构建要依法规行事，一旦按法规确立下来，就不能随意更改。如果要改变领导组织结构，一定要按法规程序办事，以有关的法规作依据。正因为这样，它也具有权威性的特征。

## 三、领导组织结构的作用

领导组织结构的作用，是指领导组织结构功能在领导活动系统中的发挥。

领导组织结构在领导活动中起到领导组织的建设作用。它具体表现在：

### (一) 领导组织结构对领导组织客体起"建构者"作用

领导组织不会自然而然地建立，也不会自动地建立，而是靠一定结构把它建构起来的。领导活动中的决策组织、信息组织、咨询参谋组织、执行组织等，无论领导系统中的哪一个组织实体，都必须要靠领导组织结构来建构。因为领导组织结构有编排事物的功能。

### (二) 领导组织结构对领导组织功能起"建设者"作用

领导组织不仅其实体的建构要靠领导组织结构，而且领导组织的功能也要靠领导组织结构来建设。因为领导组织的功能，一是要看领导组织的组成部分的属性；主要的看领导组织结构。因为按系统论的原理，事物的功能主要取决于事物的结构。

领导组织结构对领导组织功能的作用，一是表现在制约作用，制约领导组织各部分及其组织的活动及其范围与质量；二是表现在协同作用，使领导组织各部分动作协调、步伐一致等。

（三）领导组织结构对领导组织起变革作用

领导组织是为适应领导活动的需要而建立的。但是，随着领导活动的发展变化，领导组织也要随之发生变化。如果现有的领导组织不能适应领导活动发展的需要，甚至会有碍于领导活动目的的实现，那么，就必须对其进行改革。变革领导组织，或者改变领导组织的性质，或者改变领导组织的功能，除了对领导组织的组成部分或要加以更换，或要加以改造以外，主要就是要改变领导组织结构。通过改变领导组织结构，可以变领导组织的消极制约作用为积极制约作用，变领导组织不协调作用为协调作用，使领导组织功能大为改观。

（四）领导组织结构对领导组织与领导环境起协调作用

在领导活动中，领导组织不仅内部的各部分要协调一致，而且领导组织与领导环境之间的关系也要协调好。领导组织与领导环境之间关系的协调，也要靠领导组织结构。一方面，领导组织与领导环境之间关系的协调，要以领导组织内部的协调作基础，只有领导组织内部协调一致了，才有时间和能力去做好与领导环境之间关系的协调工作，才不会去干扰这方面的工作，而领导组织内部的协调要靠领导组织结构的优化来实现。另一方面，领导组织与外部环境保持物质、信息、能量的交换，使领导组织了解环境、认识环境、把握环境、适应环境、改造环境、利用环境，从而与领导环境建立相互适应的协调关系。这里，领导组织要与领导环境进行物质、能量、信息的交换活动，就要靠领导组织结构的优化，建立开放式的领导组织结构；领导组织要想与领导环境相互适应，也要靠领导组织结构，建立对领导环境积极适应式的领导组织结构。可见，领导组织结构对领导组织与领导环境起协调作用。

## 第二节 领导组织结构的确立

结构，是领导组织的基本框架。通过对结构的合理规定，人们就可以在组织的内部建立起健康的机制，并进而建立起有效的领导体制。在领导活动中，必须确立合理的领导组织结构。

**一、分析组织结构的制约因素**

领导组织结构是由人们来确定的。但是，人们确定组织结构时，不是可以随心所欲的，而是要受到一系列的因素制约。

（一）组织性质因素

一个领导组织的性质，是由其目标和活动内容决定的。根据组织的目标和活动内容来划分，组织可分为政治领导组织、经济领导组织、文化领导组织等。由于组织性质不一样，确立的组织结构也就不一样。例如，政治领导组织，它包括政党领导组织和国家政权组织。现代社会中的政党为本阶级提出奋斗目标，制定路线、方针、政策。国家政权组织，是管理众人之事的组织。政治与权力是不可分割的。所以，在考虑领导组织结构时，就应当以权力的集中与分散来表述。又如，经济领导组织，由于它担负着为人们提供衣、食、住、行和文化娱乐等物质生活资料的任务，履行着社会的经济职能，所以，成立经济组织，首先是为了生产上的需要。因而，我们在确立经济领导组织的结构时，要受生产任务的制约，应当以任务型结构来考虑。

（二）环境因素

领导组织面临的外部社会环境的因素有文化、技术、教育、政治、法律、人口、自然资源等。从系统观点看，不外乎是政治、经济和文化的三个环境系统。一定时期内的环境因素，一国一地的状况，都表现出对组织结构的强烈影响。例如，有集权传统的国家，往往是集权有余，分权不足。在确立领导组织结构时，就要考虑是承袭传统，还是打破传统进行改革的问题。在生产力水平低、社会分工不发达、生产规模小的小生产社会里，组织结构大都采取集权的形式。在生产力水平较高，社会分工较发达，生产规模大的社会环境里，一般都采取分权的组织结构。

（三）领导组织内部各要素的客观联系

组织内部各要素之间的客观联系，也是组织结构的重要制约因素。构成组织的基本要素，也就是组织的细胞，即职位和人员等。在社会主义国家里，处于不同职位上的成员，都是生产资料的主人，都有管理国家和社会的权力，根本利益是一致的。因此，组织内各职位之间是统一的，各成员之间是同志式的互助合作的平等关系。这种客观关系，决定了组织结构的确定要有利于各职位之间的统一协调，要有利于各成员管理国家和社会的积极性的发挥，从组织结构上保证人民主人翁地位的实现。

（四）组织系统中上下级之间的客观联系

一般说来，组织系统中上下级之间的客观联系有四个层次：高、中、下、基层职位。高层负责制定总目标及其方针；中层负责制定具体目标，执行上级政策，协调下级活动计划；下层贯彻上级决定，组织协调本单位工作；基层负责落实上级各项决定和政策，因地制宜地开展活动。这种不同层次的隶属关系，制约着组织系统的排列组合，即纵向的层次结构。

（五）组织系统平级各要素之间的横向联系

组织系统平级各要素之间存在着横向联系，这种联系表现为组织的横向分工与协调的关系。这种横向联系制约着组织结构如何根据分工、协调的需要，在同一阶层上分成若干部门和确定各部门的工作范围和职责。

## 二、把握组织结构设计的依据

领导组织结构的设计，要依据领导活动目标的需要和客观环境的变化。从我国的具体情况出发，设计领导组织的结构，必须依据社会化大生产的发展状况，社会主义制度的客观要求以及我国的国情。

（一）组织结构要同社会化大生产相适应

社会主义是建立在社会化大生产基础之上的。社会主义生产资料公有制，促进了社会化大生产的进一步发展。一方面，社会分工日益扩大，专业化生产日益增多，各经济部门和团体的经济活动更富有相对独立性；另一方面，各经济部门、经济团体的联系日益密切，生产协作日益增强，横向经济联系日益发展，整个国家的经济活动更富有协调性和统一性。因此，组织结构设计要同社会化大生产相适应，就是既要加强各单位、各部门的协作和联合，又要保证它们各自应有的自主权。

（二）组织结构要与社会生产方式相适应

我国实行社会主义生产方式，还处在社会主义初级阶段。组织结构要与社会生产方式相适应，就要与社会主义初级阶段的生产力和生产关系相适应。

从我国现阶段的生产力来看，一是水平低，生产力要素质量低，人均国民收入低，全员劳动生产率也较低，主要产品人均占有率低；二是多层次。即全国生产技术发展的水平、工业发展的水平参差不齐；三是生产力发展不平衡。农村与城市、东南沿海与中部地带、西部地带，发达地区与不发达地区，经济发展水平不平衡。

从我国初级阶段所有制结构总的特点来看，是以公有制为主体的多种所有制经济并存，除了全民所有制经济、集体所有制经济和合作经济以外，还有个体经济和私营经济，以及中外合资经济和外商独资经济。

鉴于生产方式的这种状态，组织结构要与其相适应，就既要体现集中统一，又要体现灵活多样。

（三）组织结构要同我国的政治、经济、文化发展的需要相适应

组织的作用，是要获得政治、经济、文化等各项事业的成就和发展，因此，组织结构要同我国的政治、经济、文化发展的需要相适应。

组织结构要适应政治、经济、文化发展的需要，必须：

根据社会、经济、文化发展的战略要求，适时地变革组织结构。为完成社会发展的战略任务，组织的原有结构形式要随之做出某些调整或进行变革，诸如，或取消原来的某些部门或机构，或合并某些机构，或将某个部门划分为几个部门，或几个部门联合起来，或新设某些机构，或隶属关系变更，或权力形式变化，等等。

组织结构要富有灵活性和适应性。组织结构的灵活性和适应性，是对组织目标的实现和客观环境的变化而言的，即要能保证不同组织目标的实现，和适应客观环境的各种变化。为保持这种灵活性和适应性，一是结构不能僵化，不同条件下有相适应的结构；二是要注意组织结构与组织目标、客观环境的关系衔接；三是要注意组织中个人与个人之间、个人与群体之间、群体与群体之间关系的变化。

要考虑政治、经济、文化发展的不同阶段的不同特点，然后再建立与其特点相适应的组织结构。任何事物的发展都呈现出阶段性，不同阶段具有不同的特点。一般说来，事物发展都要经过萌发、上升、平稳、衰退、转化等阶段。在萌发阶段，关系比较单一，组织的职能也较单一，因此组织结构比较简单；在上升阶段，组织面临的问题比较多，要求建立新的职能部门；在平稳阶段，组织面临的问题主要是如何巩固已有的成果，在稳中求发展，因此，要理顺关系，寻求配合协调；在衰退和转化阶段，组织所面临的主要问题是识别和解决衰退问题，及时改善现状，由衰退向新生转化，因此，组织结构应与组织寻求新的解决办法和出路相适应。

### 三、明确组织结构设计的原则

确立组织结构应遵循什么原则？一些组织理论流派都有代表性的看法。从它们各家的意见中可以看到一些共同点，诸如，组织是一个相对独立的实体，有明确的目标和责权范围；权力线宜短不宜长；控制度宜小不宜大；分化宜专不宜杂，等等。确立组织结构，一般地说，都必须遵循以下原则：

（一）任务目标原则

这是指确立组织结构，必须与组织的目标相一致，与组织的任务相统一。这就要从有利于组织目标实现和任务完成的角度来考虑组织各部分的联

结方式和机构设置。无论是结构层次的划分、分支的设计、横向部门的分设，还是职位、权力、责任的划分等，都要有利于任务总目标的实现。为此：

首先，要明确组织的总目标、总任务，并按照专业化分工分解成各项具体任务。

其次，要根据目标任务分析需要办的"事"是什么，有多少。

再次，考虑要办完办好这些"事"，需要设计什么样的组织结构和设置哪些职位。

最后，根据职位的设置、职权的规定，配备相应的人员。

另外，还要根据任务目标的发展变化，适当地调整组织结构。

（二）分工协作原则

即指根据专业化和工作内容严格分工的要求，以及协调配合的关系来设计组织结构。因此，在组织结构设计时，必须把组织的任务目标分成各级部门以及个人的任务、目标；要明确各部分、各岗位相互之间的关系，工作上有什么联系和衔接，使组织结构的设计体现出合理分工协作关系。

（三）责权相称原则

这是指进行各类、各级组织结构设计时，要把一定的职责和职权相结合起来。这里讲的职责是指职位的责任、义务。职权是指在一定职位上，在其职务范围内，为完成其责任所应有的权力。一定的职位，要对组织承担一定的义务，完成一定的任务，即责任。而为了履行一定的职责，必须有相应的权限。

责权相称的原则是很重要的。如果只有职责，没有权限，或权限太小，就失去了完成职责的手段和保证条件，处于该职位上的人员的积极性就会受到束缚。相反，如果只有权限而没有责任，就会造成滥用权力，产生官僚主义。有责无权，或有权无责，或责权不一致的现象都应当避免。为此：

不宜分设两个以上的机构来处理同类的事宜。否则不是互相牵制，就是争功诿过，浪费人力、物力、财力。

各机构的设置一定要在责权上有明显区别，各自都有相应的职权范围，不应有重叠。

要明确从属关系。各组织机构都要明确向谁负责，谁又向其负责，各负什么责。

坚持单一指挥。每一个单位的工作人员向一个领导者负责，不能形成多头领导。

职、责、权要与利相结合。如果缺少职，权限没有依托；缺少责，会造成滥用职权；缺少权，职、责难以履行；缺乏利，职、责、权缺乏实施动力。

（四）精干高效原则

这是指组织结构合理，组织层次、管理幅度适当，机构、职位的设置和人员配备都以数量最低、效率最高为限。因为如果不做到这样，就会造成信息传递旷时费事、失真；增加人力、物力、财力的消耗；组织内耗增大，机构臃肿，人浮于事；职责不清，指挥不灵，办事拖拉，延误工作，官僚主义滋生。

要做到精干高效，就必然要涉及领导幅度和组织层次问题。在组织任务不变的条件下，幅度和层次是成反比的，幅度小层次多，层次少幅度大，幅度大领导困难，层次多沟通缓慢。据专家们考察，自古以来，常采用"横六纵五"的原则，即幅度不超过6个单位，层次不超过5级。古代的六官、六部，旧中国的中央五院，均在6以内。就层级来说，全国行政区划以及机关内部的分层，一般均在5级以内。可见，历来人们都重视领导幅度和组织层次问题。

1. 领导幅度

这是指每个领导者能够有效地直接领导下属的人数。为什么一个领导者直接领导的部属数目要有一个幅度呢？因为一个领导者，他的时间、精力、知识、经验、能力等主观条件总是有限的，部属增加时，会增加领导者与被领导者的直接关系，扩大部属之间的联系，如果超过限度，领导者不但不能以充沛的精力领导部属，顾此失彼，而且会影响部属的积极性，不能实行有效领导。

那么，一个现代领导者直接管辖的部属人数究竟多少为宜呢？要规定一个绝对限度是比较困难的。因为这一幅度不仅同领导者的才能、性格、知识、精力等素质有关，而且与任务的内容和性质有关，同时与工作计划、工作制度和职能机构状况有关，还与被领导的部属的特点也有关系。许多学者认为，部属数目是以算术级数增加的，而领导者与被领导者的关系是以几何级数增加的。所以，领导者直接领导部属的数目不宜太大，一般以6个为宜。如果领导者的能力强，部属的工作具有例行性、重复性、可度量性及同质性时，控制的部属可达12人左右，最多不得超过16人。一般说来，领导者直接领导下属的人数多少，应以领导者的状况、工作的性质、工作的条件和被领导者的特点而定。诸如，上下级相互关系的复杂程度，关系不复杂的宽度可大些，关系复杂的宽度可小些；下级活动同类性大小，同类性大的宽度可大些，同类性小的宽度可小些；下级工作技术性、专业性、程序性越强，则宽度不宜太大，反之，宽度则可大些；部属素质的高低，素质高，能力强的，宽度可大些，反之，宽度应小些；组织层次高低状况，层次高宽度小，层次低的宽度可大些。

一些研究者发现，组织中的高中级主管通常管辖 4~8 人，低层主管则管辖 8~15 人或更多。这是许多专家学者曾经调查了成百上千个政府机关和大企业、大公司的领导者所得出的结论。例如，五星上将艾森豪威尔在第二次世界大战中任盟军欧洲部队最高司令官，当时他有 3 名直属下级，而此 3 人的直属下级没有一个多于 4 名。美国管理学会曾经调查过 100 家大公司，发现总经理直接管辖的下属从 7~24 人不等，通常情况为 9 人。

2. 组织层次

组织层次，就是在组织系统里各要素、各部分之间的等级、位置的划分，即组织结构的不同等级。在任何系统中都存在一个层次问题。层次，是系统中要素与系统、部分与整体之间联系的中介。合理的组织结构层次使领导活动系统更加严谨有序。但是，层次又使系统与要素之间的联系变得间接了，结构层次越多，这种联系就越弱，系统就容易变得不灵活、呆板。所以，在组织结构设计时，要合理设置结构层次。层次太少固然不利，像原始部落联盟那样单层次，组织显得松散。但是层次太多也不利，因为层次过多，带来的问题也多。第一，层次多，需要配备的人员多，彼此之间的协调工作也增加，管理费用也增加；第二，层次越多，上下级之间更不容易沟通；第三，层次越多，会使控制和规划都更加困难。正因为如此，组织层次一般是三层为宜，即高层、中层和基层。这样既可避免指挥不灵和闹独立性，也可发挥各级机构的自主性、能动性。

(五) 回路原则

"回路"，原是指物理学上的电流回路，这里是指组织机构相互间的功能传输和信息传输所构成的回路。所谓回路原则，是指组织结构的设计，要有利于信息反馈和各组织机构正常的制约作用和促进作用的发挥。

按照回路原则要求来设计组织结构时，一是要设置具有环形走向的、具有相互制约作用的机构；二是要有较完善的反馈机构。

**四、掌握组织结构设计的基本程序**

组织结构设计一般可按以下程序来进行：

(一) 组织的总体设计

根据已定任务目标，设计出组织的业务流程并达到优化。

### （二）组织岗位设计

按照优化的组织业务流程设计组织岗位。即既从组织业务流程的需要，又便于组织管理来设计管理岗位。

### （三）形成组织岗位整体

组织岗位设计好后，要对各组织岗位进行工作分析，要根据总体目标的要求，以工作规范的形式将每一组织岗位的工作项目、基本职责范围、管辖界限和主要目标加以固定下来。把各组织岗位的相互关系和位置明确起来，并在时间上、空间上、数量上把它们纵横联系起来，形成整体。

### （四）定编、定员

按组织岗位上工作需要规定相应数量的人员编制，确定岗位所需人员的素质。

### （五）规定待遇、考核与奖惩办法

根据各组织岗位在组织业务流程中的重要程度、任务轻重、劳动强度大小、技术复杂程度、劳动条件优劣等来确定劳动报酬。制定有关的考核与奖惩办法。

### （六）设置控制机构

按照组织流程的连续程度和组织工作量的大小确定组织岗位上的各级控制机构，以保证组织业务流程的畅通无阻。并要对它们之间的层次关系、权力关系、请示报告关系等问题加以明确规定。

## 五、注意组织结构类型的选择

结构与功能有其内在联系，因此，为了从结构求功能，就必须注意组织结构的不同形式的选择。

### （一）直线型结构

这一类型中的组织职位是按垂直系统直线排列的，从上到下呈现出由小到大的金字塔图形。其特点是垂直的隶属关系，每一个下属或下级单位只接受一个上级领导，结构简单，指挥统一，责任明确，权力集中。但是，由于各级主管负责人对所属单位的一切问题负责，它要求主管负责人通晓多种知识技能，亲自处理各种业务，因此，它只适用于小型企事业单位。

### （二）职能型结构

当组织的各部门以职能来排列组合时，就表现为职能结构。这类结构除主管负责人外，还相应地在各级组织中设置职能机构或人员。这些职能机构既能协助领导者，又能在各自的业务范围内有权直线指挥下属单位，有权根据职能部门的业务要求下达指示和命令，下级除接受上级主管人的领导外，还必须接受上级各职能机构的领导和指示。其优点是适应现代生产技术复杂和管理分工比较细致的特点,发挥职能机构的专业管理作用,业务联系更加具体和直接。但容易导致政出多门、多头领导的现象,不利于责任制的建立。

(三) 直线职能型结构

这是以上两种组织结构相结合的结果。它设置了两套系统,一套是按命令统一原则组织的指挥系统,另一套是按专业化原则组织的职能系统,是直线指挥统一化原理和职能分工专业化原理的有机结合。这里的职能机构人员,他们是直线指挥人员的参谋,只能对下级机构进行业务指导,而不能对它们进行业务指挥和命令。行政领导进行指挥,职能部门进行指导是其突出的特点。其优点是既具有指挥命令统一化的好处,又有职能分工专业化的长处,既保证集中统一领导,又发挥职能部门的积极作用,职责清楚,有利于提高工作效率。但下级缺乏必要的自主权,信息传递线路长,适应环境变化比较困难。

(四) 事业部制结构

当高层领导者只保留少量的最重要的权力,而将较大的权力,甚至将有关经营管理权全部都授给有关部门,而各部门实行独立核算时,这种组织结构就编织成事业部制型。"事业部"是企业内部相对独立的自主单位。一个大企业划分为若干个"事业部",按产品类别、地区或经营部门作为标志。"事业部"具有相对独立的市场,相对独立的利益,相对独立的自主权;其优点是有利于发挥事业部的积极性,有利于企业最高领导层摆脱日常行政事务工作,成为真正决策者,有利于各事业部开展竞争,有利于培养和选拔企业领导人员。其缺点是机构重复,调度反应不够灵活,资料利用不充分,容易产生本位主义。

(五) 矩阵型结构

"矩阵",是数学用语,就是把多个单位按横向纵列组成长方形。当组织的结构是按任务来编织和按职能来划分各部门相结合的时候,就形成了矩阵式的组织结构。它由纵横两套管理系统组成,一套是纵向的职能系统,另一套是为完成某一任务而组成的横向项目系统。这种组织结构的特点是双道命令系统,基层单位的具体成员接受双向领导,在执行规划项目方面,接受专门项目负责人的领导。在领导日常工作方面,接受职能部门的领导。其优点是加强了各职能部门的横向联系,可分可合,随机应变。但是,当双重领导意见不一致时,执行人员往往无所适从。

# 第七章 领导体制

领导活动，不但要以一定的"组织"为载体，而且总是在一定的领导体制中来进行的。所以，我们研究领导组织后，必须要讨论领导体制问题，特别是领导体制的合理化问题。

## 第一节 领导体制概说

### 一、领导体制的涵义

现在人们对领导体制涵义的理解还没有完全一致，其主要原因是对"体制"涵义的认识尚没有完全一致。

（一）体制的涵义

何谓"体制"？根据古代文献记载，"体制"在汉语中的原意是指"诗文之体裁"。例如三国嵇康在《琴赋》中谈道："历世才士并为之赋颂，其体制风流，莫不相袭。"① 以后被借用到其他的领域。如《宋书·孝武纪》孝建元年诏："丞郎列曹，局司存在，而倾事无巨细，悉归命仆，非所以众材成构，群能济业者也。可明体制，咸责厥成。"② "体制"一词，按《辞海》解释有三种涵义：一是指体裁，格局；二是指艺术作品的体裁风格；三是指国家机关、企业和事业单位机构设置和管理权限的划分制度。我们现在使用的"体制"一词，吸收了日文、英文、俄文中的"体制"一词的某些涵义了。目前学术界使用"体制"一词是从英文 system 或俄文 cnctema 一词翻译过来的，带有制度、系统、体系等意思。在日语中，"体制"的概念

---

① 《辞源》第 4 卷，商务印书馆 2001 年版，第 3476 页。
② 《辞源》第 4 卷，商务印书馆 2001 年版，第 3476 页。

是由生物学逐步引申到社会生活中的。在生物学中，它是指生物器官的配置形式。引申到社会学，它是指社会的组织形式。引申到政治学，它是指一定时期的政治统治形式。引申到经济学，则是指社会经济生活的组织形式。

为此，我们根据汉语对"体制"一词的原意，吸收其他一些国家语言对"体制"的一些涵义，我们是否可把体制定义为：体制，是指体系、系统、制度的具体形式。

（二）领导体制的涵义

根据前面我们对"体制"的理解，我们可以给领导体制下这样的定义：领导体制，是指领导活动的具体形式。

二、领导体制的特征

领导体制有以下特征：

（一）客观与主观的统一性

领导体制是领导者根据对领导活动客观规律的认识和主观要求而建立的，所以，它是客观和主观的统一体。首先，它是领导者主观的范畴。一方面领导者对客观规律的认识，是领导活动中客观的东西在领导者头脑中所形成的主观印象；另一方面，领导体制蕴含着领导者的主观意愿。尽管这一主观意愿是建立在客观基础之上的，但它毕竟是主观形态的东西。其次，领导体制又有客观性。因为领导体制是人们对领导活动客观存在着领导体系、领导方式、领导关系等的反映，它是领导活动与社会生产方式之间的关系在具体形式中的反映，尽管这种反映有正确与错误之分，有全面与片面之别，但是它总是主观对客观的反映。

（二）相对稳定性与调整改革性的统一

领导体制，由于它是对领导活动发展要求的反映，是领导活动对社会生产方式发展要求的反映，而领导活动是不断发展变化的，领导活动所要反映的社会生产方式也是不断发展变化的，所以，领导体制总是呈现出由适应到不适应又到新的适应的变化过程。从而，当领导体制基本适应或者适应领导活动发展要求的时候，该领导体制就是合理的，就要保持相对的稳定性；而当领导体制不适应或者基本不适应领导活动发展要求的时候，该领导体制就要进行改革；当领导体制大部分适应而小部分不适应领导活动发展的时候，就要在保持原领导体制的范围内对其中不适应部分进行局部调整。可见，领导体制是不可能一劳永逸的，它是相对稳定性与调整改革性的统一。

### 三、领导体制的地位

领导体制在领导活动中处在重要的地位,在领导活动的"中介"位置上,是领导活动的重要中介。具体表现在:

(一)领导体制处在领导活动主体与作用对象相互作用之间的中介位置上

在领导活动中,领导者与被领导者构成领导活动主体,他们共同作用于作用对象。但是,领导主体要很好地与作用对象发生作用,必须依赖于一定的领导体制。领导者如何率领被领导者与作用对象发生作用,与被领导者在领导者的率领下如何与作用对象发生作用是有区别又有联系的,这里就涉及领导方式的问题,涉及根本领导制度的具体形式问题,涉及领导体系的职权划分等问题,而这些都是领导体制的问题。可见,没有一定的领导体制做保证,领导者、被领导者就不能与作用对象很好地发生作用,领导体制在这其中起着"中介"作用。

(二)领导体制处在领导者与被领导者相互作用的"中介"位置上

在领导活动中,领导者要率领被领导者,被领导者要接受领导者的率领,领导者与被领导者在率领与被率领的对接中怎样才能最有效地去作用于作用对象,以实现领导目标呢?这涉及领导制度的具体形式的问题,正是领导体制方面的问题。可见,领导体制是领导者与被领导者相互作用的"中介"。

### 四、领导体制的作用

(一)领导资源的配置作用

领导体制的资源配置作用,是指领导活动的各种组织资源通过一定的领导体制,把它加以安排和配备。领导体制的要素及其属性决定了它具有领导资源的配置作用,主要表现在领导活动的各种组织资源的配置作用。

领导体系资源的配置作用。在领导活动中,由政党领导、行政领导、业务领导构成了领导体系。所以政党组织、行政组织、业务组织是领导体系的组织资源。领导体制对这些资源起到配置作用。

领导系统资源的配置作用。在领导活动中,存在着这几种基本系统,即决策系统、信息系统、咨询系统、执行系统、监督系统,由它们组成领导系统。领导系统中的决策组织、信息组织、咨询组织、执行组织、监督组织就是领导系统中的组织资源。这些资源按什么方式联结起来,就是领导体制中的问题。正是领导体制决定了领导系统中各组织资源的安排和配备。

领导机构资源的配置作用。在组织结构中，领导活动组织各要素按一定的联结方式（即一定的组织结构）形成了领导组织。这种领导组织结构的结果，或者说领导组织结构的静态表现就成了各种组织机构。领导体制是各种领导制度的体系，对以领导权限划分为基础的有关问题做出了规定，从而把领导机构中的各种资源按照一定方式做了安排和配置。

（二）协调作用

领导体制在领导活动中起着协调作用。所谓领导体制的协调作用，是指领导体制在领导活动中协同、调节领导组织、领导机构的步伐。领导体制对领导体系、领导系统等的具体方式进行选择和确定，特别是对领导制度体系做出了规定，从而对领导组织的各种行为起到协调作用。领导体制的这种协调作用主要表现在：

协调领导活动与社会生产方式之间的关系。领导活动总是在一定的社会生产方式的环境里进行的，领导活动必须积极地适应这一外部环境。领导体制协调领导活动与社会生产方式性质相一致，与社会生产方式的水平相适应，与社会生产方式的发展方向相趋同等。

协调领导活动与领导组织之间的关系。由于领导体制对领导组织之间联结方式等做出了规定，而领导体制对此做出的规定不是随意盲目进行的，是围绕领导活动目的的实现、任务的完成来进行的，所以，领导体制与领导组织之间的联结与领导活动性质、水平、发展趋势相一致，使领导组织与领导活动发展需要相协调。

（三）制约作用

所谓领导体制的制约作用，是指领导体制对领导活动一些行为的约束、抑制作用。其实，领导体制对领导活动的协调作用、制约作用，是一个问题的两个方面。因为对领导活动要起到制约作用，它必然要同时起到协调作用，只有对领导活动的积极行为起协调作用，才能更好地对其消极行为起到制约作用。可见，协调作用与制约作用是相辅相成的，领导体制的这种制约作用主要表现在：

制约领导活动与社会生产方式相脱离。领导体制通过领导体系、领导系统、领导制度等具体方式，制约领导活动背离社会生产方式的性质、水平和发展趋势，制约领导活动脱离社会生产方式的实际等。

制约领导活动的消极行为。领导体制对消极领导行为的制约作用，包括制约与领导职能相悖的领导职能行使行为；制约不讲领导道德的领导缺德行为；制约不讲原则的领导交往行为；制约与领导角色行为要求不相称的领导角色混淆行为，等等。

## 第二节 领导体制的合理化

领导活动借以实现的具体形式,包括社会领导体系的形式、领导方式和当做制度规定下来的各种具体形式,因此,领导体制的内容就包括社会领导体系形式、领导方式和领导制度。

### 一、社会领导体系形式

社会领导体系形式,是指社会上相互联系、相互制约的各种领导活动所形成的整体组合形式。我国的领导体系是由政治领导、行政领导、业务领导三方面领导组织而组成的,是"政治—行政—业务"三轨制的体系,因此,社会领导体系形式,实际上是指政治领导、行政领导、业务领导的组合形式。

那么,政治领导、行政领导、业务领导的组合形式是什么呢?由于它们都处在社会主义领导活动系统之中,都是为实现领导活动的特定目标而产生的,因此,它们在实现领导活动的既定目标中都有相应的职能、责任、权力和任务。正是由于它们在社会主义领导活动系统中,各自起着一定的职能作用,负有一定的责、权,担负着一定的任务,彼此之间才相互联结,组合成领导系统,因而,它们之间的组合方式,就是指在领导活动系统内部之间的职责和权限上的划分。

在社会主义领导活动系统中,政治领导、行政领导、业务领导之间职责和权限的划分,是根据它们各自的性质和特点,它们在社会主义领导活动中的地位和作用,以及社会主义领导活动的需要加以确定的。

(一)政治领导的职责和权限

政治领导,一般是指一定的政党为达到一定的政治目的而从事的对阶级、国家、政党、人民和社会组织实行的领导活动。政治领导在社会生活中处于核心地位,是一切领导活动中起统帅作用的领导。在我国,政治领导集中地表现为中国共产党的领导,其主要职责和权限是:

由于政治领导是一切领导活动中的总领导,因此,党的决策机构,特别是高层次决策机构,有权制定方向性的路线、方针、政策。正确制定关系到国家发展方向的路线、方针和政策是其首要职责。

由于政治领导是决定其他一切领导的性质和方向的领导,因此,它有权对各部门、各单位实行监督和保证。认真对各单位、各部门工作的正确完成起监督保证作用,是其重要职责。由于党的政治领导主要是总目标的领导,路线、方针、政策的领导，而大政方针是决策层制定的，因此，作为企事业单位中党的基层组织来说，主要是宣传、贯彻党的路线、方针、政策，起政治核心作用，对本单位、本部门实行监督保证。

由于政治领导是思想、政治和组织领导，因此，党有权在一切领域领导思想政治工作，协调各组织之间的关系。认真而有效地领导思想政治工作教育，保证各组织之间的协调，是党的政治领导的职责之一。

由于政治领导的重要地位和作用，因此，党必须抓好本身的思想建设和组织建设。管好党，充分发挥党组织和党员的先锋模范作用，这是实现党的政治领导作用的重要条件。管好党，这是党的政治领导的重要职责之一。

（二）行政领导的职责和权限

行政，一般指国家事务的管理活动。行政领导，是以推行国家事务为主要目标的领导，是国家行政管理系统中的领导。行政领导在全部行政管理中处于主导地位，它对保证行政决策的正确、行政活动的协调统一、行政管理效率的提高等都起到重要作用。

由于行政领导是国家行政机关的领导者依法行使国家权力，组织和管理国家行政事务所进行的决策、指挥、控制、协调、监督、检查等行政活动，因此，其职责和权限是：

它有权根据国家权力机关所规定的方针和任务进行工作。贯彻执行党的方针、政策和国家权力机关的法律、法规和决定，这是行政领导最基本的职责。

由于行政领导是国家行政管理系统中的领导，因此，行政领导有权对行政管理进行决策，决定行政管理中的重大问题。对行政管理做出正确的决策，是行政领导活动的关键。

由于我国行政领导代表人民的利益和意志，其最终使命是发展我国社会主义生产力，因此，有权主持制定和审批本地区、本部门的国民经济和社会发展计划，具体领导工业、交通、商业、农业、政法、教育、科学、文化、卫生、体育等项工作。根据党和国家制定的经济建设和社会发展战略目标和规划，从实际出发，制定和审批本地区、本部门、本单位发展的总目标和总计划，具体领导好本地区、本部门的工业、农业、交通、商业、政法、教育、科学、文化、卫生、体育等项工作，是各级行政的职责。

为了保证行政领导的总目标和总任务的尽快实施，行政领导有权负责制定行政规范，负责对本部门及其下级行政工作进行监督检查。

（三）业务领导的职责和权限

业务领导，是指生产或专业活动过程中的领导活动。是以解决生产和各项专业活动中遇到的矛盾为工作对象，以创造社会的物质财富和精神财富为目标。业务领导的范围比较广泛，工、农、商、学、兵无所不包。

业务领导是按照各行各业自己的发展规律，以解决自己的决策、指挥和管理问题为基本职能的。因此，业务领导有权对自己行业的业务进行决策；有权制定发展规划；各行业高层的业务领导有权制定相关的政策；在接受党和国家的具体任务之后，有权根据具体情况组织人力、物力、财力，采取最有效的途径去完成；有权组织实施业务活动，协调业务活动之间的力量，开展业务协作和联合等。因此，正确进行业务决策，确定业务的发展方向，制定业务发展规划和相关政策，有效组织实施业务活动，完成党和国家交给的具体任务等，都是业务领导的重要职责。

**二、领导方式**

领导方式，是领导者在领导活动中所采取的具体的领导形式。它是领导者根据社会生产和领导活动的客观需要，实施领导所采取的具体形式，在领导活动历史发展中，有多种领导方式。

（一）自然式领导方式

这是原始社会领导者实施领导的方式。这种领导方式的特点，是不依靠法定的权力，不使用强制手段，而是通过自然组合，依靠自然形成的自身影响力和依靠习俗调整来实施领导。这是一种原始的、初级的领导方式，反映了当时的简单协作的共同劳动和军事指挥的需求。

（二）"家长制"领导方式

"家长制"，原指家长拥有统治权的家庭制度。这种制度起源于原始社会末期的父系家庭，家长居于最高地位，拥有无上的权力，包括财产所有权，对子女的人身统治权等。进入阶级社会以后，奴隶主和后来的封建主统治阶级，为了加大对劳动人民的压迫和剥削，需要利用强制手段来进行统治。同时，当时由小生产者组成的自然经济占统治地位，需要靠强制和高度集权才能维持稳定，这就决定了其实行领导的形式；奴隶社会、封建社会的各代君主，无一不是"家天下"、"朕即国家"。我国第一个奴隶制的国家夏就是启的"家天下"，我国最早出现的封建领主制国家西周就是实行分封制度和宗法制度。"家长制"领导方式的特点是：国家由家族扩大而成，国王的权力来自家长对其家族的权力，国王具有至高无上的权力，各级的领导权力往往都集中于一个人手里，靠强制和集权实行专制领导。

（三）专家制领导方式

随着社会化大生产的出现和科学技术日新月异，要实现对整个社会或企业的领导，靠外行很难办到，凭个人经验也越来越行不通，于是专家制领导方式应运而生。开始由精通某一门专业技术和业务的"硬专家"来担任领导，后来发展为由擅长运筹和谋划，具有全面知识和才能的"软专家"担任领导。其特点是：技术专家通过正式管理机构对企业进行管理；财产所有权与经营权分离；国家和政府机构由各类专家参加领导。因此国家领导与管理趋向专业化、科学化。

（四）专家集团领导方式

随着社会化大生产的急剧发展和科学技术的高度分化又高度综合，职业"软专家"的个人领导能力也适应不了现代社会领导活动的发展变化。于是出现了专家集团的领导方式，其特点是：集体领导代替过去一二个人负责的传统方式；各种"智囊团"、"思想库"参与领导决策；领导活动从管理活动中分离出来。

### 三、领导制度

即指对领导机关和领导干部开展领导活动所做出的有关的制度规定。它是领导机关和领导干部必须遵循的、调节领导机构内部关系和上下级领导关系的规定。其内容包括：

（一）领导机构设置的规定

规定领导机构的职能、职位、编制；领导干部职位配置；规定负责"拍板"的决策者的职、责、权；规定领导机构设置与目标的关系。

（二）领导机构隶属关系的规定

领导机构的隶属关系，包括：党与国家权力机关的关系，即党与全国人民代表大会和地方各级人民代表大会的关系；各级政府中的党政关系；企事业单位内的党政关系；党和各群众组织的关系；各级政府的行政领导和各企业事业单位业务领导的关系等。领导制度是对这些关系所做出的规定。

（三）领导系统内部各部门之间的职权划分

这种职权的划分，包括：领导机构内部纵向的上下级之间的权限划分；领导机构内部正职与各副职之间的权限划分；领导机构内部各副职之间的权限划分；领导机构内部横向机构之间的职权划分等。这里的职权划分，就是指对权限的边界关系做出明确规定，以避免出现领导交叉和领导空缺。

（四）领导干部制度

包括各级领导干部的选举、任免、招考、考核、任期、监督、罢免、轮换等制度。

### 四、领导体制的设计

领导体制的设计不能随心所欲。因为领导体制是一个复杂的系统,其内容涉及领导活动的全过程以及整个过程的各个方面,它涉及机构的设置、相互关系及联结方式,涉及领导活动各方的利益关系及其调整,等等。

领导体制的设计,包括确定领导体制的各构成部分,及它们之间的联结方式。领导体制的各构成部分不同,各部分之间的联结方式不同,领导体制也不同。

(一)领导体制各构成部分的选择

对领导体制各构成部分的选择一般涉及以下几个方面:

1. 决策结构的选择

其主要内容是领导活动中的宏观决策、微观决策和个人决策由谁做出的问题,是选择一元的决策主体还是多元的决策主体,如果是多元的决策主体,那么,又应该如何划分决策权限;是个人决策,还是集体决策,或是个人决策与集体决策相结合。决策结构的选择主要就是解决这两个问题。

个人决策与集体决策。由一个人做出最后决定的决策叫个人决策;由领导集体做出决策叫集体决策。个人决策有其合理的一面。因为任何一项决策,不管采取什么形式,最后都要集中和统一不同的意见,所以在形成决策上发挥个人在其中的决定作用,是理所当然的。但是,由于个人决策的主体是个人,决策难免受个人的经验、知识、能力、见解等的局限。所以,不能把个人决策绝对化。集体决策由于是领导者集体讨论,共同做出的决定,是集思广益的结果,往往可靠性较大。但由于集体讨论决定一项事情所费时间长,不容易形成统一意见,所以,也不是说在一切场合都要采取集体决策方式。对那些时间要求紧迫,一般例行性问题的决策,可采取个人决策方式。

关于一元决策主体还是多元决策主体的问题,实际上是集权与分权的问题,本章后面要专门论述。

2. 动力结构的选择

动力结构,主要是指领导活动的动力来源以及用何种方式激励领导活动系统各级组织和全体成员的积极性的问题。动力结构对领导活动发展起重要作用。这是因为它是决策结构的实现途径,决策付诸实施都要依赖于劳动者的积极性。因此,领导体制,必须注意动力结构的选择。一般说来,动力结构的选择要注意:承认各领导群体对局部利益的追求。领导活动系统中的各群体,它们除了承担实现领导活动系统的整体利益外,还有各自的局部利益。因为它们担负本部门、本单位的领导和组织任务,因此,应当承认各领导群体对局部利益的追求。

承认领导活动成员对个人利益的追求。社会主义生产的目的是为了满足人们的需要，社会主义社会的劳动者的劳动，存在着脑力与体力、复杂与简单、熟练与非熟练劳动的差别，有着劳动者的个人利益。在领导活动中，应当承认领导成员的个人利益。

研究利益的实现形式。应当把领导群体和成员个人的利益同劳动贡献紧密联系起来，并合理拉开差距。

可见，应当选择国家、集体和个人三者兼顾的利益动力结构，改变过去那种片面强调国家和整体利益，忽视以致损害个人和局部利益的倾向；或者片面强调个人和局部利益，忽视以致损害国家利益的倾向。

3. 调节结构的选择

这是指决策的实施贯彻通过何种调节手段来进行的问题。调节结构对领导活动沿着既定的轨道运行很重要。调节结构的选择，实际上是下列几个问题的选择：

内在调节与外在调节的问题。内在调节是通过调节领导活动机体各要素、各组成部分的相互联系、相互作用来制约和影响领导活动的运行；外在调节是通过外在的各种调节手段来调节领导活动的运行。由于事物发展的根据在于自身的内在矛盾和外部的一定条件，所以在选择调节结构时，应当选择以内在调节为主，内在调节与外在调节相结合的结构；内在调节实际上就是领导机制的问题，因此，在领导活动的始终，各级领导组织和领导者要注意领导机制的转换和利用。关于领导机制问题，下一章将要进行专门论述。

直接调节与间接调节。直接调节，是指以行政命令、指示、计划来调节领导活动；间接调节，是通过一定的中介来调节领导活动。由于间接调节是通过中介的刺激，使领导机制自觉朝领导目标的轨道上运行，它比仅靠行政性手段强制领导机体在领导目标轨道上运行具有内在性，因此，在调节结构的选择中，应当尽量扩大间接调节范围。由于间接调节的中介刺激基本上是与利益相联系的，而在整体利益与局部利益发生矛盾的情况下，为了保证领导活动必要的集中与统一，必须要采用一定的行政手段，进行直接调节，因此，直接调节不能没有，应采取以间接调节为主，间接调节与直接调节相结合的结构。在这里还必须明确两个问题：一是直接调节的范围。直接调节只能限制在间接调节难以起作用，又涉及领导活动系统整体利益的范围内。如果涉及领导活动整体利益的运行，间接调节又可刺激其在整体利益的轨道上运行，就采用间接调节。二是间接调节中的中介是什么。这个中介就是领导杠杆。所谓领导杠杆，就是以国家领导活动为主体，以利益为"支点"，对领导活动起诱导、激励、调节和控制的作用。这里的利益，包括经济利益、政治利益、精神文化利益。领导杠杆包括政策杠杆、法律杠杆、道德杠杆等。

宏观调节与微观调节的问题。宏观调节，是保证领导活动系统总体目标实现的调节，或是就社会整体而言的国家领导活动的调节；微观调节，是保证领导活动各具体目标实现的调节，或是相对于国家领导活动而言的某一部门、某一行业的领导活动的调节，或是基层单位领导活动的调节。微观调节与宏观调节的调节结构的选择问题，一是宏观调节与微观调节的目标选择问题。调节宏观领导活动，是使之保持预期的平衡和统一；调节微观领导活动，是使之符合社会需要，充满生机和活力。二是宏观调节与微观调节的关系问题。微观调节是宏观调节的基础，宏观调节是微观调节的指导；宏观调节目的的实现要靠微观调节为基础，微观调节目的的实现要靠宏观调节来为它服务。

4. 信息传递结构的选择

这是指领导活动信息如何传递的问题。此结构的选择，是指选择纵向传递的信息结构，还是选择横向传递的信息结构，或是选择纵横交错的信息传递结构。在现代社会领导活动中，必须选择纵横交错的信息传递结构，才能满足决策和实施决策的需要。

（二）领导体制各构成部分联结方式的选择

领导体制各构成部分靠什么联结起来呢？它们是有一定的权限、一定的职责才联结起来的。因此，它们联结方式的选择，实际上就是权限、职责划分的问题。

1. 集权式与分权式的选择

按上下级之间的权限划分，就有集权与分权的问题。集权与分权涉及上级对下级的权力是无限的，还是有限的问题。所谓集权，意味着上级对下级有无限的权力，只要它认为有必要，就可以在任何时候、任何情况下指示下级做任何工作，下级必须依据上级指令办事。所谓分权，就是上级对下级的权力不是无限的，而是有限的，下级在其所有的权力范围内活动，上级不得随意干预。

集权与分权各有利弊，不能说哪一种绝对好，哪一种绝对不好。因为集权有集中和统一的优点，也有不易做到因时因地制宜，不易调动下级积极性，容易造成官僚主义等弊端；分权有灵活多变，因时因地制宜，调动下级积极性等优点，也容易出现各自为政、本位主义、分散主义的缺点。正因为如此，选择集权与分权时，最好把集权与分权有机地结合起来，有"集"

有"分",扬长避短。这里关键的是把握住在什么样的领导活动任务和领导环境条件下该集权,在什么样的任务和环境条件下该分权。哪些权力应该集中于上级,哪些权力应该授给下级。只要把握好这点,就可以找到集中有分、分中有集、集、分结合的联结方式。

2. 一长式和委员会式的选择

这是从决策主体、责任主体的人数多少上来划分权限和责任的联结方式。如果法定决策权力集中于一位主要负责人身上,并由其对所负责单位的工作承担全部责任,称为一长式;反之,如果法定的决策权力属于若干人组成的集体,按少数服从多数的原则进行决定的,就称委员会式。

一长式和委员会式各有优缺点。一长式的优点是权力集中,指挥统一,责任明确,决策迅速,效率较高。但是,一个人的知识、能力毕竟有限,在复杂的领导活动中难免考虑不周,出现偏差,如果选人不当,容易出现专制滥权的现象。相对于一长式,委员会式的优点是集思广益,反映和体现各方面的意见和利益,避免个人独断专行、滥用职权,但是,也可能产生决策犹疑、行动迟缓、职责不清、争功诿过等弊端。可见,一长式和委员会式的权限划分形式也不存在绝对的好与坏,各有各的用场。在进行联结方式选择的时候,就要考虑在什么样的体制中使用一长式或委员会式。一般说来,制定路线、方针、政策,运筹战略规则,拟定法律等领导活动系统,做出的重大决策,需经充分酝酿,反复讨论,宜采用委员会式的联结方式。而对于那些执行性的、事务性的、行动性的领导活动系统,则需要果断决策,迅速行动,宜采用一长式联结方式,诸如行政、军事、技术等系统。在进行联结方式选择的时候,还要考虑如何把一长式和委员会式加以综合运用。如果在一长式中的主要决策人把重大决策问题交给专门委员会处理,而委员会式中的委员会对某问题协商后,交给专门负责的委员做决定,就成为一长式与委员会式的综合联结方式了。

3. 层次式与职能式的选择

这是按领导活动系统内部各部门的性质和范围来划分权限的联结方式。所谓层次式,就是领导活动系统或单位,在纵向的垂直线上划分若干工作性质相同但领导范围不同的联结方式。所谓职能式,就是指在领导活动系统的单位内,将一定层次上的职责按一定的标准横向分给平行的、不相统属的、工作性质不同而工作范围大体相同的若干职能部门的联结方式。

这两种联结方式相比较,层次式的优点在于事、权集中,指挥统一;而缺点是决策主体管事过多,容易忙于事务而无暇顾及大事,以致草率武断处理问题。职能式的优点是分工明确,各司其职;而缺点是,由于专业性强,只能依附于特定的组织中，容易造成机构臃肿，人浮于事，如果运用不当，会出现扯皮、推诿现象。现代社会活动，高度分化又高度综合，职能和活动范围都大为复杂了，要求从纵横两个方面协调，所以，在联结方式的选择上，无论是层次式还是职能式都不能单独选用，而只能是把它们综合成"层、职综合体"，即在纵向上采取按范围划分的层次式联结，在横向上采用按性质划分的职能式联结。

# 第八章 领导机制

## 第一节 领导机制概说

社会主义的领导活动系统是一个有机整体，只有在协调、平衡、顺畅的运行中，才能获得好的领导效益。这需要通过其自身领导机制的作用来实现。因此，在研究领导组织结构的确立、领导体制的合理化问题后，必须要研究领导机制的问题。

**一、领导机制的涵义**

（一）"机制"的涵义

"机制"一词最早来自希腊文，原意是指机器的构造和运作原理。后来，人们把机制一词引入生物学和医学的研究领域，从而用生物机制、生理机制来表示有机体内发生生理或病理变化时，有机体内的各个器官之间的相互联系、相互作用及其调节方式。以后，人们又把机制一词引入经济学的研究领域，产生了经济机制的概念。现在，"机制"一词作为一个被广泛使用的概念，是指有机体内部要素之间的相互联系、相互制约关系及其调节形式。

（二）领导机制的定义

领导活动作为一个完整的有机体，也有自己的领导机制。那么，究竟什么是领导机制呢？领导活动和其他任何机体一样，是一个复杂而庞大的有机体，它像生物等有机体那样，由各个要素、各个部分构成，各个要素、各个部分之间有着密切的联系，相互制约、相互影响。正是这种联系和制约关系调节着领导机体的运行和发展。这种现象在领导生活中是大量存在的。例如：某个单位的领导者，按照社会主义竞争的原则，在领导活动中展开竞争,被领导者的积极性得以极大发挥,领导活动任务完成得很好。可见,在领导活动中,领导者、竞争、被领导者积极性等之间有一种内在的联系,彼此间相互作用。

于是,可以给领导机制下一个定义:所谓领导机制,是指一定领导机体通过其各构成要素、各部分的内在联系和关系调节制约自身运行和发展的各种系统及其功能。领导机制是领导机体调节自身运行的机制,所以,又有人称之为领导调节机制,或领导运行机制。

根据领导机制的内涵,研究领导机制着重要研究两大问题:一是要研究领导机制的构成要素,二是要研究领导机制在领导机体运行中的调节功能。

(三) 领导机制与领导体制

前一章研究了领导体制的问题,本章研究领导机制,它们二者之间是什么关系呢?

领导机制和领导体制存在着内在联系。领导机制总是包含在一定的领导体制之中。因为领导体制是领导活动组织和管理的一整套形式和制度。领导体制不仅客观上存在着它的各构成部分,而且各构成部分之间也客观上存在着一定的联系方式,而这些联系方式对领导活动的运行和发展必然要起着这样那样的调节作用,这就是所要研究的领导机制的问题。一定的领导体制,必然要形成相应的领导机制。有什么样的领导体制,就有什么样的领导机制。

领导体制和领导机制又不是一回事。领导体制回答的是领导活动的组织与管理的形式问题;领导机制回答的是领导活动运行和发展的调节问题。当然,领导体制一旦形成,其含有的领导机制便会客观地发挥功能。领导活动的组织与管理形式,也包含了调节形式。但是,由于领导机制是客观存在的规律性的关系,在一定的领导条件下,只可能有一种领导机制能保证领导活动的最佳运行,因此,对领导机制的研究显得很重要。

**二、领导机制的特征**

领导机制具有自己的属性。它表现在特征上主要是:

(一) 调节性

调节性,是领导机制最大的特征。所谓调节性,是指领导机制具有调整领导活动运行过程,使之沿着既定目标前进的特征。领导机制之所以有这一特征,是因为领导机制是领导活动运行各要素的联结方式,一旦它们按照一定方式联结起来,它们就形成了领导活动运行整体,制约着领导活动的运行。领导机制的调节性主要表现在:

制约性。领导机制形成以后，它可以制约领导活动运行各要素只能在既定联结方式的时空内活动，限制了这些要素的活动方向。当然，这些要素也可以在既定联结方式内开辟各自的活动时空。

调整性。这是指领导活动运行各要素一旦偏离了领导机制的联结方式，或者领导活动运行偏离了领导活动目标轨道以后，领导机制可以把它们调整到原来的位置和轨道上，以保证领导活动的正常运转。

（二）自动性

领导机制的第二个特征是它的自动性。所谓自动性，是指领导机制一旦形成以后，它对领导活动运行的调节是自动的调节。领导机制的这种特征主要表现在：

自动制约。即领导机制对领导活动运行各要素的制约，是靠这些各要素相互联系所生成的内在联系的力量进行的，而不是靠其他外在的力量。

自动调整。即领导机制对领导活动运行各要素所发生偏差的调整，或者领导活动运行偏差的调整，是通过领导机制自身运行来进行的。领导机制的这种对领导活动运行的自动调整，一是自动显示，通过领导机制显示领导活动运行偏离领导目标的既定轨道和领导活动运行各要素偏离它们的联结方式。二是自动输送纠偏力量。通过领导机制所生成的各要素内在联系的制约力，输送到领导活动运行的各要素和领导活动运行过程。三是自动纠偏。通过领导机制的内在制约力，把领导活动运行各要素从偏离轨道回到各自位置上，把领导活动运行从偏离轨道回到领导目标的轨道上。

（三）运行性

运行性，是领导机制的第三个特征。所谓运行性，是指领导机制是领导活动运行的调节方式。领导机制的运行性主要表现在：

领导机制的领导活动的运行系统性。因为领导机制是领导活动的运行目标、运行方向、运行速度、运行动力、运行态势、运行效益等要素，按一定方式联结所形成的系统。而该系统只能是运行系统，它由运行各构件所构成，解决了运行方向、速度、动力、态势、效益等问题，从而只能生成运行系统。这种运行性表现为领导机制呈现出一定运行的方向、运行速度、运行动力、运行态势、运行效益。

领导机制的领导活动的运行调节方式性。领导机制是领导活动运行的调节方式，因为在领导活动运行过程中，存在着方向是否正确，目标是否明确，速度是否适中，动力是否充足，态势是否平稳，效益是否最佳等问题，它需要一定的调节方式来加以调节。

（四）选择性

领导机制，是一种人工机制，是在人参与活动的条件下建立的，所以，选择性是领导机制的又一特征。所谓选择性，是指领导机制的建立，领导活动成员是可以选择的。它的这种选择性主要表现在：

领导活动运行各要素的选择。即领导活动的运行目标确定在哪里，运行方向指向哪里，确定什么样的运动速度，从哪里摄取运行动力，运行态势是什么样的要求，等等。

领导活动运行各要素联结方式的选择。这些要素按什么标准来组合，按什么来排列，等等。

### 三、领导机制的地位

领导机制在领导活动中，是处在领导活动运行"调节阀"的位置上的。所谓领导活动运行"调节阀"，是指领导机制，是调节领导活动运行的装置。领导机制的这种地位主要表现在：

（一）领导机制受领导体制制约

在领导活动中，领导机制是受领导体制制约的。因为任何领导机制都是一定领导体制下的机制。

领导机制都是在一定领导体制下形成的。因为领导体制对领导体系、领导系统、领导制度等的具体形式做了规定，从而也就为领导活动运行的方向做了一定的指向，为运行的目标做了一定的引导，为运行的动力做了一定供给，运行的速度做了一定策定，运行的态势做了一定的谋划，为领导活动运行这些要素的联结勾勒出了一定的形式，从而形成相应的领导机制。

领导机制都是在一定领导体制下实现的。因为领导机制的实现要有相应的领导体制做保证，没有一定的领导体制，领导机制不但无法形成，即使形成了也无法实现。领导体制为领导机制的实现提供了条件保证。

当然，领导机制对领导体制的运行也有一定的制约作用。因为领导机制各部分的联结形式有它自己的客观规律，领导机制通过自己形成和实现的客观规律调节着制约着领导体制的运行。

（二）从领导机制与领导活动的关系来讲，它是领导活动运行的"调节器"

领导活动要实现既定目标，必须正常运转。但是，在领导活动过程中，由于领导活动内外环境发展变化等原因，其运转有可能会出现这样那样的一些问题，需要加以调节，而领导机制就是领导活动运行的"调节器"。因为领导机制的实质，就是通过领导活动运行各要素联结方式的不同，不断地调

节着领导活动运行。领导机制这种"调节器"的位置主要表现在:

领导机制处在领导活动运行方向的"调节器"位置上。即领导机制通过领导活动运行各要素联结方式所生成的相互作用,推动着制约着领导活动朝特定方向运行。

领导机制处在领导活动运行动力的"调节器"位置上。即领导机制通过领导活动运行各要素联结的有机程度,为领导活动运行提供相应大小不同的动力。

领导机制处在领导活动运行速度的"调节器"位置上。即领导机制通过所提供动力的大小,不同程度地调节着领导活动运行的速度快慢。

领导机制处在领导活动运行态势的"调节器"位置上。即领导机制通过领导活动运行各要素联结方式所生成的有序程度的高低,调节着领导活动运行平衡摇摆等不同的态势。

**四、领导机制的作用**

领导机制的特征,是领导机制的属性和结构的外在征象,它决定着领导机制的功能。领导机制功能发挥就是领导机制的作用。领导机制在领导活动中的最突出的作用,就是领导活动运行的调节作用,主要表现在:

(一)领导机制调节领导活动过程各要素与领导活动运行系统之间的关系

众所周知,动物和人体内有自动的调节机制(生理机制)。像鸟和哺乳动物能在温度变化的环境中控制自己体内的温度,使之保持在某个水平上,其原因在于它们体内的生理机制在进行着自动调节。人体的汗腺同体温之间存在着密切联系。人体的体内温度一般维持在37℃的水平上,但当体内发烧时,体温升高,于是,汗腺大量排出汗液,促使体温下降至正常水平。汗腺就是调节体温,使人体正常运行和发展的生理机制。

领导活动有机体的运行也需要调节。领导机制就是领导活动的生理机制,对领导运行具有自动调节功能。

为什么领导机制具有自动调节领导活动运行的功能呢?其主要原因是:任何一种领导机制都反映了领导活动过程和领导活动现象之间内在的必然的联系,因此,领导机制都是一定客观的领导规律作用的表现。客观领导规律是不以人们的意志为转移的,所以它具有自动调节的功能,这是其一。其二,每一种领导机制的作用都同参加领导活动的人们的利益有密切联系,它包含着一定的利益关系。由于领导机制可以调整人们的利益关系,所以,它能自动调节人们的领导活动。

领导机制对领导活动的作用,是通过它的调节功能来实现的。领导机制的调节功能表现在哪里呢？一是维持领导活动的平衡和稳定,二是使社会资源得到最佳分配。

(二) 领导机制调节领导活动运行各要素之间的关系

领导活动运行各要素之间是什么关系,由各要素的联结方式来决定。因为它们之间的联结方式不一样,各要素之间在空间位置上的排列组合就不一样,在时间上的连接继起关系就不同,在性能上的组合关系也有区别。而领导机制正是它们之间的联结方式。不同的领导机制,有着它们之间不同的联结方式,从而调节着它们之间的关系。

## 第二节 领导机制的建设

### 一、领导机制的内容

领导机体要正常运行,并且在运行中不仅得以存在,而且求得发展,必须运行方向正确,运行动力充足,运行关系协调,运行态势稳定。领导机制正是这些方面的综合体。

(一) 导向机制

领导机体运行,是个矢量,存在着一个方向问题。研究领导机制,首先要研究其运行的导向问题。

我国领导活动的运行方向只能以社会主义生产方式为导向。这是领导活动与社会生产方式的关系所决定的。在任何一个社会形态里,该社会的社会生产方式决定着社会的领导活动的一切。因为：一是社会生产方式的性质决定着领导活动的性质。一个社会的生产力性质决定该社会领导活动的自然属性;一个社会的生产关系决定着该社会领导活动的社会属性。二是社会生产方式决定着领导活动的基本内容。从历史发展来看,在不同的社会生产方式下,由于对领导活动的需求不一样,给领导活动提供的物质条件和精神条件不一样,人们所形成的领导观念不一样,人们在领导活动中的能动作用不一样,因而领导活动的具体内容是不一样的。三是社会生产方式决定着领导方式。在不同的历史时期里,由于当时的物质资料生产方式所提供的条件不一样,社会对领导方式的需求不一样,领导活动成员特别是领导者的素质不一样,因此人们所实行的领导方式也不一样。由于我国实行的是社会主义生产方式,因此,我国领导活动的运行方向只能以社会主义生产方式为导向。

我国领导活动在运行过程中,要做到以社会主义生产方式来调节自己的

运行方向,产生运行的导向力,必须:

领导活动的路线、方针、政策的制定要以社会主义生产方式为依据。

领导活动的开展以社会主义生产方式为基础。这里包含着两方面的意思:一方面,领导活动按社会主义生产方式提供的实际条件来展开,即按社会主义生产方式提供的物质力量,各种客观的社会关系等现实条件来展开领导活动。另一方面,领导活动按社会主义生产方式的条件变化来进行调整,即按社会主义生产方式的量的变化、质的变化、结构与功能等关系的变化对领导活动进行合理的适时的调整。

领导活动的发展趋势以社会主义生产方式的发展趋势为走向。这是指领导活动的发展趋势,一是以社会主义生产方式量的积累趋势为走向;二是以社会主义生产方式结构功能关系的变化趋势为走向;三是以社会主义生产方式与自己内在联系的变化趋势为走向。

领导活动的控制以社会主义生产方式为坐标。这是指领导活动的控制,一是要以巩固和促进社会主义生产方式的发展作为基本标准,建立相应的控制指标体系;二是要把领导活动对社会主义生产方式所带来的效果与社会主义生产方式的巩固和发展作比较,找出偏差;三是要以社会主义生产方式的巩固和发展来对领导活动的现有行为进行校正;四是要以社会主义生产方式的巩固和发展来检验和评价领导活动。

(二) 动力机制

领导活动的开展,是为了取得一定的利益。而利益不仅规定着领导活动运行的性质,而且决定着运行目标的设置,同时还制约着运行的方向,并调节着运行方式、方法的选择。由于利益是以需要为目的而产生的,而这种需要能否得到满足,满足的程度如何,以什么方式来满足,等等,都受到各种利益关系的制约。因此,领导活动各种利益关系的协调,就成为其运行的动力。要研究领导机制,重要的是研究领导活动中利益关系的协调。

在领导活动中,要协调好利益关系,产生内在动力,必须注意:

1. 把握领导活动的主要利益关系

从我国领导活动的状况来看,在运行过程中客观地存在以下利益关系。

利益主体——个人、集体、国家之间的利益关系。在社会主义领导活动中,个人利益、集体利益、国家利益三者之间在根本上是一致的。因为它们都是利益体系的有机组成部分。集体利益、国家利益最终都是为了满足个人利益需要并反映了个人利益的共同点。个人利益的满足必须依靠集体利益、国家利益来实现。个人利益是集体利益和国家利益的有机组成部分。但是,个人利益同集体利益、国家利益,集体利益与国家利益又存在着矛盾。

利益实体——领导群体与领导群体之间的利益关系。领导活动中的各群体，都是基于一定的共同利益而建立的相对稳定的利益集团。在我国领导活动中，各领导群体之间是分工合作的关系，都是为实现领导活动系统的总目标而开展活动的，所以它们在根本利益上也是一致的。但是，各领导群体有各自的利益，它们追求和维护着各自群体成员的利益，它们之间在资源分配、利益获取等方面又存在着竞争关系。

利益性质——整体利益与局部利益、长远利益与目前利益、根本利益与一般利益之间的关系。在社会主义领导活动中，整体利益与局部利益之间，长远利益与目前利益之间，根本利益与一般利益之间也是在根本利益一致的基础上存在着非对抗性矛盾的关系。如果只顾局部利益、目前利益、一般利益，往往就会损害整体利益、长远利益、根本利益，并与之产生冲突和矛盾。

2. 把握领导活动系统的利益关系的表现形式

在社会主义领导活动中，由于不同利益主体之间，不同的利益实体之间，根本利益是一致的，因此，其利益关系具体表现为：

利益合作。这是反映社会主义领导活动的最基本的利益关系。在社会主义领导活动中，广大的成员，各个领导群体，有着共同的信念，共同的需要，共同的目标，共同的利益，他们为了实现共同的目标和利益而携手合作。事实上，共同的目标和共同的利益也确是需要利益各方的共同努力。

利益竞争。在社会主义领导活动中，广大成员之间、不同领导群体之间有着共同利益，但是要把共同利益转化为各个成员的个人利益、各个群体的群体利益，必须要经过劳动，于是，他们为了争夺更多的利益而进行相互的比试和争夺，形成了利益竞争的关系。这种利益关系在社会主义市场经济社会里是必然要产生的。

利益冲突。在社会主义领导活动中，领导成员个体有着自己的个人利益，领导群体有着各自的群体利益，这些特殊利益的存在，就会为各自利益的实现而产生利益矛盾。这种利益冲突，包括个体之间的利益冲突、个体与群体之间的利益冲突、群体之间的利益冲突。这种冲突不仅是经常发生的，而且是大量存在的。诸如利益目标上的不同会发生冲突，为争夺达到利益的手段和条件会发生冲突，为赢得领导组织和领导者的好感、支持也常发生冲突，为寻求和获得提拔、提级、调换重要岗位、表扬、记功、嘉奖等，冲突更是难免。

3. 把握利益关系协调的主要原则

要使领导活动各群体、各成员个体在领导活动运行过程中得到益处，从而驱动他们努力地促进领导活动的正常运行,必须要遵循一定的原则来协调利益关系。

利益均衡原则。这是指领导活动中所获得的利益,各个成员、各个群体只要做出的贡献相同,所得到的利益应当是一样的。

利益共享原则。这是指在领导活动中所获得的利益,各个成员个体、各个群体都有权共同分享。

利益差别原则。这是指在领导活动中所获得的利益,不是各个成员个体、各个群体平均享受,而是按贡献大小、奖勤罚懒来拉开档次,形成差别。

利益兼顾原则。这是指领导活动中利益分配时要统筹兼顾。它包含多层涵义:一是对不同的利益主体的利益要兼顾各方;二是对不同的利益实体的利益要妥善兼顾;三是对不同性质的利益要有机结合;四是对不同内容的利益,主要指经济利益、政治利益、文化利益要全面考虑。

(三) 维系机制

领导活动要正常运行,很重要的是能在社会主义的广阔天地当中充分发挥自己的积极作用。任何一个领导活动系统,如果在社会中不能起到应有的作用,那么,它就失去了存在的价值。而一个领导活动系统靠什么在社会中起作用呢?靠的是自己的优势。对一个领导活动系统来说,别的系统做不到的事情,该系统做到了,别的系统做到的事情,该系统做得更多更好,这就是优势。可见,优势的发挥是使领导活动正常运行的维系力。

各级领导组织和领导者,怎样才能发挥自己的优势,获得运行的维系力呢?

1. 认识自己的优势

一个事物的优势,仅靠事物本身是看不出来的,只有在相关事物的比较中才能识别事物的优劣状态。领导组织和领导者要认识自己领导活动系统的优势,起码要进行三个方面的比较:

一是把自己现有的条件与社会需要相比较。如果一个领导活动系统所具有的条件或部分条件乃至某一种条件,是社会需要的,那么这种条件就是一种有利条件;如果其所具有的条件是社会急切需要的,那么该条件就是极为有利的条件。

二是把自己现有的条件与同类性质领导活动系统的条件相比较。看看哪些条件是别的系统不具备而本系统具备的;或哪些条件别的系统不如自己系统。这两种情况,都是该系统的有利条件。

三是把自己当前的条件及其运用与自己以往的条件及其运用相比较。看看自己对哪些条件运用得比较好，运用得充分。只有自己具有的条件，又能对它加以很好运用的，才是有利的条件。

只有在这三方面的比较中都得出有利条件的结论，才算是本系统的优势。因此，所谓优势，就是领导活动某系统具有了符合社会需要的，别的系统又不具备或不如自己的，并得到自己很好运用的条件。

一般说来，要认识领导活动系统的优势，可以从以下几个方面来进行思考：

一是系统所处环境的优势。诸如优越的地理环境，安定团结的社会环境，等等，都是环境优势。

二是要素优势。这是指领导活动各要素的优势。诸如高素质的领导者、雄厚的技术力量、先进的设备等，都是要素优势。

三是要素组合优势。这是指领导活动各要素的合理联结所形成的优势，诸如妥当的布局、深化的分工、合理的结构等。

四是输出优势。这是指领导活动的结果所形成的优势。领导活动都有一定结果。当然，不同结果要形成优势，总是表现在高质量、多样化、更新、创新等方面。

2. 发挥优势

扬长与抑短相结合。发挥自己的优势，就是要发扬自己的长处。而要发扬自己的长处，就要避开和抑制自己的短处。发扬长处就要在最有利的时间、空间运用自己有利的条件。避开和抑制自己的短处，就是在领导活动的方向选择、手段的选择、竞争对手的选择过程中，要防止不利条件的选择。

把扬己之长与用他人之短相结合。在领导活动领域中充满了竞争，在竞争中发挥自己的优势，就要把发挥自己的长处与利用竞争对手的短处相结合。把扬己之长与创新相结合。要发挥自己的优势，就要把自己的有利条件用于创新，诸如，把自己的有利条件用来开辟新领域，用于建立新理论，用于开发新产品，用于发明新技术，等等，这是优势发挥的广阔天地。

3. 发展优势

在领导活动中，各个系统的优势与劣势不是凝固不变的，而是此消彼长的。不是绝对的，而是彼此相对的。因此，要不断地发展自己的优势很重要。

不断发掘新优势。领导活动的优势总是相比较而存在的，是在领导活动各系统的相互比较、领导活动系统与社会需要等的比较中显现的。而社会需要是在不断发展变化的，领导活动各系统的条件也是处于经常变动的，因此，今天的优势并不等于就是明天的优势，原来的一般条件也有可能发展成为有利的条件,必须不断地认识自己和他人,从而不断地发掘自己新的优势。

促进转化。要发展优势,就要做好转化工作:促短变长,化害为利。长与短、利与害也不是绝对的,在一定条件下会发生转化。领导组织和领导者的任务,是要创造条件使短处变为长处,有害条件变为有利条件。要创造事物转化的条件,就要在"量"的积累上下工夫,就要在事物结构的改变上花力气。

以长促长。要发展优势,就要使自己原有的优势更优。在领导活动中,如何才能使自己的优势更优呢?一是要不断运用优势,在优势的运用过程中,优中见劣、长中见短;设法克服和弥补这些"劣"和"短",使优更加"完善",这叫以用促长。二是要把握优势产生的条件,在这些条件上下工夫,使产生优势的条件更为丰富,从而使优势更优。三是要探求优势发挥作用的条件,在这些条件上做文章,优势发挥的作用就会更大。

(四) 竞争机制

竞争,是领导活动存在和运动的一种形式,它必然要在领导活动运行过程中发生作用。研究领导机制,就要研究竞争如何开展方能使其所产生的竞争力迫使领导机体在适应社会主义生产方式的轨道上运行。

社会主义竞争的开展,为什么能有利于领导机体的正常运行呢?这是与竞争的一系列特点相联系的。

由于竞争具有高度的动态性,你追我赶,局面不断变化,使僵化者被淘汰,幻想一劳永逸者落后,止步不前者掉队,使人们产生一种紧迫感,促进领导活动不断向前发展。

由于竞争具有剧烈性,优胜劣败,毫不客气,使人产生一种危机感,促使领导活动成员在激烈的较量中求生存、求发展,从而推动着领导活动前进。

由于竞争具有主体更迭性,使事物的新陈代谢正常进行,优胜者不存在"终身制",没有"铁饭碗",没有"铁交椅","论资排辈"行不通,使人产生一种压力感,推动着领导活动按不可抗拒的新陈代谢的规律要求办事。

由于竞争具有联系的致密性,使竞争者在与外界增强物质、能量、信息的交换过程中,互补互济,龙凤相长,产生一种活力感,促使领导活动系统在更大程度上开放,具有更强的输入与输出能力。

由于竞争具有强烈的激发性,使竞争者在形成的心理压力面前,不满足已有的业绩,充分认识自己的薄弱环节并采取有效对策,不断破除保守和嫉妒心理;奋发图强,产生一种动力感,充分激发人们用自己的聪明才智和创造精神去从事领导活动。

这就是社会主义的竞争力。领导活动运行方向正确与否，终归是要接受竞争的摔打的。领导组织和领导者要运用竞争力来促进领导机体的正常运行，必须：

把领导活动系统的整体竞争与系统内各领导群体之间的竞争，群体内各成员之间的竞争结合起来。在领导活动中，不仅要与同类性质的领导活动系统和其他性质的领导活动系统展开竞争，而且要开展系统内的群体竞争和个体成员之间的个体竞争，因为这对奖勤罚懒、奖优罚劣，促进奋发向上，增强活力是不可缺少的。但是在系统内部开展的群体竞争和个体竞争，必须有利于提高系统的整体竞争能力，把竞争引向为整体目标的实现。只有这样，才能使竞争有利于运行方向的正确选择。

把国内竞争与国际竞争结合起来。领导活动运行是受多方面因素制约的，既有国内因素，也有国际因素。领导活动只有参与国内竞争，也参与国际竞争，才能更好地确保自己运行的正常进行。事实上，任何领导活动不反映社会、经济的需求及其发展趋势是不行的。而主动参与国内与国际竞争，就有利于正确把握现代社会的需要及其发展趋势，以及利用国际、国内的有利因素，从而使自己在国际国内竞争中进入良性的轨道。

把竞争与合作有机地结合起来。这是指领导活动系统内的竞争与合作。当今的领导活动系统是一个开放系统。在一个开放的系统中既会出现相互竞争的现象，又有大量的合作现象存在，因此，必须把竞争与合作有机地结合起来。为此，各级领导组织，一是要弄清在什么情况下开展竞争为好，在怎样的条件下进行合作最佳；二是要学会灵活地、交叉地运用竞争与合作；三是要把竞争与合作有机地交织在一起，竞争中讲合作，合作中有竞争；四是在系统内使竞争的气氛与合作的气氛得到平衡。

（五）约束机制

领导活动要正常运行，必须要有相应的约束力，使系统保持相对稳定，在稳定中求发展。因此，稳定系统是领导机制的一个重要方向。要使领导活动系统保持相对稳定，产生使其运行不偏离目标的约束力，必须使用：

1. 行政手段约束

利用命令、指令、各项具体规定等，使各领导组织和成员个体在运转中紧密配合，前后衔接，同轨同步；使部分空间和时间阶段出现的失控现象恢复正常。

2. 法律手段约束

利用国家层次颁布的正式立法和行政系统颁布的具有法律效力的各种社

会规范，约束领导系统及全体成员，使他们按法律规定的权力、义务和责任行事，按法律所规范的行为方式行事，按法律所规定的程序办事，以确保国家、集体、个人之间关系协调一致，保证领导活动系统的安定局面，保证领导活动的正常秩序，确保领导活动整体正常运转。

3. 经济手段约束

利用宏观和微观的各种经济手段，约束领导活动系统及全体成员，使他们按客观经济规律要求办事，调节各种经济关系，使领导机体在正常的轨道上运行。

4. "软件"手段约束

如果把上述的行政手段、法律手段和经济手段比拟为"硬件"约束的话，那么，就有与之相对应的"软件"约束。"硬件"手段主要是靠外在的强制性的规定，使人们的行为趋向整体的共同目标；"软件"手段则主要靠人们的理想的树立，内心的信念，思想觉悟的提高，把人们的行为引导到整体的共同目标。"软件"手段包括思想政治工作、道德规范、精神激励、民主领导等。

可见，领导机制，是以社会主义生产方式为导向，以利益关系协调为动力，以优势发挥为维系，以竞争为压力，以控制为约束的综合体。由社会主义生产方式引进所形成的导向力，利益关系协调所产生的动力，优势发挥所产生的维系力，竞争所生成的生存压力，领导行为控制所孕育的约束力，推动着领导机体的正常运行，并在运行中得到不断地发展。

## 二、领导机制的设计

领导机制的设计，应当遵循以下原则：

（一）适应原则

所谓适应原则，是指进行领导机制设计的时候，要与相应的事物相适应、相对应。

与领导体制相适应。我们前面分析到领导体制对领导机制有决定和制约作用，所以，设计领导机制的时候，要与之相适应。领导机制与领导体制相适应，一是与领导体制的性质相适应。从国家领导体制的发展历史来看，有原始氏族公社制、家长专制领导体制、资产阶级民主领导体制、社会主义领导体制等性质的领导体制。领导机制与领导体制相适应，是指与这些不同性质的领导体制相适应。由于我们是社会主义国家，我们设计领导机制的时候，就应当与社会主义民主领导体制相适应。二是与领导体制的状况相适应。由于领导体制本身有个发展成熟的过程，在不同时期领导体制发展程度不一样，所以，领导机制与之相适应，就要与其发展成熟程度的状况相适应。领导机制既不要滞后领导体制的发展成熟程度，也不要超越领导体制发展成熟的现有阶段，这样，它们之间才能相互促进，共同发展。

与领导机制形成和实现的客观规律相适应。领导机制形成和实现的客观规律是指领导活动运行各要素之间内在的必然的联系。

领导活动运行各要素之间的内在联系，从领导活动的运行方向、运行目标、运行速度、运行动力、运行态势、运行效益等要素来讲，首先，运行动力是基础。没有动力，就没有运行可言；有没有动力，动力强还是弱，对领导活动运行来说，是基础性的东西，所以，运行动力要素处在基础位置。其次运行方向、运行目标是根本。因为只有运行方向正确，运行目标明确，领导活动运行才有意义。如果领导活动运行方向错了，甚至是背道而驰，或者没有明确的运行目标，盲目运行，那么，领导活动运行动力再充足，运行速度再适中，运行态势再平衡也是徒劳。再次，运行速度是保证。运行速度过慢，在一定时间内达不到应有的目标；过快则可能欲速而不达。所以，运行速度既不是越快越好，也不是越慢越好，而要有一种"适中"的速度。也就是能够保证取得最佳运行效益的速度。第四运行态势是条件。运行态势，是指领导活动运行的状态和形势，具体指领导活动运行是平衡还是左右摇摆，是稳定还是上下起伏波动而言。运行态势既会影响运行的速度，又会消耗运行动力，从而影响运行方向、运行目标的实现程度，特别是波及到运行效益高低的状况。第五，运行效益是关键。运行效益，是指领导活动运行对社会、对人民所获得的益处。运行效益是一种综合性的状况，要想取得好的运行效益，仅靠前面各种要素中的任何一种是不行的，必须要靠运行方向、运行目标、运行速度、运行态势等各要素发生综合的积极的作用，所以，它是一种关键性的东西，必须放在关键位置上。领导运行机制要适应客观规律要求，就要适应领导活动运行各要素之间这种内在的必然的联系。

（二）灵活性原则

领导机制设计必须遵循的第二条原则，是灵活性原则。所谓灵活性原则，是指设计领导机制的时候，要使领导机制具有活力，而不是机械死板。要遵循灵活性原则设计出具有活力的机制，必须注意以下几个问题：

运行灵活。领导机制，是领导活动的运行机制，所以，设计领导机制，首先要运行灵活。领导机制要运行灵活，必须具备几个条件：一是运行的轨道不能过于狭窄，要有一定的活动余地；二是领导活动运行的各要素的联结要有弹性，即伸缩性；三是运行的区域容量较大，对社会生产方式、领导体制的适应面比较大，等等。

调节灵活。由于领导机制，是领导活动运行各要素通过一定联结方式的联结而产生对领导活动运行的一种调节方式，所以，领导机制要灵活，必须调节要灵活。所谓领导机制调节灵活，是指领导机制能灵活机动地调节领导活动运行。领导机制要调节灵活，必须具备这些条件：一是领导活动运行各要素的联结是有机的联结。因为只有是有机联结才能生成强大的调节力量，牵制各要素不会发生大的偏离，各要素的偏离都能把它调节过来。二是领导活动运行各要素联结的"接口"要有"调节带"。像人体的骨骼之间的联结之所以灵活，是因为各种骨骼的联结处，不仅有软组织，而且有软骨，还有韧带。领导活动运行各要素联结的"接口"也应当这样，其"软组织"就是联结处的"弹性"，其"软骨"就是各要素在联结处的"柔性"，其"韧带"就是领导活动运行中的"利益关系"，正是这些"弹性"、"柔性"、"利益关系"构成了"接口"处的"调节带"。

转换灵活。领导机制不是一成不变的，它要随着领导活动的发展变化，领导体制的发展变化而发展变化。当领导活动进行改革的时候，领导体制进行重大变化的时候，领导机制也要随之进行转换。所以，转换灵活也是设计领导机制灵活性要求的一个重要方面。所谓转换灵活，是指领导机制能够灵活机动地从旧机制向新机制转变。领导机制要能够灵活转换所必须具备的条件是：一是领导机制的适应面要较大。由于领导机制适应面较大，当要向新的领导机制转换的时候，转换起来就较容易。二是领导机制能够容纳领导活动运行各要素所孕育的新生成分。由于原机制对这些新生成分能够容纳，现在向新机制转换过程中就方便得多。三是领导机制的自组织性较强。由于领导机制在平时运行过程中，注意对领导体制、对领导活动、对领导活动环境不适应方面的逐步调整，所以，一到要向新机制转换的时候，也不会造成大的阻力，使转换变得容易和灵活了。

### 三、领导机制的建立

由于领导机制是领导活动运行各要素相互联结而形成的对领导活动运行的调节方式，所以，我们要建立的领导机制是：

**（一）运行方向导向正确**

这是指我们建立的领导机制，首先要是运行方向的导向正确的机制。我们在建立领导机制过程中首先要解决的问题就是运行方向的导向问题。要解决运行方向的导向正确的问题，一是运行方向本身要正确。即运行方向与社会主义领导体制性质是相一致的，与社会主义领导体制的发展方向是相同的，与社会主义领导活动的大方向是一样的。二是运行方向要有制导力。即领导机制能够发生制导信息，能够制约、引导领导活动朝正确方向运行。这种制导力的产生不仅是运行方向要素产生的，而且是各要素综合作用的结果。三是制导形式多样。诸如运行方向要素的制导，运行信息的制导，运行利益的制导，或各种形式的综合制导等。

（二）运行目标引导明确

我们要建立的领导机制，其次是运行目标的引导要明确的机制。我们在建立领导机制过程中，在运行方向解决以后，就应当解决运行目标的问题。因为有了大方向以后，还要有相应的具体目标，这样才能保证领导活动运行一步步地向运行方向走去。要解决运行目标引导明确的问题，一是运行目标要素本身要明确而正确。即运行目标既符合运行方向，又有清晰的具体目标。二是要树立标的。即领导活动运行目标中的"标的"，要向各要素发出信息，并在运行的全过程加以显示。三是要树立"界标"。即在领导活动运行过程中，要使领导活动全体成员明确领导活动运行时的标准、界限，知道怎样才算实现运行目标，怎样是违背了运行目标。

（三）运行动力生发充足

我们要建立的领导机制，在解决了运行方向、运行目标的问题以后，运行动力的生发问题就摆到我们的面前了。因为领导机制有了正确的目标导向，有了明确的目标引导，还要有充足动力的生发问题。只有解决了这一问题，才能使领导活动运行有充足的动力，才能保证运转的正常，如果没有动力或者动力不足，领导活动是难以运行的，更难维持一定速度的运行。运行动力的问题，主要是动力生发的充足问题。所谓运行动力生发的充足，是指领导活动能生成充足的动力，充分发挥动力的作用。在领导机制建设过程中，要使运行动力生发充足，一是要使领导活动运行与领导活动成员和各个领导群体的需要、价值、利益挂起钩来。只有这样，领导活动运行的参与者才有内在动力。因为需要、价值、利益是领导活动运行参与者的内在动力因素。二是要正确认识和处理领导活动运行过程中各个参与者的利益关系。因为只有领导活动运行所有参与者之间的利益关系得到正确的认识和处理，才能充分地发掘其内在动力。三是特别要注意领导活动运行过程中各种利益矛盾的正确处理。因为只有协调、化解领导活动运行过程中所出现的有关矛盾，参与者的动力才能真正地释放出来。

（四）运行速度领行适中

我们要建立的领导运行机制，在解决了运行方向、运行目标、运行动力的问题以后，就要解决运行速度的领行问题了。因为领导机制有了正确方向导向，有了明确的目标引导，有了充足的动力生发，还要有运行速度的领行问题，只有很好地解决这一问题，才能使运行正常，更有利于实现运行目的。运行速度的问题，主要是领行的问题，是运行的速度要适中的问题。在建立领导机制过程中，使运行速度领行适中，一是要使运行速度要素保持适中的速度；二是领行的速度要以服从最佳的运行效益为标准，在获得最佳运行效益的前提下来考虑加快运行速度；三是领行的速度还要涉及运行态势的平衡和稳定，如果领行速度过快，使领导活动整体运行过快，不仅运行态势颠簸不定，说不定还会使运行脱离正确的轨道，这就产生欲速则不达的后果了。

（五）运行态势维系平稳

我们要建立的领导运行机制，在解决了运行方向、运行目标、运行动力、运行速度以后，就要解决运行态势的问题。因为领导机制有了正确的方向导向，有了明确的目标引导，有了充足的动力生发，有了适中的速度领行，还必须有平衡的态势维系。如果运行态势平稳，这个运行既是正常的也是持久的；如果运行态势是摇摆不定、颠簸起伏的话，这种运行既是不正常的状态，也是难以持久运行下去的，早晚要出大问题；所以，必须要很好地解决运行态势问题。运行态势问题，主要是维系平衡和稳定的问题。在领导机制建立过程中，要使运行态势维系平稳，一是要保持运行政策的连贯性。只有领导活动运行的政策前后一致、左右协调了，才能维持运行态势的平衡和稳定。二是要与时俱进。根据领导活动运行内外环境的变化，根据领导活动的发展，及时适应新情况，及时解决新问题，才能使领导活动运行维持平稳并在平稳中求得发展。

（六）运行效益求取最佳

我们要建立的领导机制，在解决了上述一系列问题以后，还必须解决运行效益的问题。因为领导机制有了正确的方向导向，有了明确的目标引导，有了充足的动力生发，有了适中的速度领行，有了平稳的态势维系，还没有解决这一切都是为了什么的问题，即运行的立足点问题，也就是运行效益问题。运行效益问题，是求取最佳效益的问题。因为只有求取最佳效益，领导活动运行才是良性运行，才是社会得到好处、人民得到益处的运行；如果领导活动运行没有效益，甚至负效益，这种运行有什么意义呢？在领导机制建立过程中，要使运行效益求取最佳，一是要把运行效益作为领导活动运行的出发点和归宿点。在领导机制建立过程中，运行各要素的联结方式的确定，运行过程中各种矛盾的处理等，都要以运行效益为立足点。二是要把运行效益作为评价领导机制的根本标准。三是始终要在谋求最佳运行效益问题上做文章。

**四、领导机制的利用**

认识社会主义领导机制的目的是为了利用它来促进领导活动的发展。为此，各级领导组织和领导者要为社会主义领导机制作用的发挥创造条件。

（一）提高利用领导机制的自觉性

社会主义领导机体要自觉地在正常轨道上运行，很重要的就在于人们自觉地运用领导机制。因为机体运行有其自身规律，而领导规律是看不见摸不着的，但是它总是通过一定的领导机制来表现自己的作用。一定的领导机制是一定的领导规律的作用机制。因此，社会主义领导机体运行的自觉性就在于人们自觉运用领导机制和领导规律。

那么，人们利用领导机制的自觉性表现在哪里呢？如果把领导机制比拟为一架机器的话，机器的操作者对机器的利用正像人们对领导机制的利用。一个机器的操作者对机器利用的自觉程度，一般表现在：通过调节参数来控制机器的运转目标，监督机器运转，排除机器运转过程中可能出现的故障。与此相似，可以认为人们利用领导机制的自觉性表现在：

首先，根据领导规律客观要求，建立领导机体运行的调控参数，并通过参数来调控领导机体的运行。像在经济运行中建立社会总供给与总需求相平衡等参数，针对经济运行过程中总供给与总需求的情况不断地进行调控，使经济运行正常进行。

其次，监督领导机体运行，排除运行过程中可能出现的故障。对领导机体运行实行监督，这是自觉利用领导机制，保证领导机体正常运转的重要内容。1945年7月，毛泽东邀请来延安考察的黄炎培到他家做客，在回答黄炎培提出的如何跳出历史"周期率的支配"的问题时，就提出了"让人民来监督政府"的问题。从我国领导生活的实际来看，要监督领导机体运行，排除运行过程中的障碍，必须注意：

健全监督系统。行政监督、经济监督、技术监督、法律监督的监督机构和监督手段都要健全。只有这样，才能把握住领导活动运行的全过程，及时发现运行过程中出现的问题，采取对策，保证领导活动沿着既定的轨道运行和发展。

完善监督制度。对进行监督的内容和规程做出相应的规定，使监督部门和监督人员依法行事，正确使用权力，遵纪守法，讲究职业道德，发挥监督作用。

认真行使监督职能。执行监督的机关和人员，要掌握领导活动的各种情况，把它们将有关的标准进行比较，及时发现偏差及其产生的原因，督促有关部门和人员纠正偏差,认真按标准行事,保证领导机体的正常运行。

(二)创造领导机制的作用条件

领导机制是社会主义领导活动的调节器。但是,按照机械控制原理,调节装置的功能总是借助传导装置等条件的配合来实现的。同此道理,领导机制调节作用的发挥,也要凭借一定的"传导装置"才能加以实现。领导活动系统的这一"传导装置"则是相应的作用条件。要利用领导机制,就要认识领导机制的作用条件,创造这些条件。

那么,领导机制发挥作用所需要的条件是什么呢?

1. 完善的导向体系

在领导生活中为什么有时产生"左"或"右"的偏向而长时间得不到纠正呢?尽管原因很多,但重要的是领导机制没有发挥正常作用。而领导机制之所以没有发挥作用,是因为不具备导向体系这一条件。领导活动应当以什么为导向,这在本章的第二个问题已论述,它只能以社会主义生产方式为导向。问题是如何建立这个导向体系,根据马克思主义的经济基础决定上层建筑,生产力决定生产关系等原理,一般情况下,领导活动运行的导向体系,应当是以社会生产力的发展和解放来导向经济领导活动,以经济领导活动来导向政治领导活动、文化领导活动等。当然,不同类型的领导活动在不同的历史时期的地位和作用是不一样的,但追本求源,人类的各种领导活动都是为了解放和发展社会生产力,经济领导活动是人类最基本的领导活动。

2. 完善的激励体系

激励对领导活动运行起着重要作用。由于激励就是指运用各种有效手段激发人的热情,调动人的积极性,使其行为朝向组织所期望的目标而努力。因此,由它而产生的人们的积极性、集体的凝聚力、规范秩序的建设等都有利于领导活动目标的实现,促使领导机体正常运行。各级领导组织和领导者要利用领导机制,就要创设激励条件,完善激励体系。完善激励体系的途径主要有:

通过设置富有吸引力且实现可能性大的工作目标,激发人们对正确目标的追求。

通过一定的领导方式、管理方式,不断强化人们对正确目标的追求。诸如,通过思想政治工作,发展人们对组织所期望的目标的追求;通过奖惩等手段,或是巩固人们对正确目标的追求,或是把人们的错误追求引向正确的追求;通过各种外部的环境条件,调节或强化人们的某些思想,引导其追求正确的目标;通过领导者、管理者对人的关心、理解、信任、实行民主领导等,坚定人们对正确目标的追求。

3. 创设竞争环境

各级领导组织和领导者要创设竞争环境，主要包括：

思想理论环境。有相应的思想理论阐明竞争的客观性，论述竞争的社会价值，论述社会主义竞争的特点、原则、道德等，为开展社会主义竞争提供理论依据。

经济环境。大力发展社会主义市场经济，并在此基础上使市场经济固有的平等性、自主性等特点渗透到人们的思想意识之中，使人们直接接受公平竞争的实际锻炼。

政治环境。领导活动法律化，将鼓励竞争、保护竞争的各项政策、措施用法律和制度加以固定下来，保持和发展允许竞争的大环境。

提供竞争条件。活动公开、主体自主、机会平等是形成竞争的必备条件，各级领导组织和领导者，要提高领导活动的开放程度，赋予竞争主体自主权，提供人人平等的机会。

培养竞争者。培养人们的竞争意识，塑造人们的竞争性格，提高人们的竞争能力，使人们敢于参与社会主义竞争，又善于竞争。

4. 完善自我约束体系

要使领导机体运行正常，必须建立起自我约束的体系。这是指领导机体在运行过程中的自定义务、自我执行、自我强制、自我监督、自我检查、自我处理的一系列行为的综合表现。领导机体的自我约束体系主要是包括：上下级相互进行约束；领导者与被领导者相互进行约束；组织与群众相互进行约束；领导活动系统内各部门之间相互进行约束；领导法规约束与社会舆论约束相结合；专门机构行使约束职能与人民群众对领导活动的约束相结合。

# 第九章　领导班子群体结构

在现代社会的领导活动中，随着社会活动的日趋复杂，领导者不仅以个体的形式出现，更多的是以领导者个体所组成的群体形式出现，即以领导班子的形式出现。因此，在领导结构理论中，还有个领导班子的群体结构问题。这就是本章所要讨论的问题。

## 第一节　领导班子群体结构概说

我们研究领导班子群体结构的目的，是如何使其结构优化。在具体研究领导班子群体结构优化之前，我们先讨论领导班子群体结构的一些概念性问题。

### 一、领导班子群体结构的涵义

领导班子群体结构，涉及"领导班子"及其他的结构。

（一）领导班子的涵义

"领导班子"这一概念，产生于我国20世纪50年代末60年代初。当时，党中央提出建设各级党和政府领导班子的问题。最先，"领导班子"是指中国共产党各级组织和中华人民共和国各级政府的领导集体。后来，"领导班子"这一词被广泛沿用，泛指一个组织或团体的领导成员所结合而成的领导集团。

我们在理解领导班子概念的时候，一是要明确它是由各个领导者个体成员所组成；二是要明确它是一个群体，但不是一般群体，而是一个领导群体；三是要明确它是一个形象性的习惯性说法。

（二）领导班子群体结构的定义

由于领导班子是由若干领导成员组成的群体，它就必然有自己的结构。

领导班子的群体结构,是指一个领导班子成员的排列组合方式,或联结方式。

我们在理解领导班子群体结构这一定义的时候,一是要认识领导班子不是由若干成员简单拼凑而成的,而是由若干成员按一定方式排列组合而成的,这就是它的群体结构;二是要认识领导班子群体结构是一种联结方式,而不是指领导班子本身;三是认识领导班子群体结构的结果是产生形成一定的领导集团,没有一定的群体结构,该领导集团就形成不了;四是要认识领导班子群体结构是在一定的时间和条件下的排列组合方式。

**二、领导班子群体结构的特征**

领导班子群体结构与其他群体结构相比,有着自己的特征。

由于群体结构都有整体性、相关性、适应性、目的性和稳定性等特征,所以,领导班子群体结构与之相比,其特征主要是:

(一)整体性更强

领导班子群体结构,是由不同的领导成员个体按一定的方式的相互联结,其结果是形成了一定的结构体。该结构体是个综合体,是各个领导成员个体相互影响、相互作用而形成的一个有机整体。在领导班子群体中,各个个体成员,虽然他们的知识各有高低,年龄各不相同,专业各有长短,能力有强弱,素质有优差,由于按照一定方式联结后,经过科学组合后,他们各有其位,各得其所,各负其责,各司其职,各用其权,各谋其政,各献其能,所以产生强的整体性。由于领导班子群体中,各个个体的素质本来就较优,人们特别关注群体的结构,所以其整体性更强。

(二)相关性更密切

领导班子群体结构中,其相关性主要表现在:一是各个个体成员的素质与领导班子群体素质密切相关。如果把领导班子群体比拟为一架机器的话,那么各个个体成员就是该机器的各个零部件,如同各个零部件的质量会影响整个机器的质量一样,各个个体成员的素质也会影响到领导班子群体素质,特别是关键部位的零部件对机器整体质量关系更密切,领导班子一把手对领导班子群体素质的关系也更为密切。二是领导班子群体结构中,各个个体成员之间的关系更为密切。领导班子群体结构中各个个体成员相互影响、相互作用,这种相互影响和作用,不管是积极的还是消极的,关系都是密切的。因为他们各个个体成员的能量越大,相互之间的影响和作用也越明显。

(三)目的性更鲜明

领导班子群体结构,和任何群体结构一样,都是为着实现特定的目的而相互联结成特定群体的。但是，领导班子群体结构的目的性更鲜明。这种鲜明的目的性主要表现在：一方面，领导班子群体结构的目的，是为了建立高素质的领导班子群体；另一方面，领导班子群体结构，是在实现领导活动特定目的的指导下而构建的。

**（四）适应性要求更高**

领导班子群体结构与任何群体结构一样，必须适应内外环境。因为任何群体都是处在一定环境下的群体。但是，领导班子群体结构的适应性要求更高。一是在一切社会活动中，领导活动最复杂，受内外环境影响最大，所以，对适应性的要求也更高；二是领导班子群体结构关系到领导班子群体的功能，所以，对领导班子群体结构的适应性要求也就很突出。领导班子群体结构的适应性主要表现在：一是领导班子群体结构要适应领导班子群体应当具备的功能的要求；二是领导班子群体结构要不断适应内外环境的发展变化。

### 三、领导班子群体结构的地位

领导班子群体结构在领导活动中处于"关键"位置。因为领导班子群体是领导活动所有群体中最重要的群体，领导班子群体结构是领导活动所有结构中最重要的结构。其"关键"地位主要表现在：

**（一）领导班子群体处在领导活动所有群体的"关键"部位上**

从领导班子群体与领导活动各群体的关系来讲，它是处在领导活动所有群体的"关键"部位上的。从领导活动来讲，它有各种各样的群体，除领导班子群体外，它还有管理群体、操作群体等。在这些群体中领导班子群体处于"关键"位置上。这种"关键"位置主要表现在：

领导班子群体是领导活动其他群体的组建者。一般说来，在领导活动中的各种群体的建立，要靠领导班子群体去进行。从时间上说，是先有领导班子群体，然后才着手领导活动其他群体的组建工作。因为只有先建立了领导班子群体，该领导班子群体才能根据领导活动的目的去考虑需要建立什么样的领导活动群体，如何去建立这些群体，也只有该领导班子群体才能去从事这项工作，这是其有这种职责和权力的原因。

领导班子群体是领导活动其他群体的组织指挥者。领导活动其他群体组建以后，如何开展活动，这要靠领导班子群体去组织指挥。因为这些群体的任务要由领导班子群体来确定，实施方案由领导班子来决策，人力、物力、财力等由领导班子来配备，群体活动开展由领导班子来指挥，相关的关系由领导班子群体来协调发展等，可见，领导班子群体是领导活动其他群体的组织指挥者。

领导班子群体是领导活动其他群体的建设者。领导活动的其他群体是要不断进行建设的。靠谁去建设呢？只能靠领导班子群体。为什么？因为这是领导班子群体的重要职能；因为只有领导班子群体才具有这种资格；因为只有领导班子群体才能根据领导活动的目的和任务来建设这些群体。事实上，正是领导班子群体在对本领导活动的其他群体进行思想上、能力上、作风上各个方面的建设。

（二）领导班子群体结构处在领导结构的"关键"部位上

在领导结构中，有组织结构，有领导体制，有领导机制，有领导班子群体结构等。从领导班子群体结构与领导结构的关系来讲，领导班子群体结构处在领导结构的"关键"部位上。它具体表现在：

领导班子群体结构是领导结构中的"关键"部件。因为领导结构所要产生的很多功能是要由领导班子群体结构来承担生发的。领导结构所要生成的功能，最主要的是正确决策功能和科学实践决策的功能。这两个方面功能的生成，虽然与领导体制、组织结构、领导机制有很大关系，但是最密切的关系是与领导班子群体结构的关系，只有领导班子群体结构优化，才能做出科学的决策，才能科学地去实施决策。

领导班子群体结构与领导结构中的其他结构之间存在着"决定"与"被决定"的关系。因为领导班子群体结构的优化程度如何，直接关系到领导班子群体功能，而领导班子群体结构所产生的功能，又直接关系到领导结构中的其他结构的构建，所以，从这个意义上说领导班子群体结构与领导结构中的其他结构是"决定"与"被决定"的关系。这种关系主要表现在：一是领导班子群体是领导组织、领导体制、领导机制的直接建设者；二是领导班子群体结构优化的程度，直接关系到领导班子群体功能的强弱，而领导班子群体功能的强弱又直接关系到组织结构、领导体制、领导机制结构构建的科学与否及其科学的高低程度。

## 四、领导班子群体结构的作用

领导班子群体结构起着领导班子群体功能的决定作用。领导班子群体功能，一是由领导班子群体的各个个体成员的素质所决定的；二是由领导班子群体结构所决定的。主要还是由领导班子群体结构所决定的。

领导班子群体结构对领导班子群体功能的决定作用主要表现在：

（一）领导班子群体结构决定领导班子群体的形成

领导班子群体功能的产生，是以领导班子群体的形成为前提的。因为没有领导班子群体,根本就没有领导班子群体功能可言。而领导班子群体要能够形成,总要把孤立的分散的各个个体领导成员组成为一个系统,只有这样,才能显现出领导班子群体的性质。为此,就必须把各个分散的孤立的个体成员按一定秩序排列组合起来。这种排列组合的方式,就是结构。可见,领导班子群体结构,是领导班子群体形成的前提。

(二) 领导班子群体结构决定着领导班子群体功能的生成

一个领导班子群体能不能生成一定的功能,是由领导班子群体结构所决定的。因为领导班子群体结构有科学与不科学之分,有合理与不合理之别。只有科学、合理的领导班子群体结构,才谈得上生成领导班子群体功能;不科学、不合理的领导班子群体结构,不能生成领导班子群体功能,其群体功能或者等于零,或者出现负值。这是因为领导班子群体结构不科学、不合理,会使领导班子群体中的各个个体成员之间矛盾迭起,内耗丛生,互相拆台,互相绊足,以邻为壑,不但形成不了整体功能,就是各个个体成员的功能都很难发生作用。可见,领导班子群体结构决定着领导班子群体功能的生成。

(三) 领导班子群体结构决定着领导班子群体功能的强弱

如果说领导班子群体结构是否科学和合理决定着领导班子群体结构功能的生成的话,那么,领导班子群体结构的科学化、合理化程度就决定着领导班子群体功能的强弱。因为一个属于科学合理范畴内的领导班子群体结构,还存在着一个科学化、合理化的程度的问题。一个领导班子群体结构越科学、越合理,该领导班子群体功能就越强;一个领导班子群体结构的科学化、合理化程度越低,那么,该领导班子群体生成的功能就越低。

领导班子群体结构对领导班子群体结构功能的决定作用主要表现在两个方面:一方面,领导班子群体结构科学化、合理化程度越高,决定着该领导班子群体的积极制约作用、协同作用就越强,从而产生强的群体功能;另一方面,领导班子群体结构科学化、合理化程度越高,对各个个体成员的素质提高就越快,而高素质的个体成员对领导班子群体功能也有着重要作用。

(四) 领导班子群体结构决定着领导班子群体的自我建设

领导班子群体功能是要靠领导班子群体的建设来获得的。领导班子群体建设,主要是靠领导班子群体的自我建设,而一个领导班子群体的自我建设与领导班子群体结构是息息相关的。因为领导班子群体结构科学合理,它就可能逐步形成自己的优良传统,就可能形成比较强的自组织能力,在这种情况下,就会使本领导班子群体不断适应内外环境的变化,不断弘扬自己的优秀传统,从而使领导班子群体永远保持着活力,不断生发着应有的功能去开展相应的领导活动。

## 第二节 领导班子群体结构的优化

马克思在《资本论》中曾经生动描述一个骑兵连的进攻力量大于骑兵连单个骑兵分散进攻的力量，他认为一个骑兵连已经具有单个骑兵战士没有的某种新的东西，即"联合具有新的质"。恩格斯指出："许多人协作，许多力量融合为一个总的力量，用马克思的话来说，就造成新的力量，这种力量和它的一个个力量的总和有本质的差别。"

邓小平对领导班子结构问题很重视。他指出，"领导班子就是作战指挥部"，"指挥部不强，作战就没有力量"，"领导班子问题，是关系到党的路线能不能贯彻执行的问题"。① 可见，我们必须重视领导班子群体结构的优化问题。

### 一、领导班子群体结构优化的目的

领导班子群体结构之所以要优化，是为了达到以下的目的：

（一）属性转化

即把领导者个体的属性和功能转化为领导班子群体的属性和功能。

事物发展过程中产生质变有两种情况，一是事物的量的变化发展到了一定的关节点，即事物的量变引起了质变；二是由于事物结构的不同而产生质的不同。为什么事物的结构不同而有不同的质呢？因为结构是整体与部分相互联系、相互作用的中介。无论是自然界还是社会，只有依靠结构这一中介，才能把孤立的诸因素变为一个系统，形成系统的属性和功能；也只有通过结构这一中介，才能使构成整体的要素之间发生量的比例关系的变化，导致整体性能的变化。讲究领导班子群体结构优化，目的就是把领导者个体的属性转化成领导班子的属性和功能。在自然界中，核苷酸不具备储存和传递生物遗传密码的功能，而通过一定的方式把许多核苷酸连接组合后，却形成了具有储存和传递生物遗传密码功能的核酸。在社会现象中同样如此。三国时期，刘备、关羽、张飞，虽各有才干，但只有通过"桃园结义"，按一定的结构联结起来之后，才形成"兴复汉室，统一天下"的领导班子系统。刘备的领导班子形成之后，虽然文有孙乾、糜竺、简雍之辈，武有关、张、赵云之流，但由于结构不合理，缺乏一位运筹帷幄的战略指挥家，最终连一

---

① 《邓小平文选》第 2 卷，人民出版社 1994 年版，第 9 页。

块立足之地都没有,而刘备三顾茅庐得到孔明后,使领导班子的群体结构也相对优化了,领导班子各文武官员的个体属性和功能转化成了群体的属性和功能,"三足鼎立"的局面就是其群体属性和功能的显现。在当前的改革中,由于实行民主选举,废除领导干部终身制,建立行政首长负责制等一系列的改革,提高了领导班子的群体效能,这些都是依靠领导班子群体结构的优化来实现的。

(二) 降低内耗

内耗,是指事物处于某种无序或不协调状态下,其系统内各组成部分之间的作用相互抑制和相互冲突,从而使各种有用力量相互抵消的现象。内耗,其中有种类型叫做结构性内耗,即由于结构不合理而造成的内耗。

造成结构性内耗的原因,一是系统内各要素之间的关联方式不合理;二是组成系统的各要素之间的比例不协调。以经济系统为例,假如作为经济系统要素的企业,相互之间采取等价交换的商品价值联系方式相联结,那么,在横向联系上必然形成专业化、协作化的商业契约性关系,而在纵向上形成主要靠经济杠杆调节的、开放性的富有活力的企业性关系。如果采取无偿调拨的产品实物链方式相联结,那么,在横向联系上就形成"大而全"、"小而全"、高消费、低效益的自然经济型关系,而在纵向关系上则形成主要靠行政命令指挥的权力支配性关系。我国经济体制改革的实践,充分说明了讲究经济系统内各要素之间的关联方式的重要性。如果从系统内部各组成要素之间的比例不协调而产生的内耗方面来说,决策科学中的"木桶理论"很能说明问题。由于木桶的容水量取决于最低的那块木板,所以,其余的木板再长也白费。这里的最短的木板就成为"瓶颈因素",内耗就是由这种"瓶颈因素"造成的结构比例不协调所引起的。在领导班子中,由于其群体结构不合理,就会使摩擦增大,内耗丛生。常说的"一个和尚挑水吃,两个和尚抬水吃,三个和尚没水吃",就是这种状况的典型。因此,研究领导班子群体结构优化的目的,就是减少领导班子的内部摩擦,降低消耗。

(三) 增大整体功能

对于一个领导班子来说,优秀的领导者个体很重要,而整体的最佳组合更为重要。优化的领导班子群体结构,通过领导者个体之间的有效组合,能产生新的功能,使领导班子的整体功能大于个体功能之和。世界足球明星队败在英国联队的脚下一事就足以说明这一问题。那是为庆祝英国足球协会成立100周年,在伦敦温布利体育场举行的一场比赛。世界明星队好手如云,阵容中除马拉多纳、普拉蒂尼外,还包括巴西的最佳进攻型后卫霍西玛尔、苏联的守门员达萨耶夫以及扎瓦罗夫、贝拉诺夫、丹麦的优秀前锋埃尔克耶尔、巴塞罗那队的英格兰著名得分手莱因克、葡萄牙队的名星富特雷等，但由于整体配合较差，以 0 比 3 败北。

研究领导班子群体结构优化的目的，就是要增强其整体功能。因为领导班子群体结构的优化，会产生相应的功能。

互补功能。优化的群体结构，能把各个具有相对优势的领导者个体，按一定的次序、比例、方式组合起来，有利于各个体因子之间互相补充，扬长避短，彼此配合，从而提高领导班子的整体功能。

感应功能。优化的群体结构，能使领导者个体目标一致，同心同德，紧密团结，互相支持，互相帮助。这样，由他们之间互感所产生的健康向上的群体意识，既使每个领导者个体自尊感和集体荣誉感得以提高，又为各领导者个体的成长创造良好的条件，使他们互相促进，互相鼓励，振奋精神，激发出主动性、积极性和创造性。

控制功能。优化的群体结构，会使领导班子成员在共同的领导活动实践中形成共同遵守的道德规范和优良的作风，并以此来调节和控制各领导者个体，使他们能按共同遵守的准则来处理领导者个体之间、个体与群体之间、领导班子群体与社会之间的各种关系，扶正压邪，趋利避害，维护和加强群体的力量。

**二、领导班子群体结构优化的内容**

由于领导班子的群体结构是一个多序列、多层次、多因素的动态综合体，它包括年龄结构、知识结构、专业结构、智能结构、心理结构等，因此其结构优化内容也包括这些结构的优化。

（一）年龄结构优化

年龄结构，是指领导班子中，不同年龄层次的成员的配比组合。年龄结构优化，就是指领导班子中各成员之间的年龄的合理组合。

领导班子为什么需要一个合理的年龄结构呢？一般说来，一个人的年龄不仅是其心理功能的标志，而且也跟其知识、经验、智力水平有一定的联系。因此，合理的年龄结构是关系到领导班子能否保持青春活力、防止老化、维持领导活动继承性，发挥最佳群体效能的重要因素。

不同的年龄区段的干部，有不同的长处和短处，在领导班子中起到不同的作用。不同年龄的人，既有不同的经验，也有不同的职能，有的任务要老年人承担，有的工作则需要中年人或青年人来完成。一般说来，一个领导班子里相对处于老年的成员，经过长期的革命和建设的实际锻炼，有丰富的经验，深谋远虑，善于处理复杂问题，能够应付复杂局面，正是所谓"老马识途"。中年的干部,年富力强,兼有老、青年干部的长处,才干和能力可以得到最佳发挥,起到承前启后的作用,他们是领导班子中的"中流砥柱"。青年干部朝气蓬勃,思维无框框,易于接触和吸收新事物、新观念,创造力强,所谓"奋发有为"。同时,不同年龄段的干部又各有自己的短处。青年人虽然朝气蓬勃,富有创造热情,敢想敢干,但遇事欠深思熟虑。中年人虽各个方面趋于成熟,但做探索性、冒险性的工作也欠锐气。老年人虽久经考验,深谋远虑,但有时缺乏创新精神,思想易偏保守。如果领导班子由同一年龄段的干部组成,呈现平面的年龄结构,就可能出现或者同步老化,精力不济,或者经验太少,处事困难。这样,一个领导班子的成员,各自的长处难以得到发挥,各自的短处也不易得到克服。特别是同一年龄阶段的兄弟辈太多,成员之间互相嫉妒、互相不买账的事情往往比较突出,而在晚辈与长辈之间,更多的则是晚辈对长辈的敬重,长辈对晚辈的爱护,互相嫉妒的情况也比较少。

人才的创造力有一个最佳的年龄区。年龄与智力存在一定的关系。有人统计了1243名科学家,大多数人在30岁左右即开始做出重大发明创造,40岁以内做出了第一次发明创造的占2/3。25～45岁是自然科学工作者创造力最旺盛的时期。现代生理学和心理学研究表明,一个人的年龄与智力有一定的定量关系。知觉最佳的年龄是10～17岁。记忆的最佳年龄是18～29岁,比较和判断能力的最佳年龄是30～49岁。而动作和反应速度最佳年龄是18～29岁。所以,干部的年龄结构应与最佳劳动年龄相适应。特别是领导干部,需要的是组织管理能力和分析判断能力,他的最佳年龄周期是30～49岁,对一些高层次领导知识则需要更长时间去掌握。因此,国外在配备军队和地方干部时,强调降低高层干部的年龄,相应加大基层干部的年龄。

保持领导班子年龄结构的青春活力,是现代社会的共同趋势。由于现代社会活动、规模庞大、结构复杂、因素众多、变化多端,因此,没有高度的科学能力、适应能力、创新能力等,是很难胜任领导工作的。这就要求领导班子在年龄结构上要永葆青春的活力。

领导班子的年龄结构如何优化?根据以上分析,领导班子优化的年龄结构是指:

领导班子的年龄结构要符合领导班子新老交替的客观规律。任何一个领导者,都有从青年、中年到老年的发展过程。一般说来,年愈古稀的人精力显得不足,要适应重负荷的领导工作,往往是力不从心。而党和国家的各项事业又不能间断,有其连续性。因此,领导班子从年龄结构上讲,就要防止青黄不接,后继无人。这样,在领导班子中,就应当让年富力强的中年干部扛大梁，担负主要领导责任，同时，又要培养青年干部，在整体上中青年干部成为主体。

领导班子的年龄结构，应符合"年轻化"要求，年轻化，是指整个领导班子群体的年轻化，实则指平均年龄，而不是指领导班子每个成员都要年轻化，因此，领导班子优化的年龄结构，是指领导班子内不同年龄段的干部有一个适当的比例。这就是毛泽东同志提出的"老中青三结合"，陈云同志提出的梯形结构。那么，领导班子中的老中青干部如何配比呢？学术界对此看法不一。有的主张老中青的比例为 2:5:3；有的则认为 3:5:2；有的则提出 3:3:3；有的看法是，中高层领导班子应中年干部多，老年干部少，青年干部更少，而对基层领导班子来说，则应中年干部多，青年干部少，老年干部更少，等等。尽管这些看法各异，但都认为年龄档次要拉开，中年干部占的比例最大，中青年干部为主体。

领导班子的年龄结构，应与领导层次和职别相适应。这就是说不同层次和职别的领导班子的年龄结构，应根据实际情况，区别对待。从领导层次上讲，层次高的年龄可稍大些，层次低的年龄可相对年轻些。从组织功能上讲，智囊机构应以老干部为主构成；决策机构则以中年干部为主构成；执行机构里青年干部的比例可大一些。

可见，领导班子年龄结构的优化，应当是老中青结合的、以中青年干部为主体的梯形结构。这样的年龄结构的合理性在于，能促进老中青干部各尽所能，取长补短；能使领导班子较好地实现新老交替；能使领导活动既保持相对的稳定性，又保证连续性；能防止领导班子老化，还有利于接班人的培养。

（二）知识结构优化

知识结构优化，是指领导班子中，不同知识面、不同知识水平的成员的合理组合。

领导班子要优化知识结构，是社会科学化的要求。现代社会的科学化程度迅速提高，全社会各个系统和各个领域广泛应用科学技术的最新成果，科学技术的社会职能充分发挥，人们正在学习科技知识，宣传科学思想，提倡科学精神，应用科学方法，一切按科学办事。社会生活与科学越来越不可分离。社会科学化，不仅要求领导者个体具有相应的知识素质，而且要求领导班子具有合理的知识结构。

优化领导班子的知识结构，才能与现代社会成员的文化知识水平相适应。随着社会化大生产的发展，科学技术的发展，社会教育事业的发展，劳动者的知识文化水平日益提高。在现代社会，从事新兴的劳务第三产业和信息第四产业的人员越来越多,在劳动者队伍中,脑力劳动者占的比重日益增大,在劳动者的技能中,科学技术知识含量日益提高,领导班子没有合理的知识结构,要领导这样的被领导者是不大可能的。

领导班子知识结构的优化,是实现领导活动职能的需要。社会化大生产;把社会生产的各个部门、各个行业、各个环节已联结成有机的整体了,社会和经济的发展关系十分密切,科学、技术、生产一体化。在这样的社会里,领导活动所涉及的问题是多方面的,它不仅与社会发展规律有关,也与自然规律有关;不仅与领导活动的一般规律有关,同时与社会主义领导活动的共同规律与基本规律有关,而且与不同类型领导活动的特殊规律有关。这一切都要求领导班子有个合理的知识结构,才能认识和把握规律,进行科学决策,合理地使用人才,出色地行使领导活动的职能。

领导班子知识结构优化,必须注意:

每个领导成员都具有完成本职工作所必须的文化程度和知识水平。一个领导成员对自己所负责的工作没有相应的知识,就很难对发展现状做出科学分析,预见未来的发展,把握其动态,当然也难以做出科学的决策。因此,必须具有相应的文化程度和知识水准。

领导班子应由各种不同知识和不同知识水平的成员按一定比例组成。因为具有相同知识和相近知识水平的成员所组成的领导班子,其知识结构只能是平面结构。平面结构,无波峰也无波谷,只能平面发展,不能开拓发展。而各种不同知识和不同知识水平的成员按一定比例所组成的知识结构是立体结构,有波峰,有波谷,就能产生"能级"的整体效应。

领导班子的知识结构应是通才与专才的适当组合。所谓通才,是指掌握多学科知识,并能运用这些知识审时度势,运筹帷幄。所谓专才,是指对某知识有很强的研究和实行能力的个体人才。在领导班子中,一是要使其个体成员,有的是专才,有的是通才;二是要通过合适的比例把通才与专才组合起来,形成以专才为主体的通专结构。

(三) 专业结构优化

专业结构优化,是指领导班子中具有各类专业知识和专长的成员的合理组合。

任何一个领导班子都有其特定的社会功能。要实现其社会功能,就要使其成员具备相应的专业知识和专长。但是,实现其社会功能所需要的专业知识和专长,并不是领导班子成员中某一个个体所能掌握的,而必须靠领导班子成员的精细分工和领导班子群体的高度综合。特别是在现代社会,社会分工越来越复杂,各种学科不断产生,想由某一个领导者个体掌握繁多的各门学科的专业知识是根本不可能的。因此，任何一个领导班子都必须进行专业结构的优化。

领导班子专业结构优化，可从以下几方面着手：

选拔具有专业知识和专业能力的人才担任党政领导职务。这是领导班子履行领导活动职能的需要。决策、用人等是领导活动的重要职能，而决策者是否能做出科学的决策，与其专业知识和专业能力直接相关，可见，熟悉和精通本行业务是决策科学化的重要条件，同样，只有业务内行的领导者，才能对其下属的工作成绩给予科学的评价，才能根据需要发现和培养人才。

领导班子成员的专业知识和专业能力必须与领导班子的工作结构相一致。要使领导班子的专业结构适应工作需要，一是要根据领导班子所从事领导活动的类型和性质来配备相应专长的领导成员；二是要按领导班子内不同职位的不同职责和不同任务来配备相应专长的领导班子成员；三是把具有某些主要专业知识和专长的领导干部结合在一起。这样，一个领导班子的专业结构就形成了各种专长的有机结合。譬如，政府的行政领导班子，就由懂得工、农、经、贸、理（论）、科学、文化、教育等专门知识和专长的人员组成。一个企业的领导班子，就有熟悉生产技术的人，有善于经营管理的人，有通晓政工人事工作的人，有擅长后勤服务工作的人，等等。

领导班子各成员要按其专业知识和专长合理搭配。领导班子中多种专长成员的搭配，主要是根据党和国家在一定时期的总路线、总任务和领导班子的职责、任务的需要来按比例安排的。由于不同类型领导班子，尽管其具体工作性质有差异，但是一个领导班子内都要由政工、业务、后勤三方面人员组成。所以，领导班子内各种专长成员的搭配，首先是指擅长思想政治工作的成员、精通各种业务的工作人员、善于理财的后勤工作成员的比例。由于我们党和国家的总路线、总任务是进行四个现代化建设，因此，在政工、业务、后勤三方面人员的分配比例中，业务的人员应占较大的比例。一般说来，具有业务专长的成员可占班子成员的1/2，具有政工专长和后勤专长的成员可各占1/4左右。

可见，一个领导班子的专业结构，只要做到内行领导，与领导班子的工作结构相适应，根据"四化"建设和领导班子的职责来配备具有各专长的成员，就是一个优化的结构。

（四）智能结构优化

智能，是一个人在学习、劳动过程中获得知识和知识在运用中形成的能力的统一体，它包括认识能力和运用知识解决问题的能力。一个人的智能结构，是指这些能力的相互结合及其相互关系。领导班子智能结构优化，就是指在领导班子内不同智能类型的领导者个体按照与实际需要相适应的比例构成完整的多功能的智能结构。

一个领导班子,要很好地履行自己的职责,必须具有必备的全部能力。而这些能力,班子中的每个成员不可能都具备,总是各有侧重,各有所长,各有所短,因此,领导班子要获得必备的全部能力,只有靠智能结构的优化来求得解决。

优化领导班子的智能结构,必须进行下列工作:

智能类型齐全。领导班子必须是各种智能类型成员的有机组合。一般认为,领导班子应由具有高超的创造能力的思想家和具有高度组织能力的组织家,高度社交能力的活动家,一步一个脚印的实干家共同组合而成的。这样,在一个领导班子里,有人善于运筹策划,有较高的判断力、想像力、综合力,能够统观全局,提出决策,我们称这种人为思想家;有人善于协调,有较强的指挥力,驾驭力和控制力,能够统驭队伍,组织活动,我们称这种人为组织家;有人善于构筑良好的内外环境,处理好领导的公共关系,我们称这种人为社会活动家;有人善于实施,有较强的实践能力、操作能力和推动能力,身先士卒,以身作则,我们称这种人为实干家。这些思想家、组织家、活动家、实干家的有机组合,就构成功能齐全的领导班子智能结构。

智能对位。这就是按领导班子各成员的智能类型和智能程度,安排在最能施展才能的岗位上。把善于运筹帷幄,统帅全局的成员安排在"帅位"上;把善于组织创新,协调控制的成员,安排在"将位"上;把善于沟通的成员,安排在负责内外联络工作的位置上;把兢兢业业,认真贯彻落实各项决策的成员,安排在执行岗位上。这样,合理安排每个成员,充分发挥每个成员的智能,领导班子完整的多样的智能功能才得以实现。

智能联结。即领导班子要进行不同智能之间的开放联结。一是表现领导班子要及时吸收当代的科学技术,跟踪现代领导活动的发展状态;二是不同智能类型的成员之间要取长补短;三是领导班子智能结构既要保持相对稳定,又要允许个体成员的合理流动,不断调整智能结构。

(五)心理结构优化

这是指领导班子成员之间在气质、性格上的合理组合。

过去,人们在建立和调整领导班子时,往往忽视心理结构的合理化,认为领导干部都是为人民服务的,有一定的觉悟,就可以随便结合在一起。其实,如果领导班子成员的气质、性格搭配不当,同一气质和性格的个体成员组合成一个领导班子。结果,由于气质、性格是"同性相斥"、"异性相吸",领导班子个体成员的气质、性格的消极面往往加以扩大,积极面却加以抑制。譬如，性格外向者在一起，往往争论不休，各不相让，从而使各自的性格更加激烈；性格内向者组合在一起，常常互相推诿，一筹莫展，从而使各自的性格更加怯懦；而在一个气质、性格刚柔并济、动静共存的领导班子里，不仅可以促进各个体成员性格、气质的变化，而且能充分发挥每个成员气质、性格的优势，各展其能，互相制约，产生一种无形的协调效应。而领导班子在其领导活动中需要进行频繁的内部协调和配合，健全的心理结构正是适应了这种客观要求。

领导班子合理的心理结构怎样才能获得呢？

领导班子成员的气质、性格不能整齐划一。在领导班子中，就个体的气质、性格而言，应当既有开朗、活泼、善于交际的人，又有沉着、稳重的人；既有大刀阔斧、雷厉风行、办事果敢的人，又有头脑冷静、细心谨慎、善于谋划的人；既有广采博取的人，又有专深研究的人；既有热情豪放、情绪饱满的人，又有沉稳老练、善于自制的人，等等。如此多种不同气质、性格、脾气、风度的人组成一个领导班子，就能心理互补，心理相容，协调一致。

异向型组合。这是建立领导班子合理的心理结构的基本原则。诸如，内倾型性格与外倾型性格的个体互相组合，活泼型与安静型的个体互相靠拢，性情急躁与沉着冷静、刚直果敢与细微谨慎、泼辣豪爽与宽容柔和互相补充，胆汁质与粘度质、多血质与抑郁质互相配比。在具体做法上，先分析一二把手的个体气质和性格，然后再寻求能与他们产生心理互补、心理相容的其他成员。

刚柔相济，各有侧重。领导班子的心理结构应该是刚柔兼备。因为这样才能长短互补，相辅相成。但是又要刚柔各有侧重，因为只有这样才能适合工作的性质。诸如，军事机关和公、检、法机关的领导班子，他们的工作主要是对付武装敌人和犯罪分子，因此，合理的心理结构，应当是刚柔兼备，以刚为主。相反，对于从事宣传、组织和思想政治工作的领导班子，其心理结构则应刚柔兼备，以柔为主。因为其工作对象是解决党内、干部队伍和人民内部的矛盾，其任务是把党的方针政策变为群众行动，是通过精神文明建设去保证和促进物质文明建设。做这些工作，需要的是以理服人、以情动人和耐心细致。

职位对应性。领导班子的心理结构，应按班子中的不同职位有不同的要求。在任何一个领导班子中，主要的领导者需要具有刚柔兼备，外柔内刚的素质。因为作为一个领导班子的"首脑"，应当具有原则上的坚定性，决策上的果断性，行动上的高效性，敢于承担风险；同时，还应当表现出策略上的灵活性，作风上的民主性，胸怀宽阔，气量宏大。这样的"首脑"，外表像柔软的海绵，骨子里如同钢铁，所谓"柔中有刚"，宜刚则刚，宜柔则柔，刚柔并济，刚柔交替。对不同类型领导班子的主要领导者的心理素质要求也有不同的侧重。对一个工厂的厂长，一般要求具有独立型、意志型等性格，侧重要求果断；对党委书记，一般应具有理智型、内倾型的性格，侧重要求稳重，具有较高的政策水平。

### 三、领导班子群体结构优化的特征

一个优化的领导班子群体结构，有以下特征：

（一）有序性

领导班子群体结构的优化，是一个从无序到有序的逐步发展变化过程。其有序性包含两层意思：一是外延的有序性。主要是指其数量构成、质量配比和关联方式与经济社会发展的相互协调，与领导活动系统相互一致。二是内涵的有序性。这主要是指领导班子内部结构，诸如年龄结构、知识结构、专业结构、智能结构、心理结构的合理化及其内在的有机联系。因此，需要研究领导班子的群体结构动态及其发展趋势，探讨如何及时进行动态调节。

（二）适应性

这是指领导班子的群体结构，能随时适应客观条件的变化和领导活动目标的演进。主要是适应社会主义生产方式发展对领导活动的客观要求；适应四化建设对领导班子的客观要求；适应新的科学技术革命对领导活动的严峻挑战；适应改革开放对领导班子建设的要求；适应领导活动内部环境的变化，等等。针对这些情况，富有远见地采取对策，或有计划地更新领导成员的知识，或适时地更换某个"个体素质"日趋蜕化的"零件"，或及时改变某几个领导成员的排列组合，不断地调整领导班子的群体结构。

（三）互补性

在领导班子的群体结构中，优化就表现为其成员之间有一种相互补充的作用。它包括年龄互补、知识互补、专业互补、心理互补、能力互补，从而形成多边的互补结构。心理学上有一条原理：在完成简单任务时，同质结构的群体效率高，而完成复杂的任务时，异质结构的群体效率高。随着科学技术的发展，能有效解决错综复杂问题的领导班子群体，总是互补协调的。

在选配、调整领导班子时，为收到互补的效果，必须：

正确确定领导班子的成员总数，超编或缺额都会影响其互补作用。

确定领导班子必须具备的若干主要"素质"和"功能"。

根据领导班子必备的主要"素质"和"功能"，着重选择在这些方面具有较好的内在条件的人才,作为该领导班子的"核心"人物。

剖析"核心"人物在个体素质上的长处和不足,并以此确定其他领导成员必备的主要"素质"和"功能"。"核心"人物和其他领导成员之间的主要"素质"和"功能",应该各有所长,互为补充。

根据已确定的内在条件,选择合适的人才,通过一定的配比组合,形成一个互补的领导班子。

总之,领导班子的成员,不仅应该是好人,而且应该是能人;不仅都是能人,而且是各有所能的能人;不仅是各有所能的能人,而且必须有一个综合的能人。这样才能产生互补效应。

(四) 能级相称性

"能级"是现代物理学中的概念。由于原子中的绕核运转的电子只能处于一系列不连续的、分立的稳定状态,这些状态分别具有一定的能量,它们的数值各不相等,把这些状态的能量按大小排列,犹如梯级,所以叫能级。物理学的能级概念,给我们以启示:稳定的结构,并不是均匀而连续的一团混沌,而是具有不同层次、不同能级的复杂系统,在这样的系统中,每个单元根据本身能量的大小而处于不同的地位,以此来保持结构的稳定性和有效性。机构和人都有一个能量问题。能量有大小,也是可以分级的。所谓分级,就是建立一定的秩序、一定的规范、一定的标准。组织结构与组织成员的能级必须相互适应和协调。

在领导班子的群体结构中,根据能级原理,要做到能级相称,必须:一是对不同的领导岗位,有相应的能级要求;二是对领导班子的各个成员能级做到心中有数,安置到与其能级相称的岗位上去,"对号入座";三是领导班子中各成员能级搭配合理。要认真分析不同领导岗位的能级要求,善于判断不同人才的能级差别,进行"职位分类"、"人才分类",做到人事相宜,能级相称。

(五) 自组织性

所谓自组织性,就是领导班子在领导活动实践中,通过不断改善、调节和控制内外条件,促使其群体素质始终保持和领导活动发展相适应,在动态变化中不断实现领导班子群体结构的合理化。具体表现在:

领导班子能及时发现,努力排除影响、妨碍领导班子群体结构合理化的一切外在因素。

领导班子能根据飞速发展的现代化建设的需要,不断向领导班子成员提出新的要求,不断向领导班子群体提出新的要求。

领导班子能为其成员"个体素质"和"群体素质"的提高,创造良好的客观环境。

领导班子能果断地调整个别不出色的领导成员,及时补充新涌现的更加优秀的领导成员。

**四、领导班子群体结构优化的途径**

(一) 从个体向群体转化

即要从着重考虑领导班子成员的个体素质转到着重考虑领导班子的群体素质。

过去,在建立、调整领导班子时,考虑其个体成员的素质多,对各个个体成员组成的领导班子的群体素质如何,考虑得少,甚至忽略了。其实,在现代领导活动中,领导者由个体转向群体有其客观必然性。而一个群体就是一个系统。一个出色的系统,其要素也许不是最优的,然而,各个最优的要素,不一定构成最优的系统。所以,考虑领导班子的群体结构时,不仅要考虑其领导成员的个体素质,更重要的是考虑领导班子成员的有机组合,以及其所产生的群体素质和取得的整体效能。

要着重考虑领导班子的群体素质,首先要树立整体观念,其次,要考虑领导班子成员之间的相互关系,再次,要考察领导班子成员之间的搭配,最后要考察领导班子整体效能的前景。总之,要以"团体冠军"作为指导思想。

(二) 从平面转向立体

在现代社会活动中,由于产业、就业、劳动力、生产组织、生产力布局等结构的重大质变,由平面形式跃升为立体形式,领导活动主体所面对的客观环境是立体的客观环境,因此,对领导班子群体结构的要求已从平面结构转向立体结构,研究领导班子群体结构的优化,就要从平面角度的研究转向立体结构研究。

对领导班子群体结构的优化,要从平面结构研究转向立体结构研究,必须:一是对领导班子的群体结构的研究要从单一化转向多样化,也就是对领导班子群体结构要进行多方面的、多角度的、多层次的研究。二是对领导班子群体结构的思考要从静态转向动态,也就是对领导班子群体结构要进行流动性、择优性、调适性和整体性的研究。三是对领导班子群体结构的思考要从封闭转向开放,也就是对领导班子群体结构要从环境的变化、有序度的增强、输出和输入能力的增大、空间的开拓等方面来进行研究。本书在本章第二个问题谈到的,诸如年龄结构的梯形排列、知识结构的层次状态、专业结构的立体配套、智能结构的综合配置、心理结构的全方位联结,等等,都是立体结构的问题。

（三）从全面转向重点

这就是说对领导班子的各个个体成员的要求，要从全面要求转到因领导岗位不同而有所侧重。因为要实现领导班子群体结构的优化，就必须从领导班子的群体素质要求出发来选配每个个体成员。而领导班子群体中，对不同岗位的领导者个体的素质要求是不一样的，是各有侧重的。

在领导班子群体结构过程中，对其各个个体成员素质要从全面要求转向突出重点，一是要弄清楚领导班子的各个岗位及其相互关系；二是要明确领导班子中各个岗位的职责；三是要规定领导班子中各个岗位人员的素质要求。例如，在一个领导班子中有若干个副职就不宜对其全面要求，而应根据岗位的不同要求有所侧重。对工厂的生产副厂长，一般要求意志型、内倾型性格，侧重要求有较高的知识技术水平和协调能力；对经营副厂长，一般应是情绪型、外倾型性格，侧重要求应变能力和社交能力等。

# 第四篇 领导职能论

领导学必须要回答领导活动是干什么事的问题。为此,我们在研究领导要素、领导结构、领导环节后,就需要进一步研究领导职能,研究领导活动主要做些什么事,为什么这些事是领导活动需要做的,如何来做这些事等问题。

# 第十章 科学决策

领导活动各要素通过各环节按一定的组合方式有机地结合在一起形成现实的领导活动后,它要执管什么呢?这就是领导职能的问题。决策、用人、思想政治工作领导等是领导职能,这是领导原理学所研究的内容。本章讨论科学决策问题。

## 第一节 科学决策的概说

**一、决策的涵义**

(一)决策的定义

决策活动是人类最古老的活动之一,但是,何谓决策?至今并没有一个统一的定义,众说不一。

在汉语中,"决策"一词可以有两种不同的解释:一种是作为名词,可解释为思维劳动的结果,是准备实行的决定;另一种是作为动宾词来解释的,是指从思维到做出决定的过程。在领导活动中的"决策",是针对决策行为来讲的,因而是从后一种涵义上来讨论的。这也反映出"决策"的特定内涵:

决策,总是为了达到一个既定的目标,没有目标,就无从决策;

决策,总是要付诸实施的,不准备实施的决策,是多余的活动;

决策,总是在现有条件下,寻找优化目标和优化地达到目标的途径;

决策,总是在若干个有价值的方案中进行选择。

可见,决策是一种行为活动。它是目标、优化、方案、实施的统一体。因此,我们就可给决策下一个定义:决策,是人们在改造客观世界过程中,寻求并实现某种优化目标的活动。

(二) 决策的分类

根据不同的分类方法，可以对决策做多种不同的分类，从而也就有多种不同的决策类型。

从决策活动的规模和范围来划分，可分为宏观决策、中观决策、微观决策。宏观决策，是指涉及国家、民族或国际性的大事的决策；或是涉及领导活动整体的决策。微观决策，是指某一个具体问题或只涉及某一部门、某一方面的小型决策。介于宏观决策与微观决策之间，某一问题决策既对宏观有影响又对微观有影响的称之为中观决策。

从决策主体的地位和权限来划分，可分为中央决策、地方（或部门）决策、基层决策，或高层决策、中层决策、基层决策。实际上，任何一个领导活动系统都有高、中、低三个层次之分。

从决策的问题性质来划分，可分为常规性决策和非常规性决策。所谓常规性决策，是指日常工作中经常需要解决的一般决策问题，它们以相同或基本相同的形式重复出现，其产生背景、特点及内外有关因素已全部或基本上被决策者所掌握。非常规性决策，是指无先例可循的、具有大量不确定因素的决策活动。

从决策目标涉及的规模和影响程度来划分，可分为战略性决策和战术性决策。所谓战略性决策，主要表现在路线、方针、政策、规划、重大方案的制定，具有全局性和整体性特征。这类决策，通常由组织中的最高领导层来完成。战术决策，主要是以实现战略决策所规定的目标为决策标准的、目标比较单一具体的决策。

从决策目标要求来划分，可分为最优决策和满意决策。所谓最优决策，是追求理想条件下的最优目标的决策。所谓满意决策，是指在现有条件下，有把握地求得一个满意结果的决策。

从决策目标的多少来划分，可分为单目标决策、双目标决策、多目标决策。

从决策主体的人数多少来划分，可分为个人决策和集体决策。

从决策方法的先进程度来划分，可分为经验决策和科学决策。经验决策是指依靠领导者的直觉判断和经验所做出的决策。科学决策，是指以科学思考、科学预测、科学程序、科学方法所做出的决策。

从决策的推行过程来划分，可分为有效决策、备用决策、追踪决策。所谓有效决策，是指从许多为达到同一目标的可以替代的行动方案中，优选出决定实施的决策。决策者所做的第二手准备，以补救第一方案发生意外的决策，称备用决策。根据有效决策的执行情况而对其所做的修正、调整或更新原来的决策目标,称追踪决策。

从决策的条件和后果来划分,可分为确定型决策、风险型决策、不确定型决策、竞争型决策。存在一个确定的自然状态,不同方案在确定状态下的损益值可以计算出来的决策,叫确定型决策。存在着两个或两个以上的自然状态,不同方案在不同的自然状态下的损益值大致可以计算出来;在几种不同的自然状态中,未来究竟出现哪一种自然状态,决策者不能肯定,但各种自然状态出现的概率可以估计出来的这种决策,称风险型决策。在风险型决策的条件下,当各种自然状态出现的概率无法加以预测时所做出的决策,就是不确定型决策。竞争型决策,是指对有竞争对手存在的问题所做出的决策。

(三)决策的基本属性

我们要正确理解决策,还必须把握它的自我规定性,以把它与其他概念相区别。

超前性。决策总是立足现实、面向未来的一项活动。决策的指向是未来,表明人们对未来的状态、未来的发展的规划和争取。

选择性。由于未来的发展和存在是有着多种可能性的,因此,决策就是从多种可能性中选择一种。由于把可能性变为现实性,存在着多种方案,故决策也就是从多种方案中选择一种方案。可见,选择性是决策活动与其他活动相区别的一个特性。

优化性。决策要对各种可能性,各种方案进行选择,那么,决策选择应以优化为标准。这里的优化有两种涵义:一是在各种方案、各种可能性中选择最好的;一是选择最现实可行的。可见,优化性是决策活动的突出特性。

## 二、决策是领导活动的基本职能

决策是领导活动的基本职能。这是因为:

(一)事物发展的多种可能性决定领导活动的决策职能

我们知道任何事物的发展变化,都有它的内在根据和外部条件。由于事物的内在要素及其相互关系在不断发展变化,事物所处的外部环境及事物与环境之间的关系也在不断发展变化,因此,事物的现实发展、内在根据和外部条件决定着其发展存在着多种可能性。面对这多种可能性,领导活动成员总要进行思考和选择,总要从未来的多种可能性中选择一种。这里就存在着按什么样的方针、策略进行选择的问题,存在着如何去实践的问题等,这都涉及决策的问题。

**（二）领导活动的基本内涵决定了它的决策职能**

前面我们分析了领导活动是某人或集团引导另外一些人或集团朝一定目标前进的活动过程。因此，朝什么目标前进，需要做出决策。确立目标后，又要对如何更快更好地实现目标做出相应的决策，以有效地实施决策。在实施决策过程中，还要根据内外条件的变化和人们认识的深化，不断修正和完善决策。可见，领导活动过程，是一个制定决策和实施决策的过程，决策也就成为领导活动的基本职能。

**（三）领导者在领导活动中的地位决定了领导活动的决策职能**

领导者在领导活动中肩负着率领被领导者前进的职责，这就要求方向正确，目标对头，途径有效，方法高明。这些都跟决策息息相关，都跟领导者针对未来要发生的事情，考虑做什么、何时做、在何地做、如何做、由谁做等，直至最后做出决定有关。事实上，领导者在领导活动中，是根据获取的信息，不断地思考、判断，做出各种决策，并不断发出指令，组织和采取各种行动实施各种决策，处于决策者的地位。领导活动的决策职能，是领导者的决策地位所决定的，也是领导者的决策活动的现实反映。

### 三、决策关系着事业的兴衰成败

任何一个组织，大至国家，小至工厂企业，其领导活动都有各种各样的决策。实践证明，决策关系着事业的兴衰成败。因为：

**（一）决策时时刻刻都在影响着领导活动**

任何一项领导活动，都要制定相应的路线、方针、政策，为此，要做出这方面的决策；任何一种领导活动，总是要有各级组织和广大成员活动在其中，对此，在组织、人员方面要做出决策；对领导活动的目标方向、实现目标的途径、方式、方法等都要做出相应的决策。从领导活动的整个过程来看，开始阶段要进行决策；发展阶段也同样要进行决策；某项领导活动任务完成后，又要对领导活动的新任务做出新的决策。可见，决策在领导活动中，无时不在，无处不有。因此，决策正确与否，始终影响着领导活动的各个方面。

**（二）决策规定着领导活动的目标和方向**

决策规定着领导活动的目标和方向。因为：

决策是对未来事物所做出的决定，因此，它为领导活动确定了发展路线，指出了今后的发展方向；

价值观是领导活动的决定因素，因此，受价值观所制约的决策，也就规范着领导活动成员的行为，即行动方向；

决策是寻求或实现某种优化目标的活动，因此，它是领导活动组织及其成员工作的依据，控制着领导活动的进程和发展变化；

决策指出了一种领导活动在一定时间和空间范围内所要达到的未来状况，因此，它是判断组织和成员活动的合法性的法规依据，是衡量其效率和效果的准绳，是左右着领导活动是非曲直的标准。

在领导活动中，目标和方向至关重要，如果方向端正，目标准确，领导活动就会如愿以偿，否则就会导致严重的后果。

（三）决策制约着领导活动是否按客观规律办事

领导活动决策的做出需要考虑一系列因素，领导活动决策的实施也是在一系列条件之下进行的。如果决策者在决策过程中所做出的决策，是在掌握必要信息的基础上，对与决策相关的内部、外部和限制性因素及其相互关系做了充分的正确的分析的基础上，那么，其决策是反映客观规律要求的，人们以此来指导领导活动，就能遵循客观规律要求；反之，则是盲目的决策，人们以此来指导领导活动，就违背了客观规律。

（四）决策影响到领导活动的战略性问题

前面谈到决策有宏观决策、中观决策、微观决策之分。一个国家、一个地区、一个部门、一个单位的领导活动，在决策中都有相应的宏观决策。宏观决策关系到较大范围的带战略性的问题。这类问题影响面大、时效性长。如果领导者决策对了，那么，事业的成功就迈开了第一步；反之，决策的失误，则是全局性的错误和损失。

## 第二节 决策科学化

万里同志在全国软科学大会上提出了决策的科学化、民主化问题。这既是针对我国领导活动在行使决策职能时提出的切中要害的问题，也是触及到领导学的重大理论问题。决策，首先要科学，领导者必须要按决策科学化的要求办事。

### 一、决策标准的科学化

要实现决策科学化，首先要明确什么是科学的决策？一般说来，符合以下条件的决策，才算是科学的决策。

（一）决策应有明确而正确的目标

任何决策都是为了解决问题，都是有的放矢的，所以都有要实现的目标。但是，这个目标是正确还是错误，是明确还是不明确，是自觉确立的还是不自觉确立的，就大有文章可做了。如果决策目标不明确，或决策目标不正确，再好的决策方案也是徒然。按错误的决策目标做出"最好"的决策，可能是最坏的决策。因此，确定明确而正确的决策目标，是科学决策最根本的标准。

（二）决策执行结果能够实现确定的决策目标

有了正确的决策目标之后，就得拟定出实现该目标的措施，这就是决策方案。决策方案好与坏、优与劣，应当看它能否实现确定的决策目标。如果拟定的方案与决策的目标背道而驰，它不但达不到目标，反而离目标更远；如果方案实施后不能解决问题，这种决策无济于事；只有能够达到决策目标的方案才是有效的、可行的决策方案。

（三）实现决策目标所花的代价要小

实现决策目标要花费一定的代价。关键是要付出多大的代价。由于人类的资源是有限的，有限的资源要用来从事各个方面的建设，因此，决策方案实施所需耗费的人力、物力、财力、时间等，应当是最低限度的。如果没有选择代价最小的最好方案，应被看成是不科学的决策。

（四）决策执行后所产生的副作用要尽量小

由于客观事物存在着错综复杂的联系，决策方案执行后，除了能达到期望的目标以外，还会对其他方面产生影响，其中有些属于不好的影响，即副作用。副作用有时是难以避免的，但是，应当尽可能小，至少不应出现严重的副作用。由于副作用同决策目标没有直接联系，又难以全面估计，特别有的是间接影响，或者是间接影响的间接影响，即所谓"二级"、"三级"影响，因此，千万不能忽视，以免造成严重后果。可见，把减少副作用作为科学决策的标准是十分重要的。

明确了什么是科学的决策，才能实现决策的科学化。

**二、决策体制的科学化**

实现决策科学化的一个重要条件，是要具备有效的决策体制。所谓决策体制，是指决策赖以进行的各组织机构的联结形式。从现代社会发展的要求来看，健全的决策体制，一般包括决策信息系统、决策智囊参谋系统、决策中枢系统、决策执行系统、决策监督系统。

（一）决策信息系统

这是指为领导活动提供决策信息的系统。它是由专职人员、设备及有关程序构成的从事信息处理的综合机构。

信息是领导活动决策的基础，因此，需要有收集、加工处理信息的专门机构。

决策信息系统向决策主体及智囊参谋机构负责，其主要任务是收集、加工处理领导决策所需要的各种信息，为领导决策提供及时、准确、全面、适用的信息。

决策信息系统要采取多种形式为决策服务。诸如，采用对现实情况进行书面反映的文献报导形式，为领导者提供与决策相关的信息；采用以介绍国内外各种理论研究成果的学术理论传播形式，为决策者的学习和参考提供信息；采用以提供相关政策、法规、上级领导有关讲话、决定、指示为主要内容的决策支持形式，为决策者决策前后各阶段直接提供服务的信息；采用以利用大量的系列化信息的咨询参考形式，为决策者决策提供回顾历史、总结经验、考证源流、辨别真伪、释疑解难等的信息，等等。

### （二）决策智囊参谋系统

在现代领导活动中，决策过程中所涉及的问题是多方面的，不仅单凭领导者的能力难以胜任，而且光靠本系统、本行业的专家也感到势单力薄，需要多学科、多方面的专家，集思广益，共同努力，才能解决问题。这就需要建立专门为决策者提供辅助决策服务的智囊参谋系统。它的主要任务是：

研究决策议题。根据本部门本单位的实际和决策的要求，确定一些与单位决策有关的重大课题进行调查研究；或根据接受某项决策进行咨询的委托任务，对此项决策议题进行研究与分析。智囊参谋人员要采取各种方法和手段，从不同的层次、不同的角度、不同的侧面出发，对决策议题进行系统的研究，摸清影响决策的制约因素，分析决策的内容、形式和后果。

提供方案。智囊参谋人员在对决策议题进行研究的基础上，要提出一系列方案。对这些方案，要有论证，要提出依据，要有与方案有关的各种数据、情况、背景等方面的资料，要有利弊的分析等。

进行预测。智囊参谋人员对领导者思考的决策问题，或决策者现时还没有来得思考，没有仔细思考的与决策相关的问题，要进行预测，要为决策者提供预测的结果和趋势分析。

开展咨询。智囊参谋人员要成为领导者的"思想库"，还要进行咨询。一方面，可以根据领导者、管理者的需要，为他们定期不定期地传播必要的有关知识；另一方面，经常地用自己积累的资料和信息，向领导者提供服务；另外，在决策过程的各个阶段，要为领导者释疑解难。

智囊参谋系统的组织形式，从我国现在的情况来看，有决策科学研究机构、政策研究机构、咨询服务公司、工程总体设计部、专家顾问委员会等。

### (三) 决策中枢系统

这是指对决策方案做出最后决断的系统。它包括决策主体和决策职能机构。

决策中枢系统的主要任务,是根据智囊参谋系统和信息系统提供的可行性方案和有关信息,以优化为目的,进行选择决断。其主要工作是:

方案论证。这项工作由主管业务部门组织,根据不同的决策内容,聘请有关的专家参加,召开论证会议,对提出的几种方案进行分析、比较和择优的讨论,为决策主体的最后抉择进行初选。

形成决策。决策主体对提供的各种方案和初选方案进一步进行系统论证和逻辑推理,反复权衡和对比利弊得失,从中优选出有效的决策方案。

### (四) 决策执行系统

这是决策的实施机构。它的主要任务是贯彻执行决策中枢系统的各项决策指令,实现预期的决策目标。具体说来,其任务包括:

组织实施决策。决策执行机构,要根据决策指令和系统的内外环境,提出决策实施计划;挑选和确定决策的执行者,下达任务。

实施决策指令。按照科学的严密的工作程序,启动整个执行系统,高效地、不折不扣地实施决策中枢系统发出的决策指令。

反馈信息。指及时地把实际执行决策过程中的各种情况反映到决策者及智囊参谋人员那里,使之成为检验既定决策方案正确性和追踪决策的依据。

协调执行行为。对偏离决策的各种因素,通过单位内部的协调、上下级之间的协调、本单位与协作单位之间的协调等来加以克服,使决策有秩序地实施。

### (五) 决策监督系统

在决策的决断和执行过程中,常会有各种因素的干扰,使决策活动偏离正常的轨道,为此,就要靠监督来加以保障。因此,有效的决策体制,还包括决策监督系统。这是决策实施的保障机构。它包括专门的纪检、审计、司法、舆论等部门。

决策监督系统的任务,是对决策活动的情况进行监督,以保证决策活动的正常开展。其具体的工作是:

监视。考察、了解领导活动各级组织和广大领导活动成员,特别是领导者和决策执行机构,对各项决策的决断和决策指令的贯彻执行情况,看其是否符合党和国家的政策、法令和有关规定,是否符合决策指令的目标和要求,及时发现偏差,查明原因。

督促。催促有关的组织和领导者,根据领导活动的有关方针、政策、决策指令、法令、标准来对照、检查有关的决策活动情况,发现偏差,检查偏差,弄清原因,采取措施消除偏差。

疏导。运用领导活动的有关政策、法令等教育领导活动成员,做思想政治工作,调动人们的决策活动积极性;通过对决策活动全过程的监督,取得有关资料,作为进一步教育领导活动成员的材料,并以此完善监督的规章制度。

### 三、决策程序的科学化

决策科学化,必须按科学的决策程序办事。

#### (一)发现问题

任何决策,都是从发现和提出问题开始的。所以,发现问题是决策的第一个程序。

所谓问题,是指应该或可能达到的状况同现实状况之间存在的差距。决策活动在发现问题这个程序中,应做到:

确认问题。确认有没有问题和问题在哪里。要确认问题,就要知道实际状态。期望状态,指发现问题和判断问题的标准,或是由国家政策法令、规章制度、任务要求等方面明确确定的,或是属于社会道德与文化价值之类的精神准则,有时还包括决策者的希望和理想;差距,即期望状态与实际状态对比的结果。但是,不是任何差距都是问题,只是"需要缩小或消灭的差距"才构成问题。因此,在确认问题时,要看差距的大小是否超过允许的限度,要估计差距继续扩展的趋势如何,要看差距的影响。

界定问题。就是准确查明差距的真相、程度及其所发生的时间和地点,把问题的范围和界线弄清楚。它包括什么是偏差?何处出现偏差?何时产生偏差?偏差的范围和程度大小等。

寻找原因。分析问题产生的主客观原因,主次因素,直接原因和间接原因,对问题产生的原因做纵向分析和横向剖析。

领导者在这一程序中要积极地发现矛盾,确认问题,把握问题的性质。因为领导者不仅负有决策之责;而且统观全局,易于找出问题的关键所在;同时,即使是下属或专家发现了问题,也必须最后经领导者确认才构成决策的起点。因此,现代领导者的水平,不仅表现在他自己能出多少主意,更主要的是看他能不能及时发现问题,抓住重大的要害问题。

#### (二)确定目标

问题发现后,就要确定目标。这是决策程序的第二步。

所谓目标,是指在一定条件下,根据需要和可能,在预测基础上所希望达到的结果。简要地说，就是解决问题所要达到的结果。这一程序中的工作主要是：

根据一定的原则来确立目标。一般说来，应根据下列原则来确定目标：

需要性原则。即确定的目标对组织来说是必要的，能满足解决问题的需要，该目标实现后能使本组织获得发展。

可行性原则。即确立的目标要建立在内部和外部条件的扎实、可靠的基础之上。

合理性原则。即所定的目标是先进合理的，既有一定的难度，又是经过努力后可以达到的；所定的目标是能使本组织扬长避短、发挥优势的；所定的目标是与党和国家宪法、法律、方针、政策等不相抵触的。

弹性原则。即确定目标时是留有余地的，这样使本组织在不断变化的环境和无法预测的偶然事件面前不致陷入被动。

根据一定的标准来检验决策目标。决策目标确定后，合适与否，必须进行检验。人们通过一定的标准来判断确定的目标是否合适。这一标准，人们称之为检验准则，或价值判断、价值准则，其内容是：

目标的针对性。即决策目标是否有的放矢，是否针对存在的问题，是否切中问题的要害，是否选中解决问题的突破口，是否找到了发展的最好时机。

目标的具体性。即目标的词义表达是否清晰，只有一种理解；是否有衡量目标达到的标准，诸如规定明确的数量界限、时间界限、责任界限；是否有目标分解的办法。

目标的系统性。即目标是否反映了上下左右各方面的需要；是否反映了客观事物的相互联系；目标实现是否有利于其他事物的发展，减少副作用的产生。

目标的现实性。即目标是否反映了决策的背景；是否反映了约束条件；是否有实现的现实可能性。

在这一阶段中，领导者要特别注意：决策目标的确立必须建立在需要和可能相平衡的基础上；必须统筹考虑决策目标；必须掌握恰当的决策目标所应具备的条件。

决策目标一经确定，就为决策标明了方向，为决策方案的选择提供了衡量标准，为决策实施的控制提供了依据。

（三）拟制方案

这是指拟制达到决策目标的行动方案。它是决策的基础。要把方案拟制好，必须把握住拟制方案的原则。拟制方案应遵守的原则有：

多方案原则。实现一个决策目标的途径总是多种多样的，什么途径最有效，必须通过比较。而要比较各方案的优与劣，就要拟定一定数量和质量的方案为前提。所以要拟定出包括高、中、低速发展的方案和赞成、反对、弃权方案等在内的各种方案。

齐全性和排斥性相统一的原则。即所拟定的方案满足整体上的齐全性和个体上的排斥性。整体上的齐全，是指应把所有可能的方案全部拟创出来，不得有遗漏。个体上的排斥性，是指各个方案之间应有原则差异，有各自独立的内容，不发生相互重复或相互包含的状态。

约束原则。拟制的方案，必须在约束性因素的限制下进行。约束性因素，诸如党的路线、方针、政策，国家的制度、法令，各种社会条件，各种物质条件，本组织的实力和弱点等。

把握拟制方案的形式。拟制方案的形式有多种，诸如：仿照他人或自己过去制定过的方案的仿照式；把有关既定材料或相关方案综合成新方案的综合式；从目的和条件出发沿着相关联系逐步寻求实现目的的最佳手段、途径和方法的目的推导式，等等。

把握拟定方案的过程。一般说来，简单的决策问题可以直接设想出多种方案，如果决策复杂的问题，就需要把握拟定方案的过程。首先进行轮廓设想，利用逻辑方法、预测法等，从不同角度和多种途径大胆设想出各种各样的可能方案。其次是进行细部设计，将粗线条的方案具体化，加以充实，严密论证，细细推敲。

在这一阶段中，领导者不仅要把握住拟制方案的原则，同时要使决策方案具有创造性。

（四）优选方案

这里指从拟制的方案中选择一个最佳的方案。它是决策的关键性阶段。其过程包括：

1. 方案分析。这是指采用一定的方式方法，对已经拟定的可行性方案进行分析评估，进一步认识各方案的利弊。方案分析，着重对方案从以下几个方面进行分析：

效益分析。分析各个方案实施后可能产生的效益，包括目标效益、社会效益、智力投入效益等。

危害分析。分析各方案实施后可能给本组织或社会带来的危害。

实施条件分析。考察是否具备实施方案的条件，估计方案在实施过程中客观条件的可能变化，估计在各种客观条件下方案实施的预期效果。

敏感度分析。考察各方案在实施过程中，如果遇到意外或反常情况时所能承受的震荡程度。

防范分析。即在方案分析时，不仅对方案执行后出现问题的可能性进行估计；而且对可能出现的问题的不良后果进行分析；同时对每个可能出现的问题的原因进行研究；还要看方案是否制定措施防止副作用的产生，是否准备应急措施，供危险问题万一发生时采用，以便使问题出现时所引起的危害减至最小。

2. 方案选择。在方案分析的基础上，按一定的标准和方法对方案进行选择。选择方案的标准有客观标准和主观标准之分。

客观标准包括：目标标准——从方案是否能满足目标的要求来进行选择；利害标准——从方案的效益高低和危害大小，风险程度进行选择；适应性标准——从方案实施后对环境变化和意外事态的干扰的适应性来进行选择；公共关系标准——从方案实施后是否有利于本组织良好形象的树立和声誉的提高的角度来进行选择。

主观标准，是根据决策者的主观需要和动机而确定的不同方案的选择标准。诸如，是按最理想的结果还是按满意的结果来作为选择标准；是按最乐观的可能，还是按最悲观的可能，或是按折中的可能作为选择标准，等等。

在方案优选阶段，领导者要全力以赴，集思广益，权衡利弊，冷静思考，或择优选出满意的方案，或从预选的方案中综合出一个新的方案。

（五）试验与修正

当决策方案选定后，大都有必要进行局部试验，以验证选定了的方案运行的可靠性，以便对决策方案进一步修正完善。

在这一阶段，领导者必须注意：试验点必须选择在全局中具有典型性条件的地方；试验必须严格按决策方案实施；要避免各种人为因素对试验的干扰；要抓好试验的信息反馈和总结工作，以便于验证方案和修正、完善方案。

### 四、决策思考原则的科学化

决策，是从思维到做出决定的全过程。因此，要实现决策的科学化，必须要做到思考原则的科学化。为此，要树立正确的思考原则。

（一）"根据"思考原则

即领导者在进行决策活动时，一定要考虑根据什么来对事物做出某种决定。

由于决策是主观对客观的认识，因此，决策者的决策应建立在对组织内部条件和外部环境的充分认识的基础之上，为此，决策者应根据本组织的发展和外部环境特点来做出各种决定。

"根据"思考原则，首先是要根据自己单位的内部条件来做决策。内部条件一般是指本单位的人力、物力、财力、组织和技术条件。诸如人员的素质水平；物资的装备水平；财力的充足程度；组织的经营管理水平、实力和弱点、发展的问题和关键；科学技术的先进水平，信息手段的发达程度，等等。这些都是决策者决策的基本依据。决策者要仔细分析研究这些条件，才能做出推动本单位发展的正确决策。

"根据"思考原则，还要根据自己单位的外部环境来做出决策。一个单位处在一定的经济、技术、社会、文化、法律、政治等外部条件之中，决策者应根据自己单位所处的环境特点及其变动状态来进行决策，特别是要根据外部环境对自己单位的供应、市场、竞争、资源和技术等方面所产生的直接和间接的影响来进行决策。

"根据"思考原则，还要根据内外条件之间的关系及其变化趋势来做出决策。领导者只有从内外条件之间的关系中，认识社会的需要及其发展进程，认识各种限制性因素及其影响程度，在内外条件平衡、需求与限制平衡的情况下，才能做出正确的符合客观规律要求的决策。

（二）"风险"思考原则

风险，是指由于事物发展的不确定性、不稳定性，从而有遭受挫折、失败等危险的可能。在领导决策中的"风险"思考原则，就是指领导者在决策活动中，要充分考虑到出现挫折、损失、失败等危险的可能。

决策者要遵循"风险"思考原则进行决策，必须做到：

认识风险的客观性。在决策活动中，风险是客观存在的。因为，事物的发展有多种可能性，人们对许多可能出现的各种危险难以预料和防止；我们发展社会主义商品经济，建立社会主义市场经济体制，处于市场经济体制中的商品生产经营者，总要承担投资与消费、亏损和破产的风险；我们进行的各项改革事业十分复杂，受到诸多随机因素的影响，同样是带有风险的事业；决策与创新是紧密相连的，而任何创新总是伴随着风险的。因此，各级领导组织和领导者，对我们的领导工作，对自己从事的事业可能遇到的风浪、危险应当有一种清醒的认识和思想准备，敢于承担风险。

认识风险与机遇、收益之间的关系。对一般人来说，对于有风险的事情总是离得越远越好，似乎风险与机遇、收益是对立的。事实上，风险与机遇、收益是对立的统一。因为，由于风险大，人们往往望而却步，所以敢于冒险的人往往得益也大，有风险才能得益；由于风险来自事物发展的多种可能性，敢于冒险，往往就获取了自己发展的最好机遇，大受其益；由于冒险意味着勇气和魄力，而机会和收益都是对人们勇于探索、勇于实践的报偿；由于冒险就要承担风险；人们不免要产生危机感和紧迫感，面临的压力会使人居安思危，变压力为动力，促使人们去承担风险责任，去化险为夷。可见，风险与收益、动力、责任、机会是统一的。

化险为夷。决策者在做风险决策的同时，必须要思考化险为夷的对策。诸如，对风险性决策要有预防、应急的措施；要做不间断的追踪决策；要充分运用各种主客观条件，增强风险的转化力；要留有余地，采取保险手段等。

（三）"理智"思考原则

"理智"与"情感"相对而言，是指在决策过程中，不能感情用事，必须理智地处理问题。

决策活动，是在人们的感情推动下完成的。但是，决策者要控制感情，不能感情用事。因为从人们对自己行为的控制能力来看，单凭感情用事，会破坏人们健全的思维能力，情绪冲动性增大，会降低自我控制的能力，难以理智地处理问题；从人们的认识能力来看，当一个人的某种感情大发时，往往只考虑与此有关的问题，认识范围受其局限而大为缩小，往往不能正确评价自己行动的意义和所带来的后果，难以全面考虑问题和慎重权衡利弊得失，容易轻率从事，做出完全错误的决策，或干出不自量力的蠢事。

"理智"思考原则，要求决策者在决策过程中做到：

开拓决策的新视野。决策者在决策过程中跳出个人或小团体的狭隘视野，把自己所要决定的问题放到领导活动整个系统中来考虑，乃至与整个社会的领导活动联系起来考虑，这样就不是在一些琐碎细小的事情上转来转去了，而是着眼于大局和整体，关注大事，从而摆脱了琐事诱发的个人情感，提高了自己在决策活动中的理智程度。

正确确定决策的价值。在决策过程中，为什么有的人情绪大发，而有的人却始终表现得很理智呢？这其中就涉及对决策价值的确定问题。对决策价值的确定，实际上是客体与主体之间的一种价值关系。这里关键是决策者不能把自己个人或决策集团理解为主体，这个主体应当是本单位、本部门或社会，或广大的人民群众。如果从这一角度来理解客体功能对主体需要的满足的话，就容易确定决策的价值。从而学会控制自己的情绪。决策者应当采取各种方式控制自己的情绪，使之保持在平稳或适中的状态，既不过度喜悦，也不因忧虑、急躁而使自己失去理智。

（四）"创新"思考原则

在领导活动环境剧烈变动面前，在竞争对手咄咄逼人的情况下，领导活动要图进取，必须要创新。而领导活动创新，首先表现在决策的创新上。因此，"创新"是决策的重要思考原则。

创新，就是在决策中采用新的思想，使用新的方法，产生新的方案，等等。领导决策创新思考原则的要求是：

激发群体创新精神。决策，是在群体精神指导下进行的。领导活动的目的、使命、价值观念等，都是领导活动群体精神的表现。决策创新，首先就要在群体精神上创新，在目的意识、使命意识、价值观念等思想上都要进行变革。

善于捕捉时机。决策本身有个时机问题，时机捕捉到了，就得到了创新的机会。因此，决策者在决策中一是要先，二是要快，三是要掌握"火候"，"不到火候不揭锅"，以赢得时间，把握尺度，取得主动。

讲究谋略运筹。在激烈竞争的领导活动环境面前，决策创新往往就在谋略运筹之中萌发，在立谋、施谋活动中实现。在领导决策中，不讲究谋划运筹，不善于进行谋略活动，是很难实现决策创新的。

## 第三节 决策民主化

要实现科学决策，不仅要决策科学化，而且要决策民主化，要把决策的民主化同科学化结合起来，统一起来。

### 一、决策民主化的标准

在领导活动中要实现决策民主化，首先要明确什么是决策民主化？达到什么样状态的决策才算是民主化的，这就需要确立决策民主化的正确标准。

决策民主化的标准，是人们主观确立的，但绝不是人们主观随意确立的。在社会主义国家里，决策民主化的标准，应该是社会主义民主在决策活动中的正确反映。从这一认识出发，我们就可以正确确立决策民主化的标准。

（一）决策要体现人民群众的利益

无产阶级民主思想中的"民"，指的是广大人民群众。无产阶级民主观的"民主"，首先是指国家的国体，即国家的性质。我们的国家是人民民主专政的国家，具有人民当家作主的性质。人民当家作主，就是人民按照自己的意志和利益进行统治、治理国家。因此，决策民主化，就要保证人民群众的意志和基本利益在决策中得到切实的体现。这是决策民主化的根本标准。

## (二) 国家事务由各级人民代表大会直接或间接作出决定

无产阶级民主，不仅指国体，而且指政体。即人民当家作主的权力，是通过国家政权的组织形式来加以保障和实现的。我们国家是采取人民代表大会制来保障和实现人民当家作主权力的。因此，在决策活动中，是否通过各级人民代表大会直接或间接地对国家事务作出决定，就成为决策民主化的重要标准。

## (三) 决策活动要充分发挥人民群众的主人翁作用

无产阶级民主，把人民群众置于主人翁的地位，肯定了人民群众的主人翁作用。因此，决策民主化，就要充分发挥人民群众在决策活动中的主人翁作用，使广大人民群众参与决策，管理决策，监督决策。

## (四) 决策活动要全面贯彻民主集中制原则

无产阶级民主的重要内容之一，就是实行民主集中制原则。它对议审规则、议事程序、工作方法等，都有相应的规定。因此，决策民主化，就要在决策活动中全面贯彻民主集中制原则，建立和执行与无产阶级民主相符合的决策制度，形成对决策实行民主监督的机制。

## (五) 决策主体要有民主决策的领导作风

民主作风，是指各级领导者办事民主的状态。它虽然不是国家制度意义上的民主，但是，它不仅反映了个人民主价值取向问题，而且直接关系到民主制度的执行问题，因此，它是个人特别是普通群众心目中民主的重要内容，是社会民主化程度的标志之一。因而，决策主体在决策活动中是否有民主决策的领导作用，也就成为决策民主化的一个标准。如果决策主体在决策活动中联系群众，善于听取各种意见，自觉按民主要求进行决策，乐于接受民主监督，就表明了其具有民主决策的领导作风。

### 二、决策活动民主化

决策活动民主化，指在整个决策过程中，决策者能按民主制度办事，发挥民主作风，充分发挥人民群众的主人翁作用，实现人民当家作主。

## (一) 防止与民主化相悖的决策行为

在领导活动的决策过程中，存在着与决策民主化相违背的决策行为。因此，要做到决策活动的民主化，必须防止这类决策行为。从我国当前的决策活动来看，有下列几种有悖于民主化的决策行为：

权力型决策。权力，是决策的保证。如果没有一定的权力，决策活动就无法进行，就是做出了某项决策也难以付诸实施。但是，在领导活动中要做出正确的决策靠什么呢？是否说谁手中的权力越大，其所做出的决策就越科学呢？显然不能把权力跟决策的科学性画等号。因为权力是与职位相联的，是组织授予的，职位权力的获得并不能说明权力获得者就掌握了与决策有关的各种因素，认识了各因素之间的内在联系，具备了很强的决策能力。当然，职位权力运用得好，可以为其科学决策创造条件，但它仅是科学决策的一个条件，而不是科学决策的本身。但是，在领导活动现实中存在着"唯权力"决策的现象：对上级的决策，不结合本地区、本部门、本单位的实际情况去创造性地执行，而是生搬硬套，"一切听上级的"；在决策集团内部单靠最高决策者拍板，往往形成最高决策者的一言堂，一锤定音；在决策形成过程中，对被领导者的意见不管价值如何，一概不予重视，虽然有时也"听取意见"，但那只是故作姿态装点门面而已，奉行"人微言轻"的哲学。

经验型决策。经验型决策具有直接的感知性，认识的表面性，观察的局部性，分析的非定量性等特点，尽管含有科学成分，但缺乏科学论证，没有上升为理性认识，有较大的局限性。本来，有经验是领导决策的有利因素，但处理不当，就容易产生"思维定势"，用原有的经验去对运动着的、发展变化的事物做出决策，难免要碰壁。在现实生活中，往往有的领导者仅凭个人的经验来做出决策导致失误，造成人民的事业、群众的利益遭受损失，这是与决策民主化相悖的。

随意型决策。在领导活动中存在着对决策随心所欲的观象。或是凭自己一时心血来潮和兴趣来决策；或是领导者被少数人包围，盲目地接受这些人的影响而做出决策；或遇到应由领导者决定的事，自己不去做决定，却要别人代自己随便做决定；等等。这样的决策，缺乏责任感，不是从发展人民的根本利益来进行决策；把党和人民的事业当儿戏；丝毫没有人民当家作主的意识，当然，与决策民主化毫无共同之处。

感情型决策。有的领导者做决策往往受占主导地位的情绪所支配，理性退居次要地位，甚至失去理智。在这种情况下做出的决策，就不能正确反映事物之间的各种关系，对利弊得失没有全面权衡，带给人们的往往是弊多利少，甚至有百害而无一利，当然，与决策民主化的标准是不合辙的。

（二）充分发挥代表制在决策活动中的作用

由于我们国家是采取人民代表大会制来保障和实现人民当家作主的，因此，决策活动民主化，就必须充分发挥代表制的作用。

加强国家对决策的立法和决策实施的法律监督。全国人民代表大会及人大常委会，要加强对决策的立法工作和决策实施的法律监督工作，使决策真正体现人民当家作主。

充分发挥人大代表的参政议政作用。要加强人大代表与选举单位的联系,举行代表座谈会,组织代表参与专题调查,了解国家各级行政机关的决策情况;重视人民代表同人民群众联系工作,了解广大群众的意见和要求,了解国家进行四化建设和改革、开放的情况,了解有关决策和决策实施情况;认真处理人大代表对决策的意见和建议。

认真实行民主选举制度。采用各种选举方式,保证人民能真正按自己的意志选出自己的代表。要不断提高人民代表的素质,使他们真正成为代表所代表的那个地区或领域里的"社会活动家",充分代表选民和各地各界人民的意志和利益。

当然,就各个具体单位来说,要实现决策民主化,就必须充分发挥职工代表大会在决策活动中的作用。

### (三) 职工参与决策

职工参与决策是决策活动民主化的要求。职工参与决策,就更能使决策反映他们的意志和利益,体现社会主义领导的服务性质;同时,职工参与决策,能使职工了解决策,更好地实施决策,这些都是与决策民主化相吻合的。为此,领导者必须做到:

树立职工参与决策的意识。对职工参与决策有正确的认识,树立正确的态度。

制定职工参与决策的制度。诸如对参与决策的活动、奖励、意见的反馈等,都要做出相应的规定,使之制度化。

开辟职工参与决策的各种渠道。诸如参与会议,建立接待日,意见箱,等等。

培养和提高职工的民主参与素质。诸如培养职工的民主参与意识,以主人翁的态度参与决策,能依法行使自己的民主权力,提高参与决策的能力,等等。

### (四) 处理好与智囊团的关系

在科学决策中,是科学决策必不可少的重要力量。如何处理好领导者与智囊团之间的关系,充分发挥智囊团的作用,就成为决策民主化的重要问题。

在决策活动中,领导者与智囊团之间的关系,是"断"与"谋"的关系,智囊团做好了"谋"的各项工作,领导者才能出色地完成"断"的任务。为此,必须注意:

保证智囊团进行相对独立的科学研究。在智囊咨询机构的设置上要有相对独立性;要加强智囊团决策咨询的制度建设,特别是对决策咨询研究有相应的法律保障制度;让智囊团相对独立地进行调查、分析、研究,根据客观事实得出相应的结论。

允许智囊团专家们发表与自己不同的意见和看法。把智囊参谋班子与秘书班子的不同功能分清，采用不同的评价工作优劣的标准；对发表不同意见的智囊专家要有相应的法规做保障；把咨询工作与政治问题分开；对那些思想解放、对问题有真知灼见、敢于提出个人见解的人，予以鼓励和重用。

领导者决策不被智囊专家们的意见所左右。领导者要强化自己的职责意识，凡是领导者职责范围内的事情都要做出决断；在决策活动中，切实把握住"谋"与"断"的内涵与外延；善于听取、吸收、综合智囊专家们的各种意见，把它们转化成自己的意见，形成决策。

### 三、决策管理民主化

所谓决策管理民主化，是指决策管理有章可循、有法可依，使决策的做出和实施以体现广大人民群众的意志和利益的法律和制度为依据。在科学决策中要做到决策管理民主化，应该做到：

（一）建立决策责任制

要使我们的决策正确，给人民群众带来好处，必须建立决策责任制。在以往的决策活动中，为什么有些领导者决策一再失误，造成不可弥补的损失呢？其中一个重要的原因就是没有建立决策责任制，往往是责任不清，权限不明，决策正误与利益不相联，所以建立决策责任制是决策管理民主化的首要问题。

确立决策责任。确定决策者应做的事情，应该承担的任务，必须履行的义务，应负的责任。

明确决策职权。明确决策者的决策职权应当是组织赋予的，与其职位相称的，是完成决策工作所必须的权力，决策职权与决策职责相适应。

规定决策利益。即把决策者所做的决策的正误程度与利益的得失挂钩。把领导者的职务升降、工资待遇、奖惩等都跟决策活动联系起来。

（二）制定决策法规

要实现决策民主化，必须把决策标准民主化、决策活动民主化用法律和规范来加以确认和保障。

用法规规定决策内容的要求。各种决策的具体内容因决策问题不同而千差万别，但是不管什么样的决策内容，都应当符合党和国家的现行政策，都应当与有关的法律相一致；合法的决策都应该受到法律保障，不允许任何领导者个体随意改动和取消；等等。

用法规规定决策程序。为保证决策科学化，使决策有利于社会发展和有益于人民，必须要使决策活动按科学程序来办事，把决策的科学程序用法规确认下来。

用法规规定决策体制。决策活动要科学地运行，必须要建立科学的决策体制。因此，对科学的决策体制必须用法规来加以确认，以使决策体制依法设置，决策组织的权力依法分配。

（三）对决策实行民主监督

为保证决策目标、决策方案的制定和决策实施符合人民群众的意志和利益，必须实行决策民主监督。我国对决策活动实行民主监督的主要方式有：共产党的监督；权力机关的监督；行政监督；法律监督；群众监督；舆论监督，等等。对决策行为实行民主监督，主要是指：

监督行使的决策权限。决策者的决策权限，法规都有明确规定，对违反权限规定，诸如侵权和超越权限的，都要据其违反程度和造成的损失依法进行处罚。

监督操作的决策程序。对明显违背法规所规定的决策程序，造成事故和损失者，要依规定处罚。

监督履行的决策责任。决策者有相应的决策权限，也有相应的决策责任。民主监督就要对决策者决策责任的履行程度及时评估，对玩忽职守者应及时查处。

## 第四节　决策法制化

所谓领导决策法制化，就是用以体现工人阶级、广大人民意志和根本利益的法律制度作为决策的依据，使领导决策按照法制的规范进行。

决策法制化，是现代领导活动发展的必然结果。现代领导活动的复杂性、综合性等特点，决定了领导决策科学化、民主化、综合化等趋势。要实行决策科学化、民主化、综合化，就必须根据科学、民主、系统等原则，划分决策权限，制定决策程序等，并用一定法律和制度的形式加以确认。如果离开了法制，就很难避免个人的随意性、专断性决策。因此，将决策科学化、民主化、综合化等科学决策要求转化为法律和制度，才能使之得到根本保证。

### 一、提高决策者的法制意识

决策者的法制意识，是决策者关于法、制度及有关现象的思想观念和心理体验的总和。要提高决策者的法制意识，可从以下几方面着手进行：

（一）树立法治观念

在领导活动的现实中，有的领导决策活动的开展不是靠法治，而是靠人治，搞"以权代法"、"以言代法"、"以权压法"，这些现象必须加以摈弃。因为人治是依靠决策者的权力、意志来进行决策，而无视法律和有关的制度，这样的决策，不仅是个人说了算，独断专行，而且损害了法律的尊严，破坏了制度，同时使决策民主化、科学化等失去了保障，给决策活动带来灾难。因此，要实行决策法制化，必须树立法治观念，实现由人治到法治的观念转变。

（二）树立决策科学化与法制化相统一的观念

决策必须遵循科学的原则和程序，而科学的决策原则和程序只有转化为法律，才能成为决策者必须遵循的准则。可见，决策者必须树立决策科学化与法制化相统一的观念。

（三）树立决策民主化与法制化相统一的观念

社会主义领导决策民主化与法制化是相辅相成的。决策民主化，就是在决策活动中人民当家作主，充分发挥主人翁的作用。人民在决策活动中的这一地位和作用，只有用法律的形式固定下来，才能得到确认和保障，决策民主化才能得到真正实现。可见，决策民主化与法制化是统一的，领导者必须树立这一观念。

**二、制定决策法规**

要实现决策法制化，必须制定领导决策的法律和规范。如果没有相应的法规来规范领导者的决策行为，那么，决策法制化只能是一句空话。在当前，特别需要对下列决策活动用法律来加以确认和保障：

（一）用法规划分决策权限

在领导决策中，往往存在权限不明的情况，或者互相推诿扯皮，或者个人专断，或者超越权限，因此，对决策权限，应当通过制定有关的法规加以明确规定。诸如，党的领导、行政领导、业务领导之间决策权限的划分，党和政府之间的决策权限的划分，政府同企业领导者之间的决策权限的划分，每个决策机构中权限的划分等，都应当有相应的法规加以规定，使领导者各司其职。

（二）用法规确立决策程序

在现实的决策活动中，有些决策的失误往往是由于破坏决策程序，从而违背了客观规律的要求而造成的，因此，用法律来固定决策的科学程序是决策法制化的重要内容。这里主要是用法律来规定决策运行的程序和环节。

### (三) 用法规明确决策责任

在领导决策活动中，为什么有些领导者的决策一再失误呢？其中一个重要原因就是决策责任不清。由于没有相应的法规明确决策责任，往往形成"人人有责，人人又无责"的局面，没有办法追究决策者的责任，最后只好不了了之。因此，对决策者的责任应当有相应的法律来明确，如果决策者没有认真履行相应的决策责任，就应当按照法律条文加以追究。

# 第十一章 选贤任能

人类社会从原始状态逐步发展到现代高度文明的社会,依靠的是社会生产力的发展。在生产力中,人是最活跃、最革命的因素。而各类型人才是社会生产活动的组织者、协调者和推动者。离开了各类型人才的活动,社会生产活动及其发展就成为不可能,从而整个社会的发展也无从谈起。同样,领导活动的开展,也离不开各类人才的劳动、管理和创造。因此,如何正确地选拔和任用人才就成为领导活动的又一基本职能。每个领导组织和领导者,必须认真履行这一职能,真正做到选贤任能。

## 第一节 选用人才概说

### 一、人才的涵义

要对人的选用有一个正确认识,必须对人才的涵义有一个了解。

(一) 人才的定义

关于这个问题,人们已从不同的角度来给它下定义。至今,有几十种之多。

人才的概念,最先是从原始社会人的实践活动中产生的。自人类在地球上出现以后,就有一些人比其他人获得较高的发展,发挥了比别人大得多的能量,对人类的生存和发展起了较大的促进作用。于是,这些人便受到大家的尊敬,并被人们神化。神话中的神就是现实生活中各种出类拔萃的人的写照,是这些人的优点的集中和放大。纵观各种神,有两个突出的特点:一个是具有非凡的本领;一个是为人类做好事。这正是最早产生的人才概念的基本涵义,也是人才的基本形象。

从中国的象形文字来理解人才的概念。我国的《说文解字》对"才"

字从象形上做了解释,它解曰:"才,草木之初也,从丨上贯上一,将生枝叶也。一,地也。"其意思是,"才",就是草木初生,其茎已出。其枝叶未出,但已毕备于地下而待出了。所以,《说文解字》段注曰:"生人之初而万善毕具焉,故人之能曰才。言人所蕴也。""人才"是相对地实现了潜能,获得高度发展的人。这是我们从中国象形文字中所得到的"人才"一词的涵义。

从数学集论的角度来理解人才概念。"人才"是一个同"人口"、"人手"相联系而存在的概念。由于"人口"是一定时期一定地域内人的集合;"人手"是相应时期相应地域内具有劳动能力的人口的集合,是"人口"的子集;"人才"是"人手"的佼佼者,是"人手"的子集,所以,"人才"贵于"人口"和"人手",相对于"人手"来说,"人才"具有较多的专门知识和才能,具有明显的创造业绩。这是我们从数学集论的角度所获得的对"人才"概念的基本涵义。

根据以上的理解,我们就可以给人才下这样一个定义:人才,是指在一定社会条件下,能以其创造性劳动,对社会发展、人类进步做出某种较大贡献的人。

(二) 人才的本质

为了更好地理解人才的涵义,必须要进一步研究人才的本质。

那么,人才的本质属性是什么呢?

创造性。所谓创造,是人类在社会实践中所从事的创造活动所表现出的创造行为和由此而产生的创造结果的总称①。人才和一般人的差异表现在:人才比一般人具有一定的专门知识和较强的能力,特别是具有创造力;人才能进行创造性劳动。创造性是人才的质的规定性,这是人才与一般人的区别。

进步性。人才,总是对社会发展、人类进步起着某种推动作用。所以,进步性是人才的又一质的规定性。至于那些虽有创造才能,但对社会发展、人类进步起阻碍作用的人,则不在人才之列,只能是逆历史潮流而动的反动人物。进步性是人才与反动人物的根本区别。

社会性。人才,是社会的人,总是以一定方式存在于社会之中,总是受到一定的社会关系所制约,因此,人才是一个历史范畴,不同的历史时期,不同的社会形态,人才的特征是各不相同的。人才的社会性,是不同历史时期,不同社会形态,不同阶级的人才的质的特殊性。

---

① 王滨:《创造行为与创造技法》,东北工学院出版社1992年版,第3页。

## 二、选用人才是领导活动的基本职能

选用人才是领导活动的基本职能之一。因为:

(一) 领导要素的特点决定了选用人才的职能

领导活动由领导者、被领导者和客观作用对象三要素组成。在这三个要素中,有两个要素是人,可见,人是领导活动的基本要素。那么,作为基本要素的人,怎样才能在领导活动中起到应有的作用呢? 这就涉及对人的选用问题。

(二) 领导行为的特点决定了选用人才的职能

我们知道,领导活动是一种行为过程。是什么样的行为过程呢? 人们比较一致的看法是:领导活动是领导者对被领导者的思想、行为施加影响,并共同作用于客观对象的行为过程。可见,领导行为必然要涉及人,领导行为须有被领导者接受领导者的影响,这样才能使领导行为成为可能,变为现实。而要使被领导者接受领导者的影响,就既有对领导者的选用问题,也有对被领导者的选用问题。选用人才也就成为领导活动的基本职能。

(三) 领导活动的载体决定了选用人才的职能

任何领导活动都是在一定的组织内进行的,组织是领导活动的载体,不存在没有组织的领导活动。人是组织结构中最活跃的因素,要充分发挥组织在领导活动中的作用,就必须把选用组织成员的工作作为基本职能。

(四) 领导活动成员的能动作用决定了选用人才的职能

人类不同于动物的重要之处,就是能够认识世界和改造世界。人才是人类之精华,他们的主观能动作用比一般人更强。领导活动成员特别是人才的主观能动作用发挥得如何,对领导活动成功与否关系重大。而要使领导活动成员的主观能动作用得到充分发挥,就必须讲究对他们的培养和任用。因此,领导活动必须把选用人才作为基本职能。

## 三、正确选用人才的意义

古今中外的领导者都十分重视人才的选用,因为它是领导活动发展的关键。这是由人才在社会、经济发展中的特殊作用所决定的。

人才在社会、经济发展中的具体作用主要表现在:

(一) 人才是社会生产力各要素的功能开发者

劳动者、劳动对象和劳动工具,是创造物质财富的必不可少的要素。然而,它们功能的开发,作用的发挥,要靠各种人才。

开发自然资源。大自然的土地、河流、矿石、植物、动物、空气等一切自然物都可以作为人类劳动的对象。然而自然资源要成为劳动对象，首先要靠各种人才去发现它，其次要靠人才把它应用于生产。

"人化"劳动对象。由于各种人才的作用，人们改变了对自然界所提供的原材料天然形态进行加工的使用方式，使之从天然材料转向合成材料，从单一材料转向复合材料，从结构材料转向功能材料，甚至"人工自然"正在形成，从根本上改变了劳动对象的面貌。

提供有效的劳动资料。劳动资料特别是劳动工具既是创造物质财富的基本手段，又是社会生产力发展水平的根本标志。劳动资料的发展，新的劳动工具的发明创造，既是人们长期实践活动经验积累的结果，更是人们对客观事物属性和规律性的正确认识的结晶。劳动资料实际上是对象化、物态化的科学技术知识，所以，人才为物质财富的创造提供有效的劳动资料。

不断开发劳动者功能。劳动者是创造物质财富的各要素中起决定作用的要素。创造物质财富的水平和成效，主要取决于劳动者功能的开发程度。劳动者功能的开发，要靠丰富的科学技术知识，要靠实践能力的提高，而这些都要靠各类型人才的劳动来加以实现。

不断开发社会生产力各要素之间的结构功能。社会生产力的发展，很重要的是靠生产力各要素的有机结合。管理人才所提供的各种管理理论、管理技术和管理方法，能使生产力各要素的结构趋向合理，产生更大的功能。

（二）人才是人类精神财富的创造者

我们知道，精神财富的生产，是以知识信息为原料的；其生产过程是加工信息，增加信息量的过程；其成果是知识形态的信息，是物化的科学技术。可见，要完成这样的生产，没有相应的知识储备，没有具备相应的智慧和能力，不具有探索性、创造性劳动的素质的人是难以胜任的。而这些正是各类型人才共同具备的。人才在精神财富的创造上主要是：

科学技术发展的带头人。人才在科学技术发展过程中，不仅在科学研究方针和规划的确定过程中起着决策作用；而且对大型科学研究项目起着组织领导作用；同时亲自攻克各种科学难题；另外还吸引一批科技人员组成科学团体，发挥群体优势，共同推动科学技术的发展。

科学技术新领域的开拓者。科学技术发展史表明，人才是各种现象的发现者，客观规律的揭示者，科学技术理论的创立者，科学方法的提出者，科学实验的构思和设计者，等等，从而导致一门门新学科的建立，一块块新领域被开拓，把科学技术不断推向前进。

科学技术知识的传播者。各类型人才，通过各种方式，把自己的科学研究成果和创造的科学技术知识从少数人手里传播出去，为更多的人所学习、认识和掌握，从而在此基础上进行新的研究，产生新的发明创造。

新人才的发现者和培育者。人才在自己的事业实践中通过各种信息发现新人才，通过推荐发表论著、参加学术会议等渠道举荐新人才，通过支持、鼓励、帮助、创造良好环境等方式培养新人才，使人才层出不穷，精神财富创造后继有人。

（三）人才是事业竞争的把握者

现代社会，无论是政治、经济、文化等，还是在其他方面，都处于激烈的竞争之中。由于一切竞争都要依靠人才，竞争的胜负在很大程度上取决于人才，因此，人才是事业竞争的把握者。

人才对事业竞争的把握，主要表现在：竞争战略的制定，竞争策略的确立，竞争手段的选择，竞争优势的树立，竞争核心——人才争夺的掌握，等等。

（四）人才是各项事物革新的促进者

在社会、经济发展过程中，新旧事物总是存在着矛盾和斗争；社会经济总是在新事物战胜、取代旧事物的过程中不断发展的。由于人才把握住事物的发展趋势，因此，是各项事物革新的促进者。人才对事物革新的促进作用主要是：

以新的思想观念促进变革。变革，会遇到各种困难和阻力，其中最大的阻力是来自人们思想中存在的错误认识和旧观念。因此，各项改革都总是以思想解放，观念转变为先导。由于人才对社会的需要有较深刻的理解，对事物本质有深邃的探索，把握了事物发展动态，因此，容易接受新鲜事物，并形成新的观念。这种新观念的形成和传播，就成为改革的先声。

以科学技术革命促进社会经济变革。历史证明了为各种人才所推动的每一次科学技术革命，都带来了生产力的大发展。而科学技术革命和生产力的发展又促使生产关系、上层建筑、社会生活各个方面的变化。

以改革实践促进改革。由于追求真理、从事创造性劳动、勇于革新等是各类型人才的共同特点，因此，人才总是在各自的领域积极投身到历史的改革潮流之中，以强烈的事业心和创新的气魄促进改革的发展。

## 第二节　人才的识别和选拔

在领导活动中，要用人得当，首先要识别人才，选准人才。

一、人才的识别

人才的识别，是指对人才的认识、辨别和发现。

## (一) 识别人才的途径

要正确及时地识别人才,必须寻求有效的途径。

1. 通过人才识别人才。

三国时期的刘劭说过:"一流之人,能识一流之善;二流之人,能识二流之善。"意思是说,一个人能不能发现人才,能发现什么层次的人才,与人才识别者本人的德才情况是直接相关的。这里提出了通过人才识别人才的问题。

为什么人才可以识别人才呢?是因为同类相聚是事物存在的一种现象。同样,人才也会相互靠近。人才成长离不开相互间的信息交换。人才相互接触、靠近、往来,信息交流量大,知识相互交叉渗透,能增长见识,互相启迪,萌发新思想,产生信息流效应。这就是"能者知能,贤者知贤"的原因。

要想通过人才识别人才,一是要多同现有人才接触,虚心向他们了解、求教;二是要注意各种人才团,诸如学术型人才团、学派型人才团、家族型人才团、师徒型人才团,通过对这些人才团的了解,识别有关人才。

2. 凭借信息识别人才。

大规模的社会信息流,为人才识别提供了重要途径,因此,通过一定的信息渠道,正确掌握和运用现代信息可以识别人才。

为什么通过信息渠道、凭借信息可以识别人才呢?从信息的特性来说,由于信息具有知识的秉性特点,它可以反映作为信息源的人的状况;从信息的功能来说,可以沟通各种人才与领导个体、组织的联络;还可以帮助各领导者个体及各级组织在发现人才的各项工作中拿主意、作决定,更好地识别人才。

要凭借信息识别人才,就要掌握各种信息渠道。诸如,学术刊物提供的学术论文;各种学术会议上交流的论文和发散的信息;各种学术报告所传播的知识;报纸、广播、电视所提供的人才信息;载有人才信息的情况简报等。

要凭借信息识别人才,还要建立人才库。通过汇集、处理各种信息渠道获得的信息,建立相应的卡片、档案和资料,可以消除识别人才的偶然因素。

3. 自荐。这是指通过自己推荐自己来识别人才的一种途径。

为什么通过自荐可以识别人才呢?因为通过人们自己宣传自己,展现自己,加深社会和识才者对他们的认识相互了解。一般说来,自荐者的自荐行为与其某些才干是相联系的,如果没有相应的能力,是不敢自荐承担某项工作的；古往今来，不少有作为的人才是通过自荐才被社会和人们所认识和发现的。

要通过自荐识别人才，一是要完善自荐制度，使自荐者出台亮相，展现自己，有利于人们对其潜能的识别，以提高自荐识别人才的可靠程度；二是要同世俗偏见做斗争，要澄清对自荐的各种糊涂认识和非议。

4. 靠伯乐识别人才。这是指利用"伯乐"有一定的识才、辨才的功能来识别人才。

(二) 识别人才应注意的问题

在领导活动中要做到很好地认识、鉴别和发现人才，必须注意以下几个问题：

1. 掌握衡量人才的标准。

要识别一个人是不是人才，就必须掌握衡量人才的标准。由于人才是德、识、才、学、体等基本要素组合而成的有机统一体，因此，我们看一个人是不是人才，就要注重其德、识、才、学、体这些要素及其有机组合。

德。看一个人的政治品德、伦理道德和个性心理品质。即看一个人的世界观，以及建立在这个世界观基础上的政治立场、政治态度和思想作风；看一个人以什么样的思想情操来处理自己与社会、他人之间的关系，来指导自己的职业活动实践；看一个人的心理品质的良好程度。

识。即看一个人的政治见识和业务见识，看其是否表现出与众不同的见识，是否把握事物的发展方向。

才。即看一个人的才能，特别看其创造才能如何。

学。即看一个人的学问和知识，看其基础知识的宽广程度，看其专业知识的精深程度，看其知识结构的合理程度，看其各种知识的有机结合程度。

体。即看一个人的身体健康状况，承受紧张劳动的程度。

看一个人是不是人才，不仅要看其上述各要素的状态，更重要的是要看这些要素结合的有机状态，诸如德才是否兼备等情况。

2. 要创造发现人才的环境。

要使人才被人们所识别，必须要有相应的环境。诸如要破除识才上的旧观念，不能以人的出身论人才，不能以资历论人才，不能以贵贱论人才，不能以个人好恶论人才，不能凭个人的印象论人才；要给予人才展现自己、表露自己才华的机会，使人才被人们所认识、接受；组织、人事部门是识别人才的主要机构，要开阔眼界，开辟多种渠道、方式、途径识别人才；要完善识别人才的制度，改革不利于人才被识别的有关规章制度。

3. 要注意对不同类型人才的本质特征的鉴别。

不同类型的人才有不同的本质特征,因此,要识别人才就要注意对不同类型人才本质特征的鉴别。诸如决策人才、管理人才、科技人才、军事人才、文艺人才、体育人才等,都有各自的特征。在这各类型人才中也还有不同层次、不同类别之分,他们也有各自的特征,例如在科技人才中,有科学研究人才、工程技术人才、教育人才、科技管理人才,他们都具有相应的特征。我们要识别人才,就要分析不同类型、不同层次人才的本质特征,就要对我们需要认识的人的特征作一番了解,两相对照就可确定一个人是不是人才,是什么类型的人才。

这里简述下列类型人才的特征:

决策人才的特征。决策人才是指能够从事决策的人才,不同的工作需要不同专业、不同层次的决策人才。决策人才的特征是:富有远见卓识;有明确的政治信仰;有对国家、对人民、对社会的高度责任心;有依据整体利益与局部利益,长远利益与近期利益结合起来的价值取向和对客观事实做出决策的能力;具有联系和运用各种人才共同实现决策的用人风度;有对新事物敏锐感受、刻意求新的创新精神,等等。

管理人才的特征。善于从事管理活动的人才称管理人才。管理人才的特征是:有强烈的政治义务感和道德义务感;有较强的对人、财、物的组织管理能力;有为实现发展战略,为树立本系统良好形象而努力工作的精神;有专与博相结合的知识结构;具有改革的精神;善于协调与上级、同级、下级之间的关系,等等。

科技人才的特征。科技人才是指在科技劳动中,以自己创造性的劳动为科学技术发展和社会进步做出较大贡献的人。其主要特征是:热爱科技事业;富有探索和创新精神;对目标执著追求,工作勤奋,永不满足,意志坚强;成就欲强;思想开放,对新事物敏感,不断追求真理;具有科学态度和求实精神;富于想象,勤察多疑,等等。

## 二、人才的选拔

人才的选拔,是指对人才的挑选和擢用。在领导活动中要做到正确地选拔人才,必须要确立正确的原则和采用正确的方法。

### (一)选拔人才的原则

选拔人才的原则,是指在人才的选拔过程中,观察和处理问题的准绳。选拔人才的主要原则是:

1. 德才兼备原则。这是指我们在选拔人才过程中,德和才不可偏废,必须兼备。

为什么在选拔人才过程中,要奉行德才兼备的原则呢?首先是历史经验的总结。尽管在阶级社会里,不同阶级对德和才有着不同的理解,但是,无论什么阶级,总是以德才兼备来作为选拔人才的标准的。纵观古往今来,凡有识之士都是以此原则来选拔人才的。因为只有这样才能完成其阶级使命和历史使命。其次,德和才是一个完整的统一体。只有坚持德才兼备原则选拔人才,才能使人才既具有为人民服务的思想,又有服务于人民的能力,才能更好地为人民服务。再次,从德和才的关系来看,它们是相互促进的。德,要靠才来发挥;才,要靠德来统帅。我们坚持德才兼备的选拔人才原则,是德和才之间这一辩证关系的客观反映。

我们要坚持德才兼备选拔人才的原则,必须防止两种偏向,即以才代德和以德代才的偏向。

在人才选拔过程中,一旦出现以才代德的现象,就可能给有才缺德的人的胡作非为创造条件,我们的社会主义现代化建设的根本方向和干部队伍的纯洁性也就难于保证。因此,我们在人才选拔过程中为了防止这一偏向,就要重视对选拔对象的革命气节的考察,看其在关键时刻的政治立场,视其在重大问题上的政治态度;就要重视对选拔对象的思想品德的考察,看其道德品质如何,视其是搞团结还是搞分裂,是光明正大还是搞阴谋诡计;就要重视对选拔对象的作风考察,视其工作作风、生活作风是否正派,等等。

在人才选拔过程中,也不能以德代才。因为:一是世界经济发展规律所决定的。当今世界经济发展的特征和规律,是科技进步对经济发展的作用远远超过了资金,劳动投入的作用成为经济发展的主要力量,科学技术是第一生产力,在这种情况下,选拔人才以德代才怎么能行呢?!二是衡量人才的根本标准所要求的。衡量一个人是不是人才,是以能否促进生产力发展为根本标准的。如果一个人没有实际工作能力和水平,在社会、经济发展中拿不出真本事,干不出几分成绩,怎能称得上是个人才呢!三是改革开放的伟大革命实践所要求的。改革开放是一项学问很深、复杂而艰巨的系统工程,没有强的改革开放意识,没有开拓的能力,不懂经营管理,是很难保证改革开放向前发展的。为此,我们在选拔人才过程中,要克服片面重德轻才、弃才重德的"左"的思想影响;要破除"听话就是才"、"无过便是功"的观念,要敢于启用有真才实学的能人。

2. 不求全责备原则。所谓不求全责备,就是选才者不要用"完人"、"完美无缺"的标准去要求他的选才对象。

我们之所以在人才选拔过程中不能求全责备,是因为人无完人,人都有所长又有所短。

在人才选拔过程中要做到不求全责备，首先要树立正确的缺点观，正确对待人才的缺点。其次是要认识求全责备的害处。求全责备不仅影响到人才的选用，而且会给一些作风不好的人以可乘之机，或使人才蒙受不白之冤，或使诬蔑攻击成了风气，败坏了习气。再次在行动上不能因小过而弃才，宁肯起用有某些非原则性缺点的能人，不要重用那些所谓"没有缺点"的庸人，对那些一时难于通过的有争议的人不要轻易放过，以防止真正的人才被埋没。

3. 不拘一格原则。这就是说，只要德才兼备者，都应当选拔上来。

要做到不拘一格地选拔人才，就要在人才选拔过程中不讲出身，不论资历，不分贵贱，不论地域，不讲派别，不讲亲疏，只要是符合条件的，都要加以举荐。

(二) 选拔人才的方法

选拔人才的方法很多，这里介绍主要的几种方法：

调查法。这是指通过较系统的考察来了解人才的一种方法。这种方法，人们一般都比较熟悉。诸如，或通过通讯调查；或与有关人员进行个别交谈，包括与考察对象本人的交谈；或找有关人员开座谈会；或查阅考察了解对象的档案；等等。

观察法。即通过观察来了解、发现和选拔人才。要通过观察来有效地选拔人才，就要听其言，观其行，察其色。采用观察法来选拔人才，一般有两种：一种是直接观察法，即有目的、有计划地直接观察人在一定情境下的言行，从而判断他的有关素质；一种是通过间接的途径有计划、有目的地观察一个人的言行，以判断他的有关素质。由于观察法不管是直接观察还是间接观察，都是人们透过主观的有色眼镜来看人的，因此，要防止观察者的个人偏见，要尽可能地避免此方法所带来的一些局限性。

考试法。即通过考试来选拔人才的方法。用该方法来选拔人才有很多好处，诸如平等竞争，择优录用，堵塞不正之风等。但是，考试法也有其局限性，考试的成绩不一定与一个人的真才实学相符合。所以，最好把考试法与其他方法结合起来使用，以正确地把人才选拔上来。

招贤法。这是指向社会公开张榜以招贤的一种方法。这种方法与自荐法有一定相似之处，对人才本身来说是一种自荐；但招贤是存在着竞争的自荐，这是它们之间的区别。用招贤法来识别、选拔人才，有很多好处，诸如，可以拓宽选才的范围，公开性较强，人才彼此之间可形成竞争，等等。当然，使用招贤方法要得当，特别是要有确定的任务目标；要有明确的选人标准，并严格执行；要及时收集和掌握人才的有关信息。

民意测验法。这是指通过群众评议、选择来选拔人才的一种方法。这种方法的使用，对体现人民当家作主，密切党群、干群关系等方面很有好处。但是，在用此方法时也应当注意以下几个问题：一是要注意它的适用范围。此方法比较适用行政领导和管理人才的选拔，不适用于对某些专门人才的选拔。二是要注意它的运用条件。在派性严重、领导者作风不正派的单位和部门，使用此方法来选拔人才会造成重大失误，只有在领导者作风正派、不存在派性的条件下才能使用此方法。三是要注意群众当时的思想状态，在传统偏见严重或嫉妒心很重的情况下，对民意评选的结果就要做具体分析了。

## 第三节 人才的使用

从前面分析可以看到，识别一个人才、选准一个人才是十分重要也十分困难的，这就是所谓"人才难得"。但是，识别人才、选拔人才的目的在于使用，使用人才更重要；得到人才后使用人才也并非容易，正如人们常说的"用人更难"。所以，在领导活动中要善于使用人才。为此，必须做到：

### 一、用人之所长

（一）为什么要用人之所长

所谓用人之所长，就是按照人才的所长委任相应的工作，使他充分发挥自己的聪明才智，以做出最大的贡献。

用人之所长历来为有识的领导者所重视。现代社会的领导者更必须用人之所长，其原因是：

用人之所长符合金无赤足，人无完人的客观事实。既然每个人都各有所长，也各有所短，那么，在领导活动中就必须遵循这一客观事实，让人从事其所长的工作。

用人之所长符合各种类型人才之间的差异。人才可以从不同角度来区分不同类型，但是不管从哪一个角度来划分的不同类型的人才，其差异总是存在的。诸如专业上的差异、能力上的差异、个性心理上的差异等。按专业性质来划分，不同类型的人才其所长的专业领域不同。按能力的倾向性划分，创造型人才善于思考，能够构思新的设想，精于创造；发现型人才善于发现科学事实；再现型人才善于传授和转移知识；组织型人才长于指挥调度，巧于组织安排；应用型人才善于应用知识和实现知识。从个性来划分，不同类型的人才的差异也是不能忽视的，有的性格急躁，工作大胆泼辣，但粗心有余；有的性格温和，办事谨慎拘泥，却周密细心；有的性格外向，善于交际；有的性格内向，不太合群，等等。人才之间的差异性，表观为不同类型的人才对同一工作的适应性是不相同的。因此，用人之所长，才能针对人才之间的个别差异性做出科学的人事安排。

用人之所长符合人的心理活动规律。从人的心理活动规律来看，人都希望自己的一技之长得到社会承认，得到发挥，使自己有所作为。而用人之所长，就意味着人才的长处被领导者和组织认识了、承认了，意味着人才得到了用武之地，这就满足了人才的心理需要，强化了人才的正常动机，必然会提高其工作的积极性、主动性和创造性，以最大的努力做好工作。而如果不是用人之所长，而是勉为其难，让人才干不擅长的工作，则其不仅工作难于干好，而且发挥其所长的正常心理需要得不到满足，长期如此，就不会安心工作，发牢骚，对领导者不满意，以至产生对立情绪，结果领导者也感到头痛，工作不顺手。

（二）如何做到用人之所长

在领导活动中要做到用人之所长，必须做到：

1. 在思想上确立人人都有所长

人人都有所长，这是本章第二节的分析中所得出的结论，因此，我们要做到用人之所长，必须在思想上牢固地树立人人都有所长的观念。作为领导者如果连这一思想都树立不起来，那么，所谓用人之所长，只能是一句空话。

2. 要知人之所长

在思想上确立了人人都有所长，并不等于就认识了人才的所长。因为一个人才的长处不是一眼就能看出来的，而是不容易认识的。要认识一个人才的长处，需要有关的知识和能力；一个人才的长处要在一定的条件下才会显露出来，而有利于显露人才长处的条件不是经常具备的；人才长处的显露要有个相当长的过程，人们要认识其长处也要有一个较长的过程。

要知人所长，就要知道人才的心理优势；要知道人才的能力；要知道人才的能力结构；要知道人才的长处特点及其发展变化的状态，等等。

3. 把人才安置在合适的岗位上

即把人才放在那些能充分发挥其长处而其短处又无伤大体的位置上。首先要根据其长处的大小来安置岗位，做到大才大用，小才小用，专才专用，通才放在综合职能位置上。其次要根据长处的特点来安置岗位。诸如，有的人"点子"多，出谋划策颇有见地，就可安排在智囊团的位置上；有的人社交能力强，可安排他在经营岗位上；有的人表达能力很突出，就安排他做宣传鼓动工作；有的人思路开阔，勇于创新，就把他放在研究和开发的岗位上；等等。再次还要根据人才的气质、性格来安置岗位。

4. 要注意"短中之长"

即要看到人才的有些缺点中可能包含着的某些优点。只有见人短中之长，注意用其短中之长，才能更好地用其所长。

5. 不要埋没有特殊才能的人

对于有特殊才能的人，领导者要想办法加以任用。这里的关键是把人才的特殊才能跟其所从事的事业联系起来，在发展事业中运用其特殊才能。

## 二、用人信而不疑

用人信而不疑，是指对一个人才，你使用他，就不能轻易地毫无根据地怀疑他；如果你怀疑他，在未弄清楚之前，可以先不使用。一句话，就是对人才要信任而不无端怀疑。

### （一）用人为什么要信而不疑

用人信而不疑是人才使用过程中的一个十分重要的问题，因为任用与信任是紧密相连的。其具体原因是：

用人信而不疑，能使人心理上产生安全感。人才如果得到了组织和领导者的充分信任，那么就等于这个人才在组织中取得了稳固而不动摇的地位，处在一个安全的组织环境之中，产生一种安全感，产生积极的心理效应。

用人信而不疑，使人对组织产生归属感和认同感。在领导活动中，领导者给人才以信任，不无端怀疑，人才就感受到组织对自己的信任，满足了希望得到信任的需要。这些都会使人才自觉地把自己归属于本组织，在一些重大事件和原则问题上自觉和组织保持一致的看法，和集体的其他成员在感情上产生共鸣。

用人信而不疑，能增强人们的自信心。组织和领导者信任人才，就使人才相信自己的作用，坚信自己的能力和力量，增强自信心。一个人才有了自信心，就能在学习上刻苦钻研，生活中刚毅顽强，工作上积极主动。

用人信而不疑，能增强人们的责任感。组织和领导者对人才信任，他就能视组织为自己的组织，感受到自己对于组织的重要性和所负的责任，产生主人翁的责任感；他就能相信自己的作用，减少对组织和领导者的依赖性，增强责任感。

用人信而不疑，会使人产生期待感。组织和领导者对人才信任的本身，就是对其期待，期待他的进步，期待他取得业绩。期待对人是一种激励，激发人的进取心，增强其克服困难的力量，产生强大的心理力量。

## （二）如何做到用人信而不疑

在领导活动中要做到用人信而不疑，必须注意：

对人才的信任不应当是笼统而抽象的，应当是具体的。诸如相信人才的思想、品德和觉悟；相信人才的知识、智慧和才能；相信人才能够胜任工作和出色地完成任务，等等。

大胆地放手让人才工作。领导者应当让人才自主地工作，不要事无巨细样样都管。要授权给人才负责某项工作，凡是其职权范围的事，让其根据情况做出决定和安排，不要随意插手其职权范围的事，充分发挥其主动性。

不要听信谗言。所谓谗言，就是那些流言蜚语、匿名诬告之言。领导者对待谗言，一是要有慧眼卓识识破谗言；二是要教育进谗言者，造成严重后果的要以诬告论处；三是要对受害者澄清事实。

## 三、大度用人

大度用人，是指领导者要有容人纳贤的气魄和度量。领导者大度用人主要表现在：

### （一）容人之长

用人才，实际上就是用人才的长处。所以，大度用人，首先要容人之长，能容纳人才的优点、能力和工作所取得的成就。正如汉高祖刘邦在洛阳登基时对大臣们说的：论运筹帷幄，我不如张良。论掌管后勤补给治理内政，我不如萧何。论统兵百万，我不如韩信。但是，我能够用他们，他们帮我打天下。可见，领导者不一定要样样才干都超过别人，实际上那也是不可能的。但是，领导者必须有超群的用人之长的才干。而要做到这样，首要的是能容人之长。要容人之长，就要破除嫉贤妒能的思想和行为。如果领导者使用人才以不能超过自己为限度，那么就谈不上容人之长，更谈不上用人之长了。

### （二）容人之短

要容人才之长，必须同时要容人才之短。因为正如我们前面所分析的那样，人才有所长，也有所短。有的优点突出，缺点也明显；有的恃才自傲；有的不拘小节；有的怪脾僻习；人才之间还有种种矛盾。所以，领导者既要用其长，又要善于容忍其短处。要容人之短，一是当某人才的短处不影响其长处的发挥时，可以不必计较；二是要尽量避开人才之短，或直接避短，或扬长抑短；三是善于容人之短；四是对人才的一时偶然的失误要谅解，要给予改正的机会。

### (三) 容人之言

就是说要听取人才的各种主张、意见，鼓励他们讲话，尤其听取他们讲出与自己不同的意见。因为，既然是人才，必然有自己的真知灼见，必然对自己的见解充满自信。而他们对领导者的意见又不会随声附和，往往固执己见。有的人才往往不懂世故，不顾情面，不分场合，秉公直言。领导者容人之言，也是发扬民主的表现。领导者容人之言，就要接贤纳谏；就要广开言路；就要虚心听取意见。

### (四) 护才之胆

就是指领导者要有保护人才的胆识。人才是需要保护的。因为：一是人才大多从事创造性开拓性的工作，既有成功，也有失败，人才在受挫或失误时，需要得到支持和保护。二是人才的工作往往一时不被人理解，在人才从事的工作与传统观念不相符合、与权威的理论不一致、与多数人的看法相悖时，往往不被人理解，需要领导者加以保护。三是人才容易受到不良的社会心理，诸如论资排辈、嫉贤妒能等心理的压抑、责难与攻击，处于此境遇的人才需要保护。四是人才往往工作得越多，缺点暴露得越明显，人们对他的意见就可能越大，领导者应当保护他们的积极性，帮助他们克服工作中的缺点。保护人才的内容是多方面的，主要包括：生活上保护，维护其生理健康；心理上保护，保护其心理负荷适当；工作上保护，创造良好的工作环境；政治上保护，对不同见解的人，政治上一视同仁；等等。

### (五) 容人之败

领导组织和领导者，不仅要容纳人才的长处、短处和意见，而且还要容纳人才的失误、挫折和失败。人才不是完人，更不是圣人，因此，在研究新事物、解决新问题、开拓新局面的过程中，失足跌交在所难免。领导者要容纳人才的失败，一是要客观地分析人才失败的各种原因，不仅要分析造成失败的人才主观上的原因，而且特别要分析造成失败的客观因素，只有实事求是地分析失败的客观因素，才能真正容纳人才的失败；二是要帮助人才从失败中求得教益，诸如从失败中增长见识，锤炼自己的毅力，看到它所包含的局部成功，看到它所展示的成功线索，看到它具有的推进自己发展的力量；三是要与人才一道探索扭转失败的机制，积极吸取教训，迅速抛弃错误，寻求一般规律，转换探索方向；四是不要把遭受失败的人才拒之门外，而应看到自己应负的责任，对失败予以理解，给予人才从失败走向成功的机会。

## 四、使用与培养相结合

在领导活动中，领导者和有关部门不但要善于选用人才，还要重视对人才的培养。因为从选用人才工作的连续性来看,培养和使用是两个既相互联系,又相互区别的重要环节。对人才继续培养的目的是为了更好地使用人才,而为了使人才不断地、更好地发挥作用,就必须对人才不断地、悉心地培养。在领导活动的选贤任能过程中,只培养人才不使用人才固然不行;但是只使用人才而不对人才继续培养也不行。对人才的任用,必须把使用与培养结合起来。

(一)以用促才

这是指通过对人才的充分使用,促使其才能的增长。这里充分使用的涵义,是指对人才要用足、用活,并在使用中发展其才能。为此,必须:

用当其时。人才发展过程有其规律性,整个过程呈现出一条抛物线。要做到以用促才,就要特别注意用人才要用得适时。当人才还处在上升阶段、发展阶段的时候及时地使用他,就能使人才的才能发展得更快、更完善。因为及时地使用人才,等于为其提供了适当的环境和用武之地,这有利于其才能的发挥。如果到人才走下坡路时才去使用他,等于错过了其才能发展的大好时机,这时最多是只能用其长,而不能促其才了。

立体使用。即对人才的才能的全面使用。对人才的立体使用的思路有:把使用技能与传授技能结合起来,使人才的才能优势不仅用于人才个体,而且把它传授给其他人;把使用人才的才能作用与发挥人才的核心作用结合起来,使人才在发挥其才能作用的过程中成为学科带头人和高新技术带头人,并以其为核心形成相应的人才群体;把使用人才的原有才能与新具有的才能结合起来,使人才的新旧才能都得到发挥和发展。只有人才得到这样的立体使用,使其潜能得到进一步挖掘,才能得到进一步发展。

(二)用环境诱发才能

人才是在一定的环境之中成长起来的。同样,人才也要在一定的环境之中才能得到培养和发展。因此,要为人才在使用中受到继续培养创造良好的环境条件。

和谐协调的合作环境。当代科学技术出现整体化和社会化的趋势,因此人才的工作往往以集合体的方式出现,从而也就使人才才能的发挥、发展与合作环境的和谐协调的程度紧密相关。领导者必须为人才创造一个具有团结协作的气氛、和谐协调的人际关系和有较强"亲和力"的合作环境。人才在这种环境中就能激发出其积极性、主动性和创造性,使自己的才能受到诱发。

充满压力的竞争环境。人才的才能的发展,需要一定外力的作用,而竞争产生的压力是重要的外力。领导者要在使用人才过程中不断培养人才,就必须创造竞争的压力环境。这种竞争环境应当是优胜劣汰、优得益劣失益的环境，从而使人才面临被淘汰的压力、失去各种利益的压力，增强危机感、紧迫感、风险感，迫于自我生存、自我发展，不断调动自己的主动性、积极性、创造性。

浓厚的民主的学术环境。人才的劳动特点之一，在于创造性劳动。人才的继续培养和不断发展，很重要的表现就在于能不断提出新思想、新设计、新工艺、新方法。这就要求有浓厚的民主的学术环境。领导者应当为人才创造一个追求真理、利于抒发己见的学术环境。使人才在这一环境里通过不同学派的论战、不同观点的争论，永远保持活跃的思想，吸收不同见解的营养，产生"杂交"优势，萌发新思想、新见解以至形成新的理论和新的学科。

### （三）用群体感应互补才能

人才总要生活在一定的群体里，特别是群体活动成为人才活动的主导力量的今天，人才活动的群体性更为突出。因此，人才能否继续发展与群体感应密切相关。要使人才在其群体里产生积极的群体感应，就必须优化人才群体结构。从当前人才群体结构的状况来看，要使人才群体形成和保持合理的结构，必须要：

注意专业结构的配套。在人才群体中，其活动领域的主导学科的人才与相关学科的人才，要比较齐全并有相应的比例，形成一个有机的专业结构。

注意能级结构的搭配。人才群体的能级结构上不能把同一能级的人才堆在一起，要形成不同的能级层次。

注意年龄结构的组合。人才群体的年龄结构，应在总体上达到群体活动领域的相应要求，诸如，对从事科学研究、技术应用和开发等的人才群体总体上要年轻化，对从事智囊咨询活动的人才群体总体上年龄可大一些等。但是，不管从事哪一领域活动的人才群体，在年龄上都要形成老、中、青的年龄层次，只不过是老、中、青的比例不同而已。

此外，还要注意职务结构、学历结构的配比等。

形成合理的人才群体结构，群体成员之间就能产生互补效应，相互之间取长补短，相互启迪，拓宽视野和思路，迸发智慧火花，诱发出每个人才在通常状态下产生不出的创造力。

### （四）用继续社会化教育发展才能

社会化，是指一个人从自然人到社会人的过程。人才生活在一个无限复杂的社会里，展现在他们面前的是一个不断发展变化着的新角色系列，因此，需要进一步认识社会、了解社会、适应社会、改造社会，还要继续社会化。在领导活动使用人才过程中,各级领导者和组织,应当通过各种渠道和途径,促进人才主动社会化,以积极的姿态进一步不断地认识自己的社会地位和角色,不断地学习社会规范、知识技能,不断地顺应时代的发展潮流,在改造客观世界的同时改造自己的主观世界,以不断求得发展,在为人类贡献中完善自己。

对人才进行继续社会化教育的主要内容是:

政治社会化。要帮助人才把社会主义政治的各项要求内化为自身需要,促进人才的继续社会化按照正确方向健康发展。

帮助人才提高了解社会、适应社会、改造社会的能力。各级组织和领导者要经常地使人才知道社会和本领导活动群体对他们有哪些要求和期待,不断地获得实现这些要求和期待的能力。

进行社会化评价。即根据社会的要求对人才的专业知识、基本智能、个性心理特征、社会智能、心理健康水平等做出社会化评价,使人才及时地正确地认识自己胜任岗位的状态,更好地去适应社会,改造社会,完善自我。

# 第十二章 领导环境

任何领导活动，都要在一定的环境下进行，并且总是要受到环境的影响，同时相应的环境总会发生或大或小的作用，因此领导环境的研究是领导科学理论体系研究中的一个重要问题。由于领导活动与领导环境的关系密切，所以，领导活动中如何建设领导环境，就成为重要的领导职能了。

## 第一节 领导环境概说

### 一、领导环境的涵义

所谓领导环境，是指领导活动所处的外部境况的总称。这里讲的领导环境，是指除领导活动自身以外的各种条件的总称；是指总是在特定时空条件下领导活动所处的环境，如果不存在领导活动，就不会有领导环境的存在；它是一个非常广泛的概念，包括自然条件、经济条件、政治条件、文化条件等。

### 二、领导环境的分类

领导环境可以从不同角度来加以划分：

（一）从环境的范围来划分

如果从环境的范围来划分，领导环境可分为：

国际环境、国内环境、领导群体环境。国际环境，是指领导活动所处的国际的经济、政治、文化、自然条件的总称。国内环境，是指领导活动所处的国内的经济、文化、政治、自然等条件的总称。领导群体环境，是指本领导群体所处的周围的各种条件的总称。

宏观环境、中观环境、微观环境。宏观环境，是指具有宏观性的各种条件的总称,诸如时代条件、国际条件、全国性条件等,都是带有宏观性的条件。中观环境,是指具有中观性的各种条件的总称。那些具有中等范围、中间地位、中介性的各种条件都可以称得上中观性条件。诸如,从整个社会的领导活动环境来说,各省、市的环境就是中观环境。微观环境,是指具有微观性质的各种条件的总称,一般说来,范围小的、现实性、直接性强的条件,都可以称为微观性环境。诸如各个领导群体所处的直接环境,就是微观性的领导环境。

(二)从环境的性质来划分

如果从环境性质的角度划分,领导环境可分为:

物质环境和精神环境。物质环境,是指领导活动所处的各种物质条件,诸如自然条件、人类条件、技术装备条件等。精神环境,是指领导活动所处的各种精神条件,如思想条件、道德条件、传统文化条件等。

自然环境、经济环境、政治环境、文化环境。自然环境,是指领导活动所处的地理位置、自然资源、气候等条件。经济环境,是指领导活动所处的外部的经济发展状况、国家的经济制度、技术水平等条件。政治环境,是指领导活动所处的外部的各种政治条件,如政党和国家的路线、方针、政策条件,国家的政治制度,社会的安定情况,民族之间的关系等。文化环境,是指领导活动所处的外部文化条件,诸如传统文化状况,道德水平,科学技术发展水平,教育发展水平,社会风俗习惯,人们的思想和信仰,社会生活方式等。

(三)从环境对领导活动的作用来划分

从环境对领导活动的作用来划分,领导环境可分为:

有利环境与不利环境。有利环境,是指对领导活动有利的各种外部条件。不利环境,是指对领导活动不利的各种外部条件。但是,有利环境是否就一定会对领导活动产生积极影响,不利环境就一定会对领导活动带来消极影响呢?不一定,因为有利或不利的条件,只有跟领导活动发生关系才会产生影响,所以,关键是看领导活动如何对待。尽管有利和不利的条件是客观的,但是,它是否就一定会对领导活动产生相应的作用不是绝对的。

可控环境与不可控环境。可控环境,是指领导活动成员可以控制的外部条件。不可控环境,是指领导活动成员不能驾驭的外部条件。

领导环境,还可以从其他角度加以划分,诸如,从时间上划分为历史环境、现实环境和未来环境,等等。

### 三、建设良好的领导环境是领导活动的基本职能

建设良好的领导环境是领导活动的基本职能。因为领导活动离不开环境，领导环境可以建设，也需要建设。

（一）领导活动离不开领导环境

建设领导环境之所以是领导活动的重要职能，首先是因为领导活动离不开领导环境。

为什么说领导活动离不开领导环境呢？我们认为主要有两个方面的原因：一方面，领导环境是领导活动存在的时空条件。领导活动要存在和发展，就必须进行运动，而领导活动的运动就必须具备一定的时空条件。任何领导活动总要以一定时间和空间作为自己存在的方式，如果离开一定的时间和空间，领导活动不但存在不了，而且发生不了。可见，领导活动不能脱离领导环境而存在。另一方面，领导环境是领导活动存在的信息、能量、物质交换的条件。领导活动要存在，要发展，必须要与外界进行信息、能量、物质方面的交换，而领导环境不仅是领导活动与外界进行信息、能量、物质交换的场所，而且领导环境的内容，就是与领导活动进行这种交换的内容实体。可见，领导活动一刻也离不开环境。

由于领导活动离不开环境，所以对自己所处的环境必须进行建设，这是领导活动本身所要做的工作。

（二）领导环境需要建设

领导环境的客观性决定了需要对它进行建设。因为领导环境是独立于领导活动成员之外的客观存在，并不会依领导活动成员的意志而转移。领导活动成员只能在承认它、正视它的前提下对其进行建设。

领导环境的复杂性决定了需要对它进行建设。在领导环境中的各种因素本身，诸如经济因素、政治因素、文化因素等是错综复杂的；领导环境各种因素的相互作用后，显得更为复杂；领导环境中的有利与不利因素之间，可控与不可控因素之间在一定条件下是会相互转化的；领导环境与不同的领导成员的结合发生作用显得更为复杂。这些都要求领导活动成员对领导环境进行建设，使之有利于领导活动的发展变化。

领导环境的差异性决定了需要对它进行建设。领导环境中的各种环境在性质上不一样，它们对领导活动所起的作用程度是不同的，它们对领导活动的作用方向也不一致。领导环境的这些差异性，要求领导活动成员对它进行建设，以分清环境性质、作用方向、作用程度，并加以正确利用。

领导环境的多变性决定了需要对它进行建设。领导环境和任何事物一样

是在不断发展变化的。这就要求领导活动成员根据其发展变化规律来进行建设，使之朝着对领导活动有利的方向发展变化。

领导环境的可塑性决定了可以对它进行建设。领导环境是客观的，但是领导活动成员在它面前不是无能为力的。领导活动成员在遵循客观规律的基础上，可以认识环境，利用环境，推动环境发展，促进环境朝着有利于领导活动的方向变化，可以改造环境。

**（三）领导环境只能由领导活动成员去建设**

领导环境需要建设，可以建设。那么，由谁去建设呢？只能靠领导活动成员。因为，首先，领导环境的受益者是领导活动成员，只能由领导活动成员去建设；其次，只有领导活动成员才能把领导环境建设好。领导活动成员处于领导环境之中，对领导环境的特点、情况、发展规律等，就较有条件认识和掌握它；领导活动成员处于领导活动实践之中，对领导环境的建设更能从领导活动需求的角度来建设它。

**四、建设领导环境的意义**

领导环境建设，对领导活动开展有重要意义。它主要表现在：

**（一）建设领导环境可以夯实领导活动的客观基础**

领导环境，是独立于领导活动成员之外的客观存在，领导活动一时一刻都离不开它。它是领导活动重要的基础之一。领导环境的这种基础作用，主要体现在它为领导活动提供了客观条件；为领导活动提供了活动舞台；是领导活动制定路线、方针和政策的重要依据。我们建设领导环境，使领导活动的这一客观基础的条件更优越了，根基更扎实了，与领导活动的需求更一致了，从而使建立在其上的领导活动的基础更牢靠了。

**（二）建设领导环境可以充分发挥领导环境对领导活动的积极影响作用和抑制消极作用**

领导环境，正如我们前面分析到的具有两重性，既没有绝对好的环境，也没有绝对坏的环境，一般都是积极因素与消极因素混杂的环境，只不过是哪一种因素占主导而已。我们建设领导环境，一方面可以为领导环境中的积极因素生长创造更多更好的条件，削弱领导环境中的消极因素的生存条件，从而提高领导环境中积极因素的比例，降低消极因素的比重；另一方面，可以为积极因素作用发挥提供更广阔的活动舞台，缩小消极因素作用扩散的天地；同时，可以调动领导环境中积极因素作用于消极因素的各种力量，从而不断扩大领导环境中的积极作用，日益缩小其消极作用。

（三）建设领导环境可以调动领导活动成员的积极性

领导活动成员积极性与领导环境的好坏有着直接的关系。这是因为：第一，领导环境为领导活动提供客观基础的良好程度，这本身就关系到对领导活动成员激励作用的有无和大小。第二，领导环境与领导活动成员的情绪有着直接联系。领导环境好，领导活动成员的情绪高涨；领导环境不好，领导活动成员的情绪不佳。而领导活动成员的情绪具有感染性，好的情绪使其参与的整个领导活动都带上好的色彩；不好的情绪使其参与的整个领导活动都笼上阴影。一个人的积极性与其的情绪状态是直接相通的。第三，领导环境，特别是微观领导环境，直接关系到领导群体对其成员的吸引力的大小。优良的微观领导环境，使领导群体对其成员具有大的吸引力，使领导活动成员对其群体有大的"向心力"，使其成员为领导活动目标而努力奋斗；差劣的微观领导环境，使领导群体失去了对其成员的吸引力，而产生"离心力"。我们建设优良的领导环境，夯实了这一客观基础，使其对领导活动成员产生巨大的激励作用；使领导活动成员保持良好的情绪；增强了领导活动群体对其成员的吸引力，增大领导活动成员对其群体的"向心力"，这都大大调动了领导活动成员的积极性。

（四）建设领导环境提高了领导活动成员按规律办事的能力

领导活动成员是否按客观规律要求办事，对领导活动成功关系极大。而建设领导环境对提高领导活动成员按客观规律要求办事能力很有好处。因为：第一，领导环境有其发展变化规律，人们建设领导环境，就要认识领导环境的发展规律，按该规律来进行建设，从而提高人们的规律意识，把握规律的能力。第二，由于领导环境对领导活动产生作用，涉及领导环境与领导系统的相互作用，也涉及领导环境与领导系统各要素之间的相互作用，所以，在建设领导环境过程中，促进领导活动成员去研究、认识、了解领导系统及其领导系统各要素的变化发展规律，去理解、掌握领导环境与领导系统之间、领导系统各要素之间的相互作用规律。第三，建设领导环境，包括对领导环境的认识、保护、利用、改造、发展等各项内容，从而促进领导活动成员去认识、把握领导环境，保护规律、利用规律、改造规律、发展规律等。

## 第二节 领导环境的把握

### 一、客观环境的认识

领导活动要利用客观环境，首先要认识客观环境。对客观环境只有做到正确的认识和把握，才能做到对它有效的、充分的、合理的利用。那么，对领导活动的客观环境如何认识和把握呢？

（一）认识客观环境的现有状态

要认识领导活动的客观环境，首先要认识其现有的面貌。由于客观环境分外部环境和内部环境，因此，必须对其状态分别加以描述。

外部环境状态主要是指政治、经济、文化、人口、地理环境状态。

内部环境状态主要是指领导活动在特定的组织内的各种环境因素的状态，具体是指组织、人际、心理、工作环境状态，领导集团状态和组织内部各单位之间关系的状态。

（二）认识客观环境诸因素之间的相互关系

要讨论客观环境，其主要目的是要分析客观环境对领导活动的影响。而客观环境对领导活动的影响不是孤立作用的，而是客观环境诸因素在相互联系中共同对领导活动发生作用的，因此，对客观环境的认识，不仅要认识其状态，而且要认识客观环境诸因素之间的关系。

由于客观环境分为外部环境和内部环境，因而客观环境诸因素之间的关系，就有外部环境诸因素之间的关系、内部环境诸因素之间的关系和内部环境与外部环境之间的关系。

1. 外部环境诸因素相互之间的关系

领导活动系统外部环境包括很多因素，但是从大的方面来说不外乎经济环境、政治环境和思想文化环境三大因素。其他因素都可分别归入这三大因素之中。外部环境诸因素之间的关系，就是指它们三者之间的关系。

经济环境的决定性。由于经济环境包括地理条件、生产力、经济制度等内容，因此实质上是一定社会、一定时期的物质资料生产方式。因为生产方式是人类社会发展的决定力量，因此，它对政治、思想文化也起决定作用。

政治环境的主导性。政治环境主要是政治制度等，它是应经济基础需要而产生的，而一经产生，就以一种外在的、独立的力量作用于社会。由于政治制度包括国家、社会政治生活领域的各项制度等，有其阶级职能、管理社会事务等特殊职能，因此，它在社会生活中起着主导作用。

思想文化环境的导向性。由于思想文化包括属于上层建筑的意识形态和不属于上层建筑的意识形态，而人们在认识特殊事物的时候，要以一定的世界观、方法论为指导，受到一般原理的指导，因此，它在社会生活中起导向作用。

可见，政治、经济、思想文化在社会中存在着特定关系，领导活动中的经济环境、政治环境、思想文化环境的关系就是它们特定关系的反映。认识了领导活动系统的外部环境诸因素之间的关系，就不能并列地、同等地来看待各因素对领导活动系统的作用，而是以它们的相互关系来把握各因素对领导活动系统的作用。

2. 内部环境因素之间的关系

领导活动系统的内部环境可以概括为两大因素：一是物质的实体的内容，称之为物质因素，它包括系统所拥有的物质条件和物质手段；二是精神的、观念的内容，称之为精神因素，它包括系统及其成员的思想、意识、观念、情感等。探求内部环境诸因素之间的关系，就是探求物质因素和精神因素之间的关系。

按马克思主义观点，物质与精神的关系是物质对精神起决定作用，精神具有能动的反作用。在把握内部环境对领导活动系统的作用时，既要重视一定的物质条件和物质手段，又要正确发挥精神的能动作用。

3. 外部环境与内部环境之间的关系

从对领导活动系统的作用来看，内外环境都是重要的力量，但是内部环境更为重要。因为直接决定领导活动系统行为的是来自组织内部的力量，来自内部环境的力量比来自外部环境的力量更直接、更现实、更有力。外部环境因素只有通过内部环境因素才能对领导活动系统发生作用。

（三）认识环境的发展变化及其趋势

领导活动系统是个开放系统，它与客观环境存在着动态的相互作用。由于科学技术的发展和社会变革等，客观环境处于不断的发展变化之中。为了使领导活动系统与客观环境保持动态平衡，必须要对客观环境的发展变化及其趋势加以认识。

客观环境的发展变化主要包括：

环境状态的变化。这主要是指数量的增长，性质的转化，特征的变异，存在形式的变动，存在条件的转移等。

环境格局的变化。这主要是指环境诸因素在相互联系、相互影响的作用过程中，形成新的暂时稳定的结构。

环境在发展变化中所形成的新关系网。这主要是指环境在发展变化中所形成的利益关系、竞争关系乃至敌、我、友的关系。

环境发展变化的走向。这主要是看环境发展变化在势头上是扩大还是缩小，在力量上是消还是长，在结构上是稳定还是动荡，在与其他事物关系上是矛盾还是一致，在与自己关系上是有利还是不利等等。

要认识客观环境的发展变化及其趋势，关键是要用发展的眼光，在思想上、认识上高瞻远瞩，做出科学的预见。如何对客观环境发展变化作出科学的预见呢？

善于从事物的内在联系中来预见客观环境的发展变化。客观环境与事物存在着这样那样的联系，必然会形成双方或多方关系，为此，可以从双方关系的一方变化中，预见客观环境的发展变化；从已知双方关系中，预见客观环境的一种发展趋势；从多方关系中的一方情况，预见包括客观环境在内的其他几方面的情况。

善于根据引起事物有规律变化的客观条件来对客观环境发展变化进行预见。客观环境的发展变化总是在一定条件下产生的。这种条件就是变化的基础和根据，是造成一定结果的原因。为此，可以从分析现实条件出发来对客观环境变化做出预见；可以从某种能引起事物普遍变化的共同条件来预见客观环境的变化；可以从仅引起某种客观环境变化的特殊条件来预见该客观环境的变化。

善于留心观察反复出现的类似现象。大量的事实表明，只要具备一定条件，事物的某些特征和现象就会在一定时期内不断地类似地再现出来。只要留心观察这种重复再现的现象，就能发现客观环境发展变化的基本趋势。

**二、客观环境的利用**

一个好的领导者，一个好的领导活动成员，在领导活动中不仅要正确认识环境，而且要善于驾驭环境，充分合理地利用环境，因为正确认识环境的目的在于合理有效地利用环境。

（一）遵循社会依存性原理，把握和顺应时代发展的潮流

在领导活动中，要合理有效地利用客观环境，首先必须根据社会依存性原理去把握和顺应时代发展的潮流。所谓社会依存性原理，就是指领导活动的开展要依靠各种社会需要的驱动和各种社会条件的支持。

1. 领导活动必须最大限度地符合社会发展的需要

社会需要最主要是社会政治需要、经济需要和科学文化需要。在阶级社会里，社会需要又表现为先进生产力和优越的生产关系的代表者的政治愿望、经济利益和科学文化需求。因为其政治愿望、经济利益和科学文化需求跟社会发展的方向是一致的。领导活动只有符合社会发展需要，才能正确地做出决策，才能获得广大群众的支持和拥护，从而获得成功。大至轰轰烈烈的政治革命，小至企、事业单位等各种领导活动都是如此。

领导活动客观环境，特别是外部的社会环境里蕴含着社会需要。利用客观环境，就是要从中来认识和把握社会需要。这里很重要的是从客观环境中确立历史坐标系，也就是从客观环境中来确定国家、社会的历史方位和立足

点，为此，领导活动成员必须从客观环境中来选择和确立价值坐标，从而正确认识和判断客观事物对领导活动的意义；选择和确立时空坐标，从而使自己的领导活动以时代和社会为限定条件，面向世界，面向社会，立足国情，立足实际，在四维时空中来开展；选择和确立立足点，从而使自己从事的领导活动事业在历史长河中寻求到正确的位置，更符合社会历史需要。

领导活动要适应社会需要，在认识社会需要的基础上，必须做到：一是以社会需要为领导活动的出发点和立足点；二是以社会需要来确立领导活动的目标；三是根据社会需要来不断调整领导活动。

2. 领导活动必须考虑客观环境为它提供的社会条件

纵观中外领导活动史，可以看出一个发人深省的问题，即在整个进程中，领导活动的成功是不平衡的。有的时期，领导活动取得巨大成功，人才辈出，业绩辉煌；而有的时期，领导活动遭到严重失败，优秀人才稀缺。从国家和地区分布来看，有的国家和地区领导活动生机勃勃，而有的国家和地区的领导活动则死气沉沉。究其原因之一，就跟其能否利用社会条件有关。

从当前领导活动的客观环境来看，下列环境条件对领导活动具有影响：优越的社会制度；各项体制的改革；总的文化程度及先进的专门化的教育；开放方针的实施；科学技术的发展；商品经济的发展等。稍微观察一下，就可以看出这些环境条件对领导活动所起的作用。

在领导活动中要充分利用环境条件，一是要分析环境条件对领导活动来说，哪些是积极的、哪些是消极的、哪些是反动的；二是要认识环境条件哪些是充分的、哪些是不充分的，不充分的如何去发展；三是要认清环境条件的发展趋势及其与领导活动发展的关系；四是要剖析环境条件各自对领导活动会产生什么影响，以及影响的程度；等等。

（二）根据地域制约性原理，合理地利用地域环境

领导活动总是在一定的空间进行的，总是在一定地域内的领导活动。而一定的地域，居住着一定的民族，各民族总是具有自己的民族特色。一定的地域，都有自己的历史和相应的文化，具有自己的文化传统。一定的地域，都有自己的地理位置、地质地貌、地理气候，以及与此相联系的地域经济。这样，民族特色、历史传统、文化背景、地域经济等具体情况，都会在不同程度上影响到领导活动的开展，制约着领导活动的发展。因此，领导活动要考虑它受到地域环境的制约。

在领导活动中地域环境在以下几个方面是可以利用的：

1. 地域传统

它是指由地理环境而形成的特殊风俗传统。地域传统，一是富有特色；

二是具有很大的力量。生活在富有特色的环境中的人们，耳濡目染，传递习俗，有宝贵的实践机会，也有良师益友。在领导活动中，利用地域传统，一是可以发展旅游经济；二是可以培养专门人才。

2. 地域文化

文化，是一种历史现象。地域文化，是指各个地域由于经济发展水平不同，历史文化传统不同，对教育文化事业的重视程度不同，而呈现出具有某些特点的文化。在领导活动中利用地域文化，一是对文化水平较高，文化设施较多，形成自己文化特色，各种人才辈出的文化兴盛之地要充分认识和珍惜，充分发挥其优势，充分利用、挖掘和培养人力资源；二是对文化水平较低，人才缺少的地域，可激励人们积极改革本地域的文化状况，采取一定的政策吸引人才。

3. 地域经济

这是指不同的地域，其经济发展有不同的特点。地域经济有这么几个明显的特点：一是经济形势。特殊的地理位置，诸如沿海、平原、森林和矿区，其经济资源不一样，经营项目不同，形成不同的经济优势。特殊的历史条件，为经济发展提供的条件不一样，经济发展水平的优势也不一样。二是特殊的人才类型。经济繁荣是文化繁荣的背景和前提，只有经济发达，文化才得以繁荣。一般说来，经济发展，文化就繁荣，各类人才会大量涌现。但由于地域经济分布不平衡，因此也就决定了不同经济地域形成不同的人才类型。

在领导活动中利用地域经济，一是要形成和发展自己的经济优势。现在世界上出现的经济特区，就是利用其特殊的地理位置，在对外经济活动中实行更加开放的特殊政策和灵活措施的结果，我国广东的深圳、珠海、汕头和上海的浦东、福建的厦门等经济特区，就是利用其对外交通方便，与港澳台同胞、海外华侨有广泛联系，在土地、劳动等方面对境外客商有吸引力的地域经济条件，而成功地开展有关领导活动的典范。二是充分利用自己地域的人才类型，形成人才团，促进经济优势。

在领导活动中要充分利用地域环境，必须对本地区的地域性特点进行研究，调查分析本地区的民族特性、历史传统、文化背景、地域经济等方面的状况；要根据时代的要求和本地区的实际情况，研究本地区的优势，以及如何发挥地区的优势；分析自己开展的领导活动与本地域环境的相适应程度，并把在该地域环境特定条件下所带来的最大活动效益作为衡量"适应"的标准。

### 三、客观环境的创造

领导活动系统所处的内外部环境是客观的，但又是可以创造的。因为在实际过程中领导活动不仅受客观环境的影响和制约,反过来它为达到自己的目的,就要想方设法控制其环境,并影响和制约客观环境。事实上,领导组织可以选择和创造自己的活动环境,使环境因素适合自己的需要。

(一) 创造良好的政治环境

领导活动系统可通过下列途径来创造良好的政治环境:

重视主导政治文化建设。政治文化是在特定历史时期内,在社会上流行的人们的政治态度、政治信仰、政治感情和政治价值的总称。主导政治文化是指在特定历史时期内,在社会上占统治地位的人们的政治态度、政治信仰、政治感情和政治价值的总称。① 主导政治文化建设,就是要培养人们树立占统治地位的政治思想,确立正确的政治态度,参与政治实践,培植政治情感,建立正确的政治评价体系。

切实做到政治民主。政治民主,就是在政治生活领域实现人民当家作主,充分发挥人民群众的作用。要做到政治民主,就要让人民群众掌握政治权力;政治上公民一律平等;按多数人意志办事,少数服从多数;民主决策;民主监督;民主管理政治生活等。

健全政治参与机制。这主要是使人民群众参加政治生活有制度上的保证;政治参与公开化;政治参与经常化;政治参与法制化。

做到领导群体政治行为的合理化。领导群体政治行为,是指环境刺激与领导群体政治心理活动相互作用后所做出的一定的政治反应。其合理化,就是要符合事物发展的客观规律要求,这主要是指:领导群体政治行为在指导思想上要以马列主义、毛泽东思想、邓小平理论和"三个代表"重要思想为指导;在行为方法上要科学化;在行为目标上要效益化。

(二) 创造良好的公共关系环境

领导活动总是在一定公共关系环境下进行的。因此,必须创造良好的公共关系环境。由于领导活动的公共关系环境是在正确认识和处理一系列的关系之中形成的,因此,创造良好的公共关系环境,要从对这些关系的正确认识和处理上来着手进行。

1. 正确处理领导活动系统与服务对象之间的关系

领导活动,不管是经济领导,还是政治领导或思想文化领导等,每一种性质的领导活动都有自己的服务对象。因此,创造良好的公共关系环境,就要处理好与服务对象之间的关系。

2. 正确处理领导活动系统与竞争对手之间的关系

---

① 参见王玄武等编:《政治观念概论》,武汉大学出版社1991年版。

在社会主义市场经济条件下,领导活动开展竞争是不可避免的,因此处理好与竞争对手之间的关系,是创造良好的公共关系环境的一项重要内容。为此:

竞争主体之间要相容。领导活动群体与其竞争对手不能互为仇敌,而要在相互容纳的状态下开展竞争。

采取合法的竞争手段。竞争手段符合国家法律,符合国家政策,符合社会主义竞争原则。

采取正当的竞争策略。策略的制定和运用是正确而恰当的。诸如,是靠发掘自己的优势来展现自己的长处,而不是靠打击对手来相对地显现自己的长处;自己的良好形象,是靠自己努力塑造,而不是靠损害他人形象来相对显现;等等。

获取合理的竞争利益。利己与利他相统一;"利"与"义"相统一。

### 3. 正确处理领导活动系统与国家之间的关系

领导活动系统,不管是哪一层次的,都只能是国家大系统下属的不同层次的子系统,因此,它与国家之间关系的处理,是创造良好公共关系环境的重要内容,领导活动系统必须:

认真贯彻执行国家颁布的有关政策、法令。这里包括以下几个方面的涵义:贯彻党和国家的方针、政策;执行领导活动系统所在地区的政府对领导活动所颁布的地方性的方针、政策、法规,遵守法律、法令;执行主管部门的指令和决定。

认真履行领导活动职能,严格履行所承担的责任。根据领导活动系统与国家之间的工作责任制,全面完成自己所承担的国家任务,积极提高社会效益。

主动接受国家的指导和监督。为保证国家的规划、计划得到实现,为保证领导活动的社会主义方向,国家必须通过各种手段和形式,对领导活动进行指导、监督和调节,领导活动成员必须主动接受国家指导和监督。

制定行之有效的有关政策。领导活动系统为更好地贯彻执行党和国家的方针、政策,完成自己的任务,需要制定有关的政策和规定。这些政策和规定,必须与国家的方针、政策精神相一致,必须从领导活动系统的实际出发。

### (三)创造良好的组织环境

组织是为了一定职能而形成的群体,是人们依照一定的社会关系相互结合的产物,如果在领导活动中,领导者善于调动手中的物质条件和组织条件,使领导组织成为其成员的"依靠物",那么,领导组织就会吸引着它的成员，人们把这种理论称为组织吸引原理。因此，创造良好的组织环境是创造环境的一项不可忽视的内容。

1. 增强吸引力

增强吸引力即建立人与人之间良好的人际关系。为此，一是领导者要真正成为领导组织里的"主心骨"，以自己的能力吸引着组织成员，使其感受到组织是自己的"依靠物"。二是要上下同心，领导活动全体成员在追求上保持一致性，从而产生强烈的事业心和高度的责任感。三是发展领导组织成员优良的个性心理品质，促进人际关系的融洽。

2. 竞争

由于人们都有一种不愿落后于他人的心理，因此领导活动各成员之间就存在着强与弱、先进与落后、优与劣、正确与错误等的竞争。领导活动可通过竞争，肯定先进，激励后进，改正错误而不断向前发展。因此，良好的竞争环境，是良好的组织环境的一个方面。为此，各级领导组织和领导者，一是要培养职工的竞争意识。二是要注意开发领导活动目标的导向力，使事业目标能诱发人们的动机，规范一定行为的方向，激励竞争行为。三是要创造一定的压力环境，培植人们的自尊心、危机感和忧患感，引导职工时刻担心自己的民族、国家、集体和自己会在各种挑战面前和激烈竞争中被甩下，变落后，激发起奋发图强的精神。四是要挖掘差别境界的功能，引导人们认识"平均主义"、"大锅饭"的要害在于没有差别，认识改革的政策和措施所产生的必要的合理的差别，体验奖勤罚懒、拉开分配档次所形成的差别，促进竞争。

3. 争鸣

形成各执己见，辩论是非的风气。

在领导组织中，对各种问题形成互相辩论是非的风气，具有客观必然性。从客观上讲，由于事物的现象和本质的不一致，一切事物都处于不断运动变化之中，人们在一定阶段内，对领导活动的问题不容易取得一致的看法是正常的。从主观上讲，在一定历史条件下，人们对领导活动认识的相对有限性，也决定了争鸣产生的必然性。

争鸣是推动领导活动的有效手段，它可以提高领导活动成员特别是领导者的民主意识，使领导活动民主化，它可以活跃被领导者的思想，提高参政议政的能力，有利于克服思想惰性；它有利于促进人们对领导活动的思想、理论、规律等的认识，提高领导活动开展的科学性；它有利于造成一种"群体竞争"的态势。

(四) 创造良好的工作环境

领导活动成员总是在一定的自然环境下工作。这种环境包括宏观的自然环境和微观的自然环境。宏观自然环境,是指诸如气候、山脉、河流、土壤、植物等周围各种条件的总和。微观自然环境,是指人直接接触的水、空气、声音、光照、色彩、温湿度、干燥度等,人们又称它为工作环境。工作环境是人们工作过程中直接接触到的自然境况,对人们的活动影响极大。

# 第五篇 领导观念论

马克思曾经指出，观念的东西不外是移入人的头脑中改造过的物质的东西而已。恩格斯也曾经说过，一切观念都来自经验，都是现实的反映——正确的或者歪曲的反映。

正确的领导观念来源于领导工作的实践，是在实践中不断总结出来并符合客观实际的领导思想，是对领导地位、作用、权利、义务、职能、责任和自身形象等有关领导问题的本质性认识。它一方面反映了领导工作实践本身的发展水平；另一方面，也反映了领导者对领导科学规律性的认识水平。

# 第十三章　领导思维方式

领导者首要的职责是决策，而科学的决策靠正确的领导思维方式。领导思维方式正确与否直接决定了领导者在实际工作中能否真正做到一切从实际出发、实事求是，而且也决定了其所从事的事业是否成功，领导思维方式的优劣还充分体现了领导者思维素质的优劣和领导水平的高低。

## 第一节　领导思维方式的概说

人的活动的整个过程，都是在思维的指导下有目的、有计划的创造性活动，是围绕着"观念地存在着"的目标或蓝图而进行的。在思维过程中所采取的思维方式直接决定并影响着人们的思维过程与思维结果的准确程度，进而影响着人们观察问题、分析问题和解决问题的熟练程度和准确程度。因而，对于领导者而言，了解领导思维方式的涵义、特征和作用具有十分重要的意义。

### 一、领导思维方式的涵义

领导思维方式有其特定的涵义。

(一) 知识和信念是领导思维方式赖以存在的基础

1. 知识素质决定领导的思维方式

知识是人们在认识世界和改造世界的实践过程中，对世界进行理解和控制而形成的带有实证性的观念性成果。知识既可以是经验性的，也可以是理论性的。经验性的知识是局部的和零散的，通俗地说，就是只知道这是什么，而不深究这是为什么；理论性的知识则是在经验知识的基础上形成的，它具有普遍性和体系性，不但回答这是什么，也回答这是为什么和应该怎么办的问题。知识的重要特征是确定性和一定程度的真理性。因为无论是经验性的还是理论性的知识，他们都是经过实践检验了的。人们正是依据知识的真理性，才把它们作为思维的基点和行动的指南。

知识素质决定领导的思维方式，思维方式影响并作用于决策行为，领导者不加强知识素养，"高素质"就无法体现出来。因此，知识对一个现代领导者来说是至关重要的。

2. 胸怀信念支撑领导的思维方式

所谓信念，就是对某种未被实践认证的观念的确认，是对和这种观念相应的境界的向往。

信念有对错之分。正确的信念能正确引导人，错误的信念则使人误入歧途。一个领导者有没有信念，信念是否正确，也是相当重要的。

领导者在认识和改造世界的过程中，无论思维也好，行动也好，都不能没有信念，更不能没有正确的信念。因为在领导者面前，总有一些未知的领域，作为领导者，要在未知的领域中有所作为，就必须有所预见。有了正确的信念，决策就有了主心骨、预见性。而信念的预见可以增强人的意志，使人百折不挠，受挫而弥坚。信念正是由于其在领导者心中的似真理性，而成为领导思维的支点和行动的指南。

知识和信念本身并不等于领导思维方式，但任何思维都离不开知识和信念的依托，领导思维方式本身也只能从知识和信念中提炼出来。所以说，知识和信念是领导思维方式的基础。

（二）领导思维方式的构成要素

领导思维方式是一个复杂的系统，是由各个要素构成的对社会对事物的认识方式。从广义上划分主要由两大系统构成，即领导思维方式的外在系统和内在系统。

1. 领导思维方式的外在系统

领导思维方式的外在系统，是领导思维方式的社会存在方式，它是由思维主体、思维客体、思维主客体相互作用等三个方面组成，是思维主体以一定的中介系统去把握客体的运动过程。

一是领导思维主体。从广义上讲，应该包括参与领导活动的领导者和与之有共同目标的追随者。从狭义上讲，主要是指掌握了各种思维符号和工具、具有一定思维能力的、从事领导活动的领导者。他们是领导思维活动的承担者和发动者，是领导思维活动赖以进行的物质基础。他们既是社会历史的产物，又是社会历史的推动者，在不同的社会历史发展阶段上，表现出不同的状况、能力和水平。

二是领导思维客体。它是指主体的思维活动所触及或指向的一切事物。

实体和现象，是主体的所谓对象。领导思维客体可归纳为自然客体、社会客体、精神客体等三种基本类型。领导思维客体是同领导思维主体所处的历史条件、社会关系联系在一起的，并随领导思维主体和实践的变化而不断变化。

三是领导思维的中介系统，它是指能使领导思维主体和领导思维客体社会地、历史地联系起来的系统，它主要由技术中介系统和思维操作系统组成。技术中介系统主要由生产工具和生产技术手段构成；思维操作系统则主要由各种各样的观察工具、实验仪器、计算器具、智能模拟手段即物化的思维工具构成。

领导思维主体、客体、中介系统三者在一定的社会历史条件下结合在一起，构成特定时代的领导思维方式。在现代领导思维方式中，领导思维主体逐步向综合型、复杂型、智能型趋势演化并体现出高度社会化的特征，从以领导者个人为主发展到以集体、团体、群体为主；从人脑为主发展到以人—机系统为主。与此相适应，现代领导思维方式的中介系统，正运用着前所未有的以计算机为代表的各种思维工具，以各种物化的思维工具使思维操作系统更加现代化，从而为人类研究和处理各种复杂的、整体性的客体，提供了可能和保证。

2. 领导思维方式的内在系统

领导思维方式的内在系统，是存在于领导者头脑中的观念系统，是领导思维作为精神现象、精神系统的自身存在方式，是由各种领导思维要素、精神成分构成的精神世界。思维方式的内在系统构成人类特定时代的思维定势、思维框架、思维空间和具体的思维模式，构成主体通向和把握客体的内在机制。从总体上，构成领导思维方式的内在系统可以划分为三个基本的子系统，或称三个基本要素，即知识信息系统、动力调控系统和智力、智慧系统。

一是知识信息系统。它是领导思维方式内在系统的基础，是全部领导思维活动的支点。知识信息系统主要包括知识、经验、观念、思维形式、思维方法和思维因子等。它是人类认识世界的成果以及认识世界的方法在人脑中的内化，它反映思维对事物把握的深度和广度，也是人类现实的思维出发点。领导思维活动之所以产生，就在于领导思维方式内在的知识信息系统为其提供了思维的支撑点以及思维的线路、规则和格局。

二是动力调控系统。它是领导思维方式内在系统的又一个子系统，它主要包括需要意识、价值观念、动机、情感、情绪和意志等要素。与知识信息系统相比，动力调控系统在总体上属于非知识性、非理性、非逻辑性的，但它却是领导思维方式内在系统中最有活力的部分，它提供了领导思维活动的动因、动力和调节控制的机制。

三是智力、智慧系统,又叫思维能力系统。它是领导思维方式内在系统的深层次结构,是体现领导思维方式整体水平的系统。毫无疑问,没有知识,人的智力、智能、智慧以及思维能力就无从谈起。但是,知识本身并不等于智力和智慧。领导者的智力和智慧,主要体现在运用知识、驾驭信息以及组合其他各种思维要素,如何使观念、情感、意志等去生产新的科学知识和思维成果的过程。所以,智力、智慧意味着领导者的实际才能和能力,是领导思维方式中更为高级的系统。智力、智慧系统主要由科学概念网络、哲学观念体系、思维类型和思维模式及其操作等要素构成。

(三)领导思维方式的定义

根据以上分析,可以给领导思维方式做出定义如下:

所谓领导思维方式,是从事领导活动的主体的理性认识方式,是领导活动主体以一定的时代背景、知识、信念等因素为基础,对信息加工处理后所形成的思考问题的方法,是按一定结构、方法和程序把领导思维诸要素结合起来的相对稳定的思维运行样式或模式。它反映领导活动主体运用各种思维方法的熟练程度和认识客观规律的准确程度。

## 二、领导思维方式的特征

通过对第一部分的学习,我们对领导思维方式的定义有了一定的了解,那么植根于我们这个时代的特定的领导思维方式也必然显现出其独特的方面。简而言之,现代领导思维方式应该具有以下几个基本的特征:

(一)领导思维方式的开放性特征

现代领导思维方式的开放性特征,是指现代领导思维方式的主体要不断开拓思维空间,转换思维视点,多角度、多方位地思考对象,用开放的观点看问题。具体表现在两个方面:

第一,现代社会多样化、个体化发展趋势,要求人们从多侧面、多角度、多因素出发来考察问题。经济体制改革破除了传统计划经济体制下单一的公有制模式,我国经济领域呈现出国有、集体、私营、个体、中外合资等多元化经济成分同时并存的局面。社会分配方式产生了按劳分配、按资分配、利息收入、承包租赁收入等多种多样的分配形式并存的状况。改革开放也调动了个人的积极性,释放了人的潜能,有利于个人多方面才能的培养和发挥,从而使社会个体发展出多样、丰富的个性特征。改革解放了人的思想,促进了科学文化的繁荣,科技文教战线迎来了"百花齐放、百家争鸣"的新局面。总之改革使我国社会面貌多姿多彩,它必然要求领导者在分析和处理问题时,破除"一刀切"的、片面的、局域性的、单一的思维模式,从多侧面、多角度、全方位来认识和把握事物。当今社会多种社会制度并存，尤其在两大阵营解体后，国际格局发生了重大变化，从两极变化到多极，打破了一二个超级大国主宰全球的局面。由于经济利益的冲突，发达国家之间，发达国家和发展中国家之间，发展中国家之间新矛盾、新问题层出不穷。国际上各种政治力量不断分化组合，产生了众多不同的政治经济组织和集团，如"亚太经济合作组织"、"欧洲共同体"、"世界贸易组织"，等等。世界政治格局的多极化，社会制度的多元化，也要求领导者站在利益的中心多角度、全方位、开放式地认识和把握国际政治经济现象，不断地在自身与周围国际环境的比较中确立本国、本领域应有的位置，唯有如此，才能更好地利用国际环境，发展自己的生产力，在世界上占有自己的一席之地。

第二，当代社会由封闭走向开放，要求人们用开放的观点看问题。在知识经济时代的今天，生产力以及经济社会都在努力实现跨越式的发展，国际分工与协作，国家间经济政治的相互渗透、相互依存程度越来越深。今天，"胸怀祖国，放眼世界"已不再仅仅是一句充满政治色彩的"豪言壮语"，它有着实在的要求和深远的意义。就在世界经济开放的同时，全球范围内的科学、文化、教育、司法、卫生、环境、环保等方面的交流和协作也日益扩大。现代人类社会由封闭走向开放的发展趋势，要求人们必须抛弃封闭的思维方式，确立开放的思想观念，不断开阔思维视野，变换思维视角，多方位地认识和把握事物。作为领导者，其思维方式能否做到真正的开放，直接关系到其所在的领导领域能否在激烈的竞争中占有自己的生存之地，能否有所发展和突破，也体现着领导思维素质和领导水平。

（二）领导思维方式的综合性特征

领导思维方式的综合性特征，是指运用综合、合作、互补的观念来分析和处理问题。具体表现在以下几个方面：

第一，综合是推动现代科学技术产生和发展的强大动力。近代社会，人们对科学进行分门别类的研究，科学发展以科学分化为主要特征。当代社会、科学发展出现了前所未有的新态势：一方面高度分化，另一方面又高度综合，而科学分化则是科学综合的深刻体现。当今时代，新的分支学科不断涌现，如生物化学，经济伦理学，思想政治教育心理学等，它们都是两门或者多门学科的相互渗透，相互融合，尤其是现在的边缘学科，其发展前景十分宽广。综合不仅促使新科学产生、发展，而且是推动高技术发展的强大动力。美国阿波罗登月工程总指挥韦伯曾经说：阿波罗登月舱没有一项新发明的技术，都是现有的技术，关键在于综合。日本企业界提出"综合就是创新"的口号，把它作为企业技术开发的重要指导思想，研制出许多新的产品，取得技术综合的优势，有力地促进了日本经济的繁荣。如世界著名的日本本田摩托，其先进的发动机技术，来自欧美几十种最新发动机技术优点的综合。综合是推动现代科学技术产生和发展的动力，根源于客观世界的物质统一性。客观世界是由不同部分组成的有机整体，各门学科从不同侧面反映了客观世界的局部面貌。科学的最终目的是要完整准确地反映客观世界的本质，而要达到这一点就必须把握客观世界的整体面目，这就必然要求现代科学技术通过各门学科的相互融合来把握客观世界的全体面貌。

第二，社会生活一体化和全球经济一体化的特征，要求领导在处理问题时必须树立综合观念。当代社会，信息传递快捷，社会交往发达，社会生活各领域的联系日益紧密，出现了一体化发展趋势。如农、科、教一体化，生产、科学、技术一体化，国内市场与国际市场的一体化，生产力的国际化，等等。社会生活的一体化特征，要求领导者在日常生活工作中必须用综合的观点来分析和处理问题。市场经济主导着当今世界经济发展的潮流，市场经济把世界各国的人力、物力、财力紧密地联系在一起，社会物质生产出现了在高度分工基础上的国际性协作。商品流通冲破了地域和国界的限制。在这种情况下，任何国家要发展生产力，都必须确立综合观念，即不仅要立足于本国的国情、国力，而且要充分利用国际范围内的市场经济大环境。对于一个企业来说，要在市场经济中立于不败之地，也必须有综合观念。企业的管理和决策，不仅要看到国内市场，而且要放眼国际市场，不仅要考虑企业的现在，更要综观到企业的未来。而这一切的关键在于领导者是否有着综合的思维方式，只见树木不见森林，不能综合地看待思维对象是难以达到预期目标的。

第三，合作、协调、互补已成为当今世界时代精神的重要组成部分。现代社会，科学研究的主题已从过去分散式的个体研究转变为合作式的集体研究。据美国社会学家朱克曼在《科学界的精英》一书中的统计，从1901～1972年间，共有286位诺贝尔奖获奖者，其中185人，即多达2/3是与别人合作进行研究的。在诺贝尔奖金设立的头25年，合作研究获奖人数占41%；在第二个25年，这一比例升至65%；而在第三个25年，这一比例达到79%。这表明合作研究已在科学研究的最高层次占据明显优势。当今世界核战争的阴云、环境污染、温室效应，已使全人类的共同利益较之于以往任何时代都更加严峻地摆在全人类面前，世界各国现存的核弹足以毁灭地球几十次，战争双方的核攻击，已使战争中没有胜利者可言；生态环境的恶化，已严重危及人类的生存和发展。"地球只有一个"，全人类共同利益的存在，必然要求世界各国减少分歧与对抗，增加协调与合作。功能互补是客观世界普遍联系的重要表现。如国有经济与个体、私营经济，对于发展我国的生产力就具有优势互补、密切相联的特征。现代社会由封闭走向开放，开阔了人类的视野，人们接触到众多的新事物、新矛盾、新问题，使人类能够从对不同事物的比较中，认识和把握客观事物之间的互补特性，从而自觉地破除那种绝对分割、绝对对立的形而上学的观念，领导者就要正视各种社会问题所在，按照综合、互补的观点去分析和处理问题。如把社会主义制度的优越性与资本主义国家的先进管理方法相结合，把计划与市场相结合。

第四，具有综合特征的思维方法——系统思维方法在当代社会得到广泛应用。所谓系统是由若干个要素（或组成部分）相互联系构成的有机整体。整体性和结构性是系统思维方法的两个最重要的原则。系统方法的整体原则告诉我们，系统整体具有其组成部分没有的新功能。系统的整体功能优势，实质是系统各部分间的综合互补优势。系统方法的结构性原则认为，系统结构决定系统功能，具有相同要素的两个系统，其结构不同，功能就不同，因此必须优化系统结构。而优化系统结构，其关键在于搞好系统内各个部分的综合。系统思维方法已广泛应用于当今社会的军事、经济、科研各领域，集中体现了对思维方式综合性特征的要求。如在一个团体中，领导者能否发现其各个成员的优势和不足，对其进行恰当的重新组合，对团队战斗力的发挥有着重要影响。

（三）领导思维方式的战略性特征

领导思维方式的战略性特征，是指领导者着眼将来，思考现在，通过对未来的预测规划，指导当前的活动。

第一，确立战略性思维，是高科技发展的需要。20世纪70年代以来，蓬勃发展的生物工程技术、信息技术、航天技术、新材料技术、海洋工程技术等高科技及其产业，成为当代经济发展的火车头，成为科学技术是第一生产力的集中体现。据统计，我国手工业人均年产值2000元，传统工业人均年产值2万元，高科技产业人均年产值10万~20万元。而在1982年，美国使用电子计算机完成的工作量相当于4000亿脑力劳动者一年的工作量。高科技深刻地改变着人类社会生活的各个领域，其作用是多方面的：从经济发展来讲，高科技是生产力；从政治角度来说，高科技是影响力；从军事角度来看，高科技是威慑力；从社会发展而论，高科技是推动力。高科技的发展水平已成为一个国家综合国力的主要因素，已成为一个国家发达与否的重要标志。正因为如此，世界各国都力争在高科技领域占有一席之地，纷纷制定发展本国高科技的计划。因而领导者要制定正确的目标、计划，就必须预测高科技的未来发展趋势，确立战略性思维，预测各种问题的发展趋势，制定长期的、机动性的对策，才能以科学的领导思维方式应对未来，临危不乱。

第二，市场经济是竞争经济，要在竞争中取胜，必须确立战略性思维。生产力和科学技术的迅速发展，使得社会面貌变化加快，市场行情瞬息万变。现在证券市场的市场行情不是以天、小时来计算，而是以秒来计算，一秒钟一个行情。随着科学技术向生产力转化周期的缩短，导致产品更新换代速度加快，使企业间的竞争空前激烈，决不能满足于生产今天可用的产品，而要着眼于开发明天可用的产品。只有这样，才能在产品的更新换代中领先一步。要洞察市场先机，就必须确立战略性思维，科学预测市场的未来发展趋势，挖掘人们的未来需要。

第三，当代社会面临人类物质生产的负效应加剧，要求人们确立战略性思维，预测改造自然的整体后果。生产力和科学技术的迅速发展，一方面提高了人类改造自然的能力，同时也造成了对自然生态环境的破坏，危及人类的生存和发展，人类物质生产活动负效应在现代社会表现得尤为突出。大量的二氧化碳排放，造成了全球性的温室效应，加剧了干旱和土壤沙漠化；在空调为人类的炎炎夏日带来凉爽的同时，却导致了臭氧层的破坏；汽车为人们出行带来便利的时候，却是酸雨对粮食作物的极大伤害；工业生产中大量污水，农业生产中的农药、化肥的滥用，严重污染了水源和土壤……面对生态和环保问题，必须具备战略性思维，领导者才会为明天着想，为下一代着想。

（四）领导思维方式的创造性特征

领导思维方式的创造性特征，是指决策主体在已有的经验基础上，发现新事物、创造新方法、提出新方案、做出新决策、解决新问题等开展创造性意识活动的思维模式。创造性思维是现代科学思维方式的最重要特征。今天，无论是社会生活领域还是科学技术领域，那些只知道被动接受知识和信息而思维呆板的人，几乎无法适应社会发展的要求。

创造性思维要求人们在思考问题时，要正确处理好过去与现实、现实与未来的关系。创造性思维活动，并不是一种与前人、他人毫无联系的"全新"思维活动。它立足于现实，在前人认识的基础上，针对新问题，结合新情况，运用新方法，以求新突破。

（五）领导思维方式的唯实性特征

领导思维方式的唯实性特征，是指领导者把科学的实践观引入思维方式中，全面论证实践在思维中的决定作用和基础地位。

列宁曾说，生活、实践的观点，应该是认识论的首要的和基本的观点。实践的观点之所以应该是认识论的首先的和基本的观点，就在于实践是认识的基础，它对人的认识活动及发生和发展起着决定性的作用。实践产生了认识的需要，实践为认识提供了可能，实践是认识的来源，实践是检验认识的真理性的唯一标准。他提出的"注重实效、以行证知"、"以行验知"，也是以客观实践为检验认识真理性的标准的思想。同时，唯实性思维方式，既是现代科学思维方式的重要组成部分，也是其他思维方式的共同基础，具有各种特点的其他思维方式，都必须立足实践为共同要求。这就是领导思维方式具有的唯实性特征。

（六）领导思维的科学性特征

科学性思维方式是建立在科学技术迅猛发展的基础上的，它基本包括两个层次，即经验层次和理论层次。经验层次是建立在与具体的实践对象直接联系的基础之上的。在经验层次的基础上，形成具有高度抽象和概括、以深邃的逻辑规则组织起来的关于客观事物本质联系和规律的认识，即理论层次。科学性思维方式是现代思维方式的典型特征与集中体现，它对社会生产生活及其他各个方面都产生着越来越深刻的影响和指导作用。

综上所述，我们可以得出现代领导思维方式具有开放性、综合性、战略性、创造性、唯实性和科学性等显著特征。这就对领导者提出了全新的课题，在实践活动中适应时代的需求，不断在实践活动中提高自身的领导水平和领导素质，培养新时代的领导思维方式，做新时代的领导精英。

## 第二节 自觉更新领导思维方式

恩格斯曾经说过："每一时代的理论思维，从而我们时代的理论思维，都是一种历史的产物，在不同的时代具有非常不同的内容。"① 作为一种社会意识的存在，领导思维方式也是一种历史的产物，它随着时代的发展变化而发展变化。因此，随着时代的发展变化和不断更新，我们应当自觉地更新领导思维方式，做到与时代同步。

### 一、认识思维对象的变化

（一）时代变化呼唤领导思维方式转换

马克思主义早就告诉我们，意识是基于物质而产生的；意识形态领域内的变化，其根源必定在于社会物质生活条件（主要是社会经济关系）的变化；每一种思想体系，都有其赖以产生、存在和发展的客观历史背景，背景

---

① 《马克思恩格斯全集》第20卷，人民出版社1991年版，第661页。

变化了，思想体系也必然要随之变化。

新中国成立时，我国在很大程度上直接引用了前苏联的经济体制和政治体制模式，自然而然也就引入了与这些体制相适应的领导思维方式。当时，前苏联经济上实行高度集中统一的计划经济体制，应运而生的领导思维方式必然是计划经济的产物，是为计划经济的运行和操作服务的；无论是从思维方式的出发点、落脚点，思维的惯常定势，还是思考问题的角度、层面，以及思维方式的理论和实践依据，无不鲜明地体现了那个时代的特征和主旋律。客观地讲，这些模式包括领导思维方式在当时是适用的，并在社会主义建设实践中起到了一定的积极作用。它是社会主义经济建设理论与时代结合的产物。

然而，到了20世纪80年代，统得过死导致的计划经济弊端越来越明显，我国已开始大步由计划经济向市场经济转变。随着经济领域的大变革和对外政策的大开放，整个社会呈现出新的景象。在这种背景下，要跟上时代的步伐，社会的方方面面也急需发生相应的变革。过去几十年一贯制直接来源于前苏联的领导思维方式等这些意识领域也不例外。但遗憾的是，直到今天，仍有许多领导者还被落后的传统观念、陈旧的习惯势力以及多年"左"的思想意识紧紧束缚。这些思维方式，已远远不能适应现代化建设和市场经济的发展要求。当前，我国正在全面建设小康社会，构建社会主义和谐社会，转换领导思维方式，实现领导思维方式现代化，已成为时代发展的大势所趋。

（二）市场经济发展迫使领导思维方式转换

辩证唯物主义告诉我们，思维与存在具有同一性，思想、观念、思维方式既产生于实践，反过来又可以指导实践、推动实践。中外历史还雄辩地证明，任何大的时代变革无不是以思想、观念、思维方式的转换为其先导的。在20世纪70年代末期，我国思想战线开展了"真理标准"问题的大讨论，实际上就是一场思想、观念、思维方式的转换更新运动。随后的80年代"文化热"从理论深度和影响广度上都扩大了那场讨论的成果，使人们普遍认识到思想、观念、思维方式转换在社会主义现代化建设中的重要性和紧迫性。接着90年代初，以邓小平同志视察南方讲话为标志，中国大地又一次掀起了思想、观念、思维方式变革的浪潮。"可以说如果没有那次思想、观念、思维方式的转换，很可能至今我们还在计划经济'笼子'里苦熬，也很可能不会有党的十四大提出的'我国经济体制改革的目标是建立社会主义市场经济体制'"① 这一划时代的重大社会经济决策。

---

① 《中国共产党第十五次全国代表大会的讲话稿》（单行本）。

市场经济体制的确立离不开领导思维方式的转换,同样,市场经济的发展更离不开领导思维方式的不断转换和更新。在建立社会主义市场经济体制的进程中,思维方式特别是领导思维方式的转换有着决定性、全局性的意义,因为领导思维方式的转换所带来的不是局部的、暂时的、表面的某一方面的变化,而是深刻的、根本的、革命性的变革。它影响的是一批人、一个群体甚至是一个时代精神面貌的改变。可以说中国社会的改造和发展不仅是一个生产方式的改造和发展问题,也是一个思维方式尤其是领导思维方式的改造和发展问题。现实生活和社会实践的变化,必然迫使领导思维方式的转换。市场经济的发展,客观上要求领导者摒弃旧的思维方式,接纳新的思维方式,为领导思维注入新的血液并使之现代化、科学化。这是因为:

1. 市场经济的发展引起了领导工作内容的变化

随着改革开放的深入和市场经济体制的逐步建立,领导工作的内容发生了深刻变化。由于党的工作重心转移,领导工作由过去的"以阶级斗争为纲"转到了以经济建设为中心,转到全面建设小康社会;由"抓革命、促生产"转到"两手抓、两手都要硬"、"两个文明一起抓",转到构建和谐社会等方面。领导工作内容的这些新变化要求领导者转换视角,改变思考问题的出发点、立足点,不断加强新形势教育与学习,从而引领领导思维方式做出适应形势的重大转变。

2. 市场经济的发展引起了领导工作对象的变化

领导对象就是被领导者,是作为社会实践主体的个人或集体。建立在市场基础上的市场经济,在现代社会化大生产中,主要是通过资源配置、调节供求矛盾和利益分配的经济运行方式来促进整个社会的经济发展的。它的这些特征决定了要适应市场经济在当今的发展趋势,领导者应当关注被领导者思想观念、道德观念、行为交往、生活方式等方面的变化。尤其是群体被领导者,这些变化主要表现在群体的构成成分、人员素质、思想观念、道德情操、信念追求等方面。相对来说,过去的领导对象文化层次比较低,思想比较单纯,经济收入也大体相差不多;而现在的领导对象,文化程度、知识眼界都有了大幅度的提高,他们的生活情趣、生活目的存在很大差异,道德观、价值观也发生了较为深刻的变化。他们的身上集中体现了新时代的特点,在视野、思维上都具有开放的特征。领导对象的这些变化应引起各级领导者的高度重视。领导工作也要及时改变着力点,加强领导工作的现实性和针对性,提高领导效能。领导对象的变化,更说明领导思维方式转换迫在眉睫。

(三)现代科技发展推动思维方式转换

当今世界是知识经济的时代,现代科技正经历着一场前所未有的伟大革命。以电子计算机、网络和现代通信技术为主体的信息技术,已渗透并应用到社会经济的各个领域。作为国家经济建设、社会变革、国家安全乃至整个国家发展的战略技术、信息技术的发展,已经给人类社会的政治、经济、文化等生活理念及方式带来了本质的变化。一方面,信息传播速度迅速加快,使得知识商品化能力大大提高,知识应用于制造业、服务业的速度明显加快;另一方面,由于信息技术革命导致了全球经济的增长方式产生根本性变革,人类进入一个以知识和技术为主导的时代。在这种新型经济中,知识的比重超过劳动力而一跃成为最关键的因素,知识的生产、学习、创新将成为人类最重要的活动。科学技术的飞速发展不仅改变着人们的生活方式,也改变了人们的思维方式。正如马克思所说的那样,那些发展着自己的物质生产和物质交往的人们,在改变自己这个现实的同时,也改变着自己的思维和思维的产物。因此,作为一名现代领导者,一定要审时度势,重视学习掌握科学知识和现代技术,把视野转向现代化、转向世界、转向未来,并深入研究影响思维方式的各种要素及其发展变化趋势,建立科学的现代思维方式。

认识思维对象的变化,深刻把握领导思维方式的现实性和时代性,是现代领导者的基本素质,也是领导活动能否与时代同步的决定性条件。在坚持以人为本、构建社会主义和谐社会的新的历史时期,领导者一定要坚持解放思想、实事求是,以科学发展观为指导,勤于动脑,大胆创新,开创领导工作作风和思维方式的新局面。唯此,我们的各项领导工作才会卓有成效,社会主义现代化建设事业也才会生机盎然,永葆青春。

**二、打破思维定势的消极性**

(一) 思维定势的消极影响

思维定势是指思维主体在思维过程中自觉或不自觉地形成的一种比较稳定的思维趋向。由于思维的惯性作用,思维主体往往倾向于以原有的经验和知识来对待和衡量新的信息。思维定势的形成,主要是思维的参照系数太少,思维主体长期接受同一信息的频繁刺激而造成的。

无可否认,思维定势在思维过程中有积极的一面——当思维主体原有的经验和知识与新信息相一致时,立即凭经验即可对事物做出正确的判断。但是,当思维主体原有的知识和经验与新环境、新信息发生矛盾时,思维定势便会呈现出消极影响。在这种情况下,由于思维主体总是趋向于用老经验、老方法去解释新信息,而不愿意对自己原有的知识和经验加以调整和补充,或者大胆地以逆向思维思考,这时就可能产生以下一些主要的消极影响:

1. 思维主体把新信息加以歪曲而纳入自己原有的知识体系,可能造成

思维的封闭性,束缚人们思维的创造性,从而导致创新的失败

由于思想上对经验和知识的既有认识,既而在心理上对事物的判断产生了一成不变的刻板印象,领导者再不愿去针对具体的环境比较其差异,而是沿袭已经存在的传统和经验,导致在思维上,进而在活动成果上很难取得突破。这样的事情在科学上不乏其例。在爱因斯坦之前早就有科学家提出过长度收缩的假说,他们实际上已经涉及了时空的可变性,进一步就可推导出关于质能公式的假想,但由于思维定势的作用,受既定的以太学说的束缚,几乎走到新时空观的边缘又回到了原来的老路,没有能成为相对论的创始者。而爱因斯坦的成功在于,他敢于突破旧的时空观束缚,不为前人经验左右,突破旧说的约束,另辟蹊径,大胆思考,从而先后创立了狭义相对论和广义相对论,成为科学理论革命的领导者。在思维定势这一不容忽视的思维规律面前,保持一种思考的习惯和冷静的头脑是至关重要的。

2. 思维主体以原有的经验去衡量新信息,可能引起思维方式的偏见,拒绝接受新知识,从而导致活动失败

在世界军事史上也有这样的事例。19世纪英法战争期间,欧洲大陆上不可一世的拿破仑在海上与英国交战却屡战屡败。美国发明家富尔顿向拿破仑建议改进战舰,把法国的战舰砍断桅杆,撤去风帆,把木板换成钢板,再装上蒸汽机。可是拿破仑心想,船没有帆怎么能航行?木板换成钢板,加重了船的重量,船不会下沉吗?于是拿破仑毫不犹豫地拒绝了富尔顿的建议。拿破仑之所以拒绝富尔顿的合理建议,正是他思维定势的偏见因素所导致。他从自己的狭隘经验出发,以老眼光看待新事物,认为凡是有船航行必然要依靠风帆,铁铸造的东西一定会沉落水底。如果拿破仑打破思维定势,认真思考一下科学家的建议,大胆地进行尝试,或许19世纪的欧洲历史就要改写。

3. 思维定势作用引导思维主体按照旧的习惯和经验去判断、看待新事物,以不变应万变,可能使思维判断出现错误,从而导致行动失败

《三国演义》里司马懿中了诸葛亮的空城计,就是他的思维定势造成的。司马懿深知诸葛亮平生谨慎,不曾弄险。由此他断定,自己面对的不可能是一座空城,其中必然有埋伏。司马懿不敢进城并迅速撤退,结果大上其当,同时也失去了一次生擒孔明的天赐良机。司马懿判断失误,完全是由他的思维定势造成的。孔明也正是利用了这一点,才导演了一出堪称千古绝唱的"空城计"。

(二)克服思维定势的消极影响

要克服思维定势的消极作用,首先必须接纳各种新信息,尤其是与原有的知识和经验相反的信息,这样才能扩大思维的参照系,从而冲破思维定势

的约束。其次要灵活运用多种思维方式,从不同角度和不同侧面思考问题,这样才能打破单一的思维模式,激发思维的创造性,从而克服思维定势的消极影响。具体来讲,主要应该从以下几方面来防止和克服思维定势的消极影响:

1. 不因循守旧

消极的思维定势总爱从传统和惯例中找根据。例如"两个凡是",从思维方式来说,就是一种固定化思路的反映。现在我们进行有中国特色的社会主义现代化建设事业,尽管在不少方面仍然需要继承和借鉴以往的某些经验和惯例,但是我们更应该打破思维定势的消极性,不因循守旧,在许多方面大胆而科学地革故鼎新。

2. 不自我封闭

在消极的思维定势禁锢下,人们往往总爱眼睛向内,而不是在注重国内的同时,也放眼国外,学习国外有益的东西。如同鲁迅先生对旧中国一些人的讽喻:凡"国粹"所在,均"妙不可言","即使无名肿毒,倘若生在中国人身上,也便红肿之处,艳若桃花,溃烂之时,美如乳酪"。这种消极影响曾在我国改革开放初期产生不少阻力。随着改革开放不断深入人心,这已经不是主要问题,但仍然在相当范围内存在。要克服这种消极影响,就要求思维主体不自我封闭,以开阔的胸襟迎接新事物,对待新信息。

3. 不盲目崇外

如果说盲目排外已经不是主要的问题的话,那么崇洋媚外的势头却有增无减,这是缺乏民族自信心的一种突出表现。这种思维定势的消极影响是总爱效仿外国,照抄照搬。这同自我封闭的心理思维方式是一个问题的两个方面、两个极端。邓小平同志指出:"改革开放必须从各国具体的条件出发,每个国家的基础不同,历史不同,所处的环境不同,左邻右舍不同,还有其他许多不同。别人的经验可以参考,但不能照搬。过去我们中国照搬别人的,吃了很大的苦头。中国只能搞中国的社会主义。"只有不盲目崇外,我们才能坚定不移地走坚持有中国特色的社会主义道路,中国特色的社会主义事业的成功也才会指日可待。

4. 不简单唯上

总爱从上级的意图和指示中找根据,这是典型的盲从思维定势的消极作用在作怪。各级领导者理所当然应该认真贯彻上级的指示精神,但不应只起简单的"转运站"作用,而应结合本地区、本部门、本单位的实际和特点,创造性地贯彻落实。这便需要开动脑筋,发挥创造性思维的作用,而不能简单唯上,盲目服从。只有这样,才能使执行决策的效率与效果达到优化的程度。

**5. 不片面唯书**

总爱从书本和条条中找根据，这是有些同志长期以来形成的一种思维定势。凡是说话作文，必先引用"本本"；凡是思考和解决问题，必先考虑"条条"，而不注意从实际出发，在实事求是上下工夫。中国无产阶级的革命先辈，并不是在马列的书本里寻求了在落后中国夺取新民主主义革命胜利的途径。马克思能预料到在落后的俄国率先实行十月社会主义革命吗？列宁能预料到中国会用农村包围城市、武装夺取政权吗？因此，在社会主义事业建设过程中，要打破常规、开拓创新，就必须注意摆脱各种妨害创造性思维的消极思维定势，不片面唯书，实现思想上的大解放。

### 三、剖析现有的领导思维方式

在当今时代，系统科学作为一种崭新的思维规律，已经在社会生活实践中得到广泛的运用。它要求我们从客观存在的系统出发，按照系统特性及其运动规律去认识事物，去改造客观世界，在改造主观世界的过程中，我们要学会运用以下六种系统思维方式：

**1."整体"思维**

系统是一个由诸多元素构成的有机整体，其中任何元素都不是独立发挥作用，而是围绕系统的统一目标在彼此协调中发挥各自的功能，产生"整体功能大于各局部功能之和"的整体优化效果。因此，我们认识事物、解决问题，绝不可从各个孤立的个体元素出发，只见树木、不见森林，人为地割裂系统元素之间的有机联系，片面地强调某一方面，即所谓"抓主要矛盾"，寻找突破口。邓小平同志强调指出：改革是全面的改革，包括经济体制改革，政治体制改革和相应其他各个领域的改革。在改革系统中，每一项改革如何进行，都要服从改革系统的整体需要，目的是追求改革系统的整体优化。如果老想用"抓主要矛盾"的思维方法去指导改革，试图寻找改革的"突破口"，不仅不能使其他问题解决，而且破坏了改革的系统性、整体性，达不到改革系统整体优化。在全面建设小康社会的过程中，我们一定要从系统整体出发，树立全国一盘棋思想，不能只顾本地区、本部门的利益，对中央的整体工作部署采取消极或实用主义态度，要坚决维护中央的权威，保证政令畅通，使改革开放在党中央统一领导下有秩序地进行，绝不可脱离整体利益去试图寻找"突破口"。

**2."多极"思维**

二极对称式是普遍存在的，如上下、左右、先后、正负电、南北极、作用与反作用等，长期以来，人们对于这种二重对称现象予以特别重视。当然，其科学价值不可否认，但我们也要看到，事物是由"多极"构成的系统整体，系统联系的对称是多重的。正如乌杰同志所说："就一个具体事物来讲，也有不同的对称，如晶体中大量的三，四，六重对称，植物花序普遍存在五重对称，基本粒子，原子核有多重对称，还有四种核苷酸（A，I，C，G）的四重对称，人体则有偶对称，五对称（手指）等，因此，除了二重的对立统一规律及其思维方式外，还应有多元素的、多重的差异协同及其思维方式。"① 因此，我们在实际工作中，既需要"一分为二"的两极思维，但也不能仅限于此，我们要着眼于客观事物系统的多重内在联系，运用"一分为二"，"合二为一"，"一分为三"，"一分为多"的多极思维方式。我国目前的所有制形式，有以公有制为基础的所有制形式，有外商独资的私有制形式，也有集资、合资、合伙、人股等方式的所有制形式。如何认识，并非一定要"一分为二"地划分为姓"社"姓"资"的两极；计划和市场都是资源配置手段，如果不能突破"一分为二"的两极思维定势，就不能认识到这一点，只能在姓"资"还是姓"社"的争论中踌躇不前。历史的发展已使人们的思维方式从一极思维经过二极思维发展到今天的多极思维，人们的思维再不可停留在"一分为二"的两极思维中，要使思维适合客观世界多极发展的需要。

3. "层次秩序"思维

系统的等级秩序理论核心思想是关于系统的等级观念或层次观念。每一个系统是由不同元素构成的，每一个元素是由次级元素构成的系统。这样，每个系统就成了一个由若干不同等级元素系统组成的系统。领导工作是等级层次极为明确的人工开放系统，根据职能不同一般可分为决策层、管理层、执行层、作业层四个层次，不同层次的工作性质、内容和人物各有区别。决策层主要解决管理工作中带有长远性和战略性的问题，如管理总目标的决策，战略计划的制定；管理层主要负责管理工作中带有协调性的各种工作，将决策层的总目标和战略计划转化为执行层可以执行的具体作业计划和程序；执行层就是组织作业者落实管理作业计划，具体操作管理业务活动。因此，领导工作系统从宏观到微观，不同层次具有职能上的很大差异性，如果领导者不运用"层次秩序"思维去分析自己领导的工作，合理地研究和确定不同的管理层次，必然导致整个工作系统处于混乱的无序状态。"一杆子插到底"只会使工作陷于被动，抑制领导工作应有的生机和活力。

4. "内外因"协同进化思维

---

① 参见乌杰：《系统辩证论》，人民出版社 1991 年版。

"适者生存，不适者死亡"是自然选择的普遍规律。系统生于环境，长于环境，它必须在开放中与环境交换必要的物质、能量、信息，才能维持其生存并保证其结构和功能。我们不仅要承认系统内部矛盾的作用，也要承认外部环境因素、外部矛盾的作用，而且要把环境因素提高到对系统的进化起关键作用的地位来认识。过去，我们一贯视之为真理的"内因是事物发展的根本的第一位的原因，外因是事物发展的非根本的第二位的原因"已经不够或者没有充分揭示外因对事物进化的至关重要的作用。从客观世界大量的事实可以看出，发展就是物质系统与环境协同进化，内因与外因协同作用的结果，二者并非一方总是起决定作用，总是第一位原因，而是在发展过程中交替地起支配作用，协同地促进事物的发展。

改革开放以来，我国的经济发展速度如此之快，就是因为我国的社会主义经济建设与其他国家包括发达的资本主义国家和地区处在相互作用的关系中，在"求同存异"的原则下，通过物质、能量、信息的交换协同发展。《世界自然资源保护大纲》就是呼吁全人类共同保护环境，停止工业对环境的污染，建立生态农业，建设花园城市。我国市场经济建设，其目的是要改变过去在计划经济指导下只重视"内因"的生产局面，让各经济主体走向市场，优化企业同市场的关系。因此，哪个企业能同市场协同进化，就会充满活力并在竞争中不断壮大发展。反之，就会被市场竞争无情地淘汰，遭受失败的厄运。

5."结构—功能"思维

领导者都希望能领导一个高效率的工作机构，如何提高领导工作的效率呢？笔者认为，"结构决定功能"，有什么样的管理主体系统结构，管理工作就能发挥什么样的功能。其结构由三个因素决定：一是要素的质，二是要素的量，三是系统要素之间的联结方式和相互作用。这三个不同的结构要素在规定结构的质及其功能方面各起不同的作用，其中，要素在结构上的排列次序是系统结构质变的重要因素，它直接影响系统整体质和功能的变化。历史上著名的田忌赛马：齐王的上、中、下三马均优于田忌的上、中、下三马。田未改变马的数量和质量，而只是改变了赛马的排列秩序，结果田以2比1胜齐王；还有石墨与金刚石同是由碳元素构成，只是由于碳元素的空间排列不同，就显示出截然不同的物理性质。"人海战术"把重点放在结构要素的数量增减上，而忽视要素的质和空间联结方式的作用，势必限制了"结构—功能"发挥的程度。政府机构如何改革？一要精简，二要提高政府工作人员的素质，三要迅速转换政府职能，不要只着眼于某一方面而要做到三个方面相互配合；企业也要迅速转轨，实行现代企业制度，建立在董事会领导下的总经理负责制的领导体制。

6. "非平衡"思维

"非平衡是有序之源"是耗散结构理论的基本出发点,其创始人普利高津认为:系统只有在开放的非平衡态下,才会产生差异势能,从而实现系统之间,系统内部各要素之间的物质、能量和信息的不断交换,一旦某种参量达到某一阀值,系统就会通过涨落或突变,使系统结构发生质变进入新的有序状态,新的有序结构导致系统整体功能的飞跃,从而推动系统不断进化。现代经济是一个非平衡、非线性的开放系统,市场本质上就是一个不均衡的体系,供求不均衡,买者和卖者不均衡,市场价格因供求变化而围绕价值上下波动,在市场不均衡机制作用下,劳动力、资金、技术、资源等各种生产要素总是因各地区、各部门的发展程度不同而流向收益较大的地区或部门,因而,区域经济不可能平衡发展,产业结构也不应均衡,"非平衡"是客观的、绝对的,"平衡"是相对的,社会经济的发展永远处在"非平衡——平衡——非平衡"的动态过程中,片面追求人为的"综合平衡"只会脱离实际而付出牺牲经济利益的代价。我国社会主义的本质是发展生产力,消除两极分化,最后实现共同富裕。如何走向共同富裕呢?邓小平同志认为提倡一部分地区先富裕起来;允许一部分人先富裕起来;让先富裕的地区发挥示范作用,帮助和带动落后的地区更好地发展。① 这一论断包含了丰富的"非平衡是有序之源"的系统思想。历史的经验告诉我们:共同富裕不等于同步富裕,同步富裕只能导致平均主义和共同贫穷。

系统科学理论是对当代自然科学和社会科学的概括和总结,用它来改造我们的传统领导思维方式,是当代社会实践发展的客观要求。从哲学发展史来看,一种哲学思想的产生和发展,都与当代的科学发展水平有直接的关系。系统理论不排斥辩证法,相反,它与马克思主义的唯物辩证法是一致的,马克思主义的创始人和大师们很早就注意到了系统,并从系统与要素,整体与部分以及要素之间的相互作用进行了阐述,正如美国学者 D. 麦奎里和 T. 安贝吉在《马克思和现代系统论》一文中写道:"马克思确实可以看做是一位早期的系统论者,他的理论工作的主要部分都可以看做是富有成果的现代系统方法研究的先声。"② 只是由于当时科学和社会发展水平等历史条件的限制,这些思想未能进一步普遍化并成为独立的理论。

---

① 参见《邓小平文选》第3卷,人民出版社1993年版。
② 李长域:《系统哲学浅析》,载《系统辩证学学报》,1994(1)。

列宁同志曾经说过，不同的历史时期会把马克思主义的不同方面显示出来。① 在当代，由于科学的一系列突破性发展，由于人类社会复杂化、系统化、整体化趋势日益增强，系统思想在人类思维发展中显示出来，并成为引人注目的思维规律，是合乎历史发展的逻辑的。

剖析不是全盘否定，改造也不是全盘否定，尤其不否定传统思维在一定历史环境中的科学价值及其所产生的积极成果，改造是一种充实，一种发展，其目的是用符合当代社会实践的思维规律去更好地指导当代社会实践。②

**四、更新领导思维方式的框架**

（一）领导思维方式内容的转变

领导思维是指在领导活动中以领导为核心，围绕制定和实施领导目标而进行的理性认识活动。转变传统的思维方式，学会正确的科学的思维方式是现代领导者必须具备的条件。这种转变应是全方位的、系统的，具体包括以下几个方面：

1. 从斗争思维向建设思维转变

所谓斗争思维，是指人们在处理问题和矛盾时，总是从事物的两极出发，通过双方的斗争来解决问题和矛盾的思维方式。斗争思维是典型的两极思维。按照矛盾的同一性和斗争性的原理，任何事物都是对立统一的。矛盾的同一性是矛盾斗争中的同一性，而矛盾的斗争性是同一性中的斗争性。任何离开了同一性的斗争都违背了事物矛盾的特征，是与辩证法相对立的。斗争思维只强调矛盾的斗争性，而忽视了矛盾的同一性，因而从思维方式上说，它不是辩证的，而是形而上学的。从解决矛盾的方式上看，运用斗争解决人民内部矛盾并不十分有效，相反，它还会激起更多的矛盾，不利于事物的发展。过去，我们强调以"阶级斗争为纲"，事实证明，它对社会主义建设并不十分有利，相反还酿成了十年"文化大革命"那样全局性的错误和灾难性的后果。长期的斗争哲学必然培育了人们的斗争思维方式，并把这种思维方式推广到极端，成为我们干部的唯一思维方式。我们的许多干部习惯于搞斗争，并总是想通过斗争来解决复杂的社会问题和矛盾。如果说这种思维方式在过去还用得上，在今天就显得十分幼稚了。

在以"阶级斗争为纲"向社会主义经济建设转变的过程中，我们要树立建设思维的思维方式。

---

① 李长域：《系统哲学浅析》，载《系统辩证学学报》，1994（1）。
② 参见陈克文《变革思维方式的科学》，上海科学院出版社1995年版。

所谓建设思维，是指人们的思维活动从有利于事物的发展和矛盾的解决出发，利用各种有利条件，利用矛盾的同一性去解决矛盾的一种思维方式。建设思维强调的是矛盾的同一性，是矛盾对立面的统一。建设思维不是不承认矛盾的斗争性，而是把斗争性作为手段，通过斗争来达到统一。在这点上，它与斗争思维是根本不同的。斗争思维把斗争既作为手段，又作为目的，不斗争不罢休，甚至没有对立面也要树立一个对立面而与之进行斗争。建设思维在解决矛盾时，比较善于运用矛盾的同一性，特别是善于运用矛盾双方在一个统一体中能够互相吸收、共同发展的特征来解决矛盾。例如，改革开放以来，我们在解决祖国统一、边界纠纷、国与国利益冲突的重大问题时，就是善于利用矛盾的同一性原理来解决矛盾的。建设思维的立足点是化解矛盾、协调冲突，它在和平时期以及在解决人民内部矛盾的问题上有着重大作用，对领导干部思维方式转变的作用和意义相当大。

**2. 从经验型思维方式向科学型思维方式转变**

经验型思维是以个人的经验、阅历、能力和学识为基础，通过个人的主观认识来进行思维的思维方式。而科学型思维是以科学的原理、方法为基础，通过科学的手段和程序来进行思维的思维方式。经验型思维有它的合理性，并在历史上产生过重要的作用。但是这种思维方式是与小生产的生产方式和社会保守稳定相一致的。在进入社会化大生产和社会主义现代化建设的今天，传统的经验型思维方式已经越来越显示出它的局限性，特别是人类已经走向知识经济时代，科学、知识、信息、智力已是社会的重要财富，这就迫切要求我们的领导干部向现代知识型、科学型的思维方式转变。我们应该认识到，过去的知识和经验已不适应现代化建设的要求，靠传统的经验型思维方式不能有效地解决越来越多的新问题。如果我们还满足于用小农经济、计划经济的那一套方法来解决今天的问题，视野不开阔，思想不解放，接受新事物不快，不敢开拓创新，我们的领导干部又如何承担得起建设有中国特色的社会主义伟大事业的重任呢？今天，领导思维方式从经验型向科学型转变不仅显得十分重要，而且越来越紧迫。

经验型思维方式与科学型思维方式的主要区别是：经验型思维方式主要依靠领导者个人的经验来决策，而科学型思维方式主要依靠科学的方法和程序来决策；经验型思维方式不能随条件的改变而改变，它是指向过去的，而科学型思维方式能运用科学知识和技术方法来适应条件的变化，它是指向未来的；经验型思维方式是用行政命令来解决政治、经济、思想和其他问题，而科学型思维方式是用科学的管理方法和现代科学的成果来解决各种问题。

**3. 从封闭型思维方式向开放型思维方式转变**

封闭型思维方式就是把自己与周围环境割裂开来,满足于自身的现状,不求进取的一种孤立的思维方式。开放型思维方式是一种把自己与周围环境紧紧联系在一起,注重交流、注重发展、注重未来的一种外向型思维方式。这种思维方式是开放的,因而它能使人在相互的交流过程中学习他人的长处和优点,有利于接受新的知识、新的信息,有利于改变旧的观念和思维方式;这种思维方式是联系的,因而它能使人在相互联系中加强交往,互通信息,参与竞争,展开横向比较;这种思维方式是发展的,因而它能使人从未来的角度把握现实,从现实中思考未来,有利于社会的可持续发展。

4. 从守旧思维方式向创新思维方式转变

守旧思维方式就是把过去作为标准来评价今天的现实,坚守过去的习惯和传统,否定今天的新事物、新观点、新办法的思维方式。这种思维方式的主要表现是思想保守,面向过去,缺乏创新,如信守"天不变,道亦不变"的观点,教条地对待马克思主义,坚守对社会主义的固定认识,等等。创造型思维方式就是运用已有的思想材料,去发现和创造新事物的思维方式。它是一种具有开创意义的、旨在开拓人类认识新领域、开创人类认识新成果的思维方式。它往往表现为发明新技术、形成新观念、提出新方案、做出新决策、创建新理论等。创造性思维方式在人类社会历史的发展中具有重大作用。它可以不断增加人类的知识总量,不断推进人类认识世界的水平,不断提高人类的认识能力,不断开拓人类的实践领域。创新是一个民族的灵魂,一个没有创新能力的民族是一个没有希望的民族。创造性思维方式对领导思维具有极其重要的作用。

5. 从单一思维方式向多维思维方式转变

单一思维方式就是把复杂的处于相互联系中的事物孤立起来,用片面、绝对的方法看问题和处理问题的一种思维方式。单一思维方式与形而上学思维方式是一致的,也就是说,它是以在绝对不相容中思考问题的方式来进行思维的。在社会生活中具体表现为一切从本本出发,一切照搬照抄,喜欢一刀切,"头痛医头,脚痛医脚"。这种思维方式必然会因循守旧,思想僵化,官僚主义盛行,搞集权独断。单一思维方式不可能产生生机和活力,只会扼杀人的创造本性。多维思维方式是通过多种多样的思维活动,从思维的各个层次出发,对事物进行多方面、多因素和多变量的全面考察的思维方式。多维思维方式的特点就是思维的多角度性、多层次性、互为中介性。多维思维方式反映的是事物的辩证性,充分体现了当今世界联系的网络化特征和层次化特征。随着改革的不断深入,领导所面对的环境是复杂的,面对的社会组织是多样化的,面对的利益群体是多元化的,也就是说,领导系统中领导者、被领导者、领导环境和领导目标都发生了巨大的变化,各个子系统处于错综复杂的关系之中,这就决定了领导者再也不能运用过去单一的行政命令式的方式来进行管理和处理问题了,而必须运用经济、政治、文化等多方面的手段和方式来进行观察和思考问题。可以说,多维思维方式是我们这个时代的一个重要的思维特征。

(二) 市场经济条件下领导思维方式的更新

思维方式的构成是多方面的,要变更思维方式必须从多个环节中抓住最主要最关键的一环,即要树立新的观念。现代领导要充分认识观念更新在转变思维方式中的重要作用,注意把握以下两个问题:

1. 提高思想理论水平和掌握现代科学知识是观念更新的思想基础

观念更新从本质上讲,就是用正确的思想理论和现代化科学知识武装头脑,转变人们头脑中过时的思维方式和知识结构。因而现代领导一定要深入学习马克思主义的基本理论,尤其要加深对邓小平同志的著作和党中央的路线、方针、政策的理解。因为其中充满着具有时代特征的新思想、新观念,我们可以从中直接吸收丰富的思想营养。同时还要提高自己的科学文化素质,扩展知识面,以增强观念更新的内在动力。从一定意义上讲,观念更新也是知识更新的结果。当今世界,很多新观念的出现实际上是浓缩了科学发展的最新成果,这就迫切要求我们提高科学文化水平,开阔知识视野,改变陈旧狭隘的思维方式。封闭的思维模式是影响观念更新和扩展知识视野的一大障碍。我们要努力学习现代科学知识,广泛借鉴社会科学、自然科学和各种新兴学科的研究成果,从中吸取营养,更新观念,转变思维方式,把我们的各项工作做得更好、更出色。

2. 观念更新应该坚持继承与创新相统一

观念更新要注重历史的继承性。传统观念不一定是落后观念,观念更新决不是抛弃我们的优秀传统。应该抛弃的是那些与市场经济和经济建设格格不入的旧传统、旧观念;而对中华民族几千年来形成的自强不息、励精图治、精诚团结、"先天下之忧而忧,后天下之乐而乐"等精神瑰宝,我党几十年来形成的理论联系实际、密切联系群众、批评与自我批评的优良作风,不仅不能抛弃,而且要继承并发扬光大。

观念更新不能照搬硬套。因为别人的东西即便是正确的新观念,也有时空上的局限性,也必须以我国的国情为出发点和落脚点,这就要坚持一切从实际出发,对外国的东西既不能一概排斥,也不能全盘照搬,应当按照我们的实际需要加以选择。同样,即使我国的东西,由于地区经济状况的不同,既有共同点和不同点,也不能全盘照搬。

观念更新和转变思维方式是一项复杂的工程,也是一个长期渐进的过程,要扎扎实实,不能过分强调生动性、趣味性,从而忽视思想性、原则性。我们应该抛弃那些不求实效,只求时髦的做法。

总之,社会主义改革开放和市场经济的发展需要现代化的领导和领导思维方式,现代化的领导和现代化的思维方式的更新和培养是一个渐进而同步的过程。

# 第六篇 领导方法和艺术论

开展领导活动，要想取得预期的结果，不仅要遵循科学的领导思想，而且要使用科学的领导方法，同时还要具有高超的领导艺术。为此，我们在研究前面的一系列的科学领导思想后，需要对领导方法和艺术进行研究，研究主要的领导方法和艺术，以及在领导活动实践中如何有效地运用领导方法和艺术。

# 第十四章　领 导 方 法

学习领导方法，首先必须明确方法的概念和性质。毛泽东指出："我们不但要提出任务，而且要解决完成任务的方法问题。我们的任务是过河，但是没有桥或没有船就不能过。不解决桥或船的问题，过河就是一句空话。不解决方法问题，任务也只是瞎说一顿。"① 这虽然是从具体实践活动中界定方法，但揭示了方法的一般含义，即方法是为达到一定目的而采取的手段或工具。也就是从方法的功能来看，方法是人们认识和研究自然、社会、人类思维等现象的方式、手段的总和。

除了从功能上给方法做出界定外，我们还必须掌握方法的实质。在毛泽东看来，方法就是熟识敌我双方各方面的情况，找出其行动的规律，并且把这些规律用于自己的行动。方法的实质就是把握对象各方面的矛盾，把握其本质和发展规律，并以这些规律性的认识作为人们行动的指南。它表达了如下的意思：方法来源于客观事物，又反过来运用于指导人们的实践。

领导方法是领导者在领导活动中具有的方法。它是领导者思想观念、思维方式、心理水平以及其世界观、人生观和价值观在领导活动中的体现和运用。领导者在实施领导活动过程中所运用的领导方法，直接决定了领导活动目标的实现与否。

所谓领导方法，就是领导者进行活动时对待下级部属所遵循的原则和采取的具体行为方式。如果把领导者对待下级所遵循的原则和行为方式抽象化，就形成了领导方法这一重要概念。每一个领导者在对待下级和部属时，都坚持不同的原则和行为，但是对如此丰富多彩的态度和行为进行抽象和提升，就可以总结出不同的类型和模式。所以，领导方法与领导方式一样，实际上体现了一种模式化的领导行为。

---

① 《毛泽东选集》第 1 卷，人民出版社 1991 年版，第 139 页。

领导方法与领导方式的区别在于，领导方式较为稳定，而领导方法灵活多变；领导方式面对的是事，而领导方法面对的是人。简而言之，领导方法就是对人的管理方法的具体体现。作为一名领导者，探讨并研究如何运用正确的领导方法，加强对人力资源的管理，是领导者做好领导工作的基础和保障。

## 第一节 哲学方法

### 一、掌握领导活动的辩证性

领导方法论受哲学世界的支配，是领导世界观的转化和运用，有什么样的世界观就会有什么样的方法论。毛泽东曾强调，学习马克思主义哲学就是要学会用辩证唯物论和历史唯物论的立场观察世界、把握事物；要按照马克思主义的立场、观点和方法正确地解释历史上和革命中所发生的事情。他号召人们学会应用马克思主义的立场、观点和方法认真地研究中国的历史和现实的经济、政治、军事和文化，概括出理论性的结论。他指出，对于马克思主义的理论，要能够精通它、应用它，精通的目的全在于应用。毛泽东认为，以辩证唯物论的哲学世界观去看世界，去研究、分析世界上的问题，去指导革命、从事生产、指挥作战、议论人家长短等，这就是方法论。

所谓领导活动的辩证性，是指我们在从事领导活动中，应运用辩证唯物主义的世界观和方法论。这是我们认识世界、改造世界，以及从事任何科学研究都必须遵循的最根本的方法。唯物主义要求我们辩证、客观地认识和分析领导现象，从一定的历史条件出发来考察领导活动的内在机制与外在联系，从而掌握领导活动的规律。辩证性是哲学方法的本质属性，领导活动所具备的哲学思想必须具有辩证唯物主义的内容。

关于辩证性在领导方法中的体现，毛泽东曾有过论述。"毛泽东在辩证法方面的贡献尤其在于其著作极好地体现了宇宙观和方法论、客观辩证法和主观辩证法的统一。"① 毛泽东在《矛盾论》中断言，这个辩证法的宇宙观，主要就是教导人们要善于去观察和分析各种事物的矛盾的运动，并根据这种分析，指出解决矛盾的方法。这一见解揭示了宇宙观的辩证性，规定了方法论的辩证性，同时还说明了方法论与宇宙观的统一。

具体地说，把握领导活动的辩证性主要包括以下三个方面：

---

① 冯契：《逻辑思维的辩证法》，华东师范大学出版社 1995 年版，第 405 页。

### (一) 坚持联系的观点

唯物辩证法认为,事物之间是普遍联系的,世界是一个立体化的、普遍联系的整体。这一观点要求我们在领导实践活动中坚持联系的观点,注意把握事物之间的联系。领导活动必须贯穿这一基本要求。我们的领导活动不是狭隘的、孤立的活动,而应当把它放在一个大环境下通盘考虑。领导坚持的发展观念,应当是结构、质量、效益相统一的集约发展,是现代化大生产条件下经济、人口、资源、环境状态一致的可持续发展。在实际领导活动中,需要处理好物质文明与精神文明建设的关系,经济建设与民主法制的关系,经济增长、科技进步与人民生活改善的关系。小团体本位主义,地区主义以及不顾全局、不讲整体的狭隘保守主义,都是与领导方法的辩证性根本对立的。辩证性之所以具有总揽全局的指导作用,在于它坚持了唯物辩证法联系的观点。领导方法的辩证性必须牢牢把握这一特性。

### (二) 坚持发展的观点

发展,这个最先起源于生物胚胎学理论的词,其原始意义是事物渐进过程中的"中断",即事物由旧的形态飞跃到新的形态。唯物辩证法把它归结为旧事物的衰落、灭亡和新事物的萌芽、产生的过程,是事物前进、上升的发展变化。领导活动的核心是促进领导事业的发展,它的最终目标也是为了发展。在坚持发展第一的原则上,领导活动的本质属性与唯物辩证法是一致的。但这不表示领导活动的辩证性就是唯物辩证法。领导活动的辩证性是对唯物辩证法发展观的阐释和具体运用。领导活动的发展观既包括内涵的发展也包括外延的发展,既要内涵的优势也要外延的优化。不是单纯为了发展而发展,而是要在运动变化中坚持可持续发展;不仅仅是促进个人或小集体的发展,更是贯彻"以人为本"原则和全面发展理念,推动社会整体发展;反对一蹴而就式发展,而要求循序渐进的发展。在发展立场上,是不变的;而在发展的方式结构上,它又是多元的。这就是领导活动的辩证发展观。

### (三) 坚持全面的观点

全面的观点,也可称一分为二的观点,是唯物辩证法最基本的观点。它的两面性原则、相互转化原则以及发展变化原则,是唯物辩证法的根本。在唯物辩证法中,全面的观点集中体现了事物发展的辩证性。它强调了世界运动变化的源泉和动力。唯物辩证法明确规定:任何事物都是一分为二的。领导活动要坚持辩证性,必须深刻地贯穿这一思想。在领导发展观上,我们要学会处理多个方面:物质文明与精神文明、经济建设与民主法制、改革开放与自力更生,等等。这就要求我们的领导活动要重点突出、全面兼顾。同时,要促成事物向好的方面转化。在发展生产力的过程中,要强调科学技术的作用，但应是运用其好的方面而不是滥用。领导者应意识到，领导活动要总揽全局、统筹兼顾，坚持全面的原则。

在领导活动中坚持用辩证唯物主义的方法论来参与实践活动，并不是要把辩证法作为先验的模式去应付对象，也不是将它作为先验的逻辑结构去推论一切。领导活动的客观性只是要求按照世界的本来面目了解世界，把握其规律性。唯物辩证法是客观辩证法、认识论和逻辑的统一，也是世界观和方法论的统一。一方面，客观事物的辩证法在认识的辩证运动中越来越多地、越来越深刻地反映到人们的头脑中，取得了越来越完善的逻辑形态，这样就产生了马克思主义的世界观，所以，马克思主义世界观是客观辩证法、认识论和逻辑的统一；另一方面，马克思主义者"自觉地遵循思维的辩证规律，用它来研究问题，指导实践，这就是以客观现实之道，还治客观现实之身，自觉地按照事物本来的辩证法来对待事物，这样，世界观就转化成了方法论"①。常用的领导逻辑方法主要是辩证逻辑的思维方法，包括分析与综合相结合、演绎与归纳的统一、逻辑与历史的一致等。

### 1. 分析与综合相结合

分析与综合相结合是领导方法论诸环节的核心。领导者应当从两个维度来运用分析与综合相结合的方法：一是从对立统一规律即矛盾法则的维度来进行分析与综合。我们认为，客观现实最一般的规律是对立统一规律，因而方法论的核心是分析与综合相结合，分析与综合的结合才能指向事物、过程的矛盾。怎样进行分析与综合呢，这就是应当从"开始"、"进展"和"目的"三个方面着手。二是从抽象上升到具体的维度来进行分析与综合。"真正科学的抽象是分析与综合的结合，具体和抽象的统一。"② 不过从具体到抽象，从混沌整体抽出一个范畴，是一个以分析为主的过程；而从抽象上升到具体，把抽象的思维规定综合起来成为一个多样性的统一整体，则是一个以综合为主的过程。但这是相对而言的，以分析为主的抽象也包含了综合，因为领导者从具体到抽象，获得的每一个概念、范畴都综合了经验，因此又是一个综合的过程；而以综合为主的从抽象上升到具体的过程也包含了分析，因为从抽象到具体就是一个进行矛盾分析、观点批判的过程，最终形成为一个理论体系，这样的理论体系就是具体的。因此，从抽象上升到具体无非就是分析与综合的结合。

---

① 冯契：《逻辑思维的辩证法》，华东师范大学出版社 1995 年版，第 423～424 页。

② 冯契：《逻辑思维的辩证法》，华东师范大学出版社 1995 年版，第 430 页。

2. 演绎与归纳的统一

演绎是从一般性原理推出个别结论的推理方法，其实质是从全称命题推出特称或单称命题；而归纳则是从个别或特殊情况推出一般性原理的推理方法，其实质是从特称命题或单称命题推出全称命题。由于对两种方法不能全面、客观地对待，在科学和逻辑发展史上形成了推崇演绎、贬损归纳的演绎派；也形成了推崇归纳、贬低演绎的归纳派。两派长期论争，各不相让，最终导致了演绎万能论和归纳万能论的出现。其实，演绎和归纳是既相互对立又相互依存、渗透的辩证关系。基于此，我们不但驳斥演绎万能论，也驳斥归纳万能论。演绎和归纳总是结合在一起运用的。在领导活动中，"不论是哪一种情况，总是归纳与演绎的统一，即主要运用演绎法时总离不开归纳，主要运用归纳法时也一定要用演绎"①。

3. 逻辑与历史相一致

逻辑与历史的一致是对矛盾进行具体分析的必然要求。"矛盾作为类的本质，在方法论上就有归纳和演绎的统一；矛盾作为事物发展的根据，在方法论上就有逻辑和历史的统一。"② 所谓历史的方法就是要把握所考察领域的基本历史线索，把握它是怎样产生的，根据是什么？是怎样发展的，经历了哪些主要的阶段，其发展趋势如何？因此，历史的方法就是要把握历史发展的基本线索。而逻辑的方法就是从原始的基本关系开始，通过分析与综合，把握事物的内在矛盾及其展开过程的思维方法。在领导方法中，逻辑的方法和历史的方法都有各自的优缺点。历史的方法其优点在于能详细地分析事物的全部要素，比逻辑的方法更加丰富、更加生动。但历史往往是曲折多变的，在展开过程中包含了许多偶然的因素，所以思维如果处处再现历史，就会把过多的精力花在一些无关紧要的因素上面，从而影响对事物、过程的主要矛盾和发展趋势的把握，而且往往会中断思维的进程。逻辑的方法则不像历史的方法那样生动和丰富地反映现实发展的全过程；逻辑的方法其优点是排除了偶然因素，力求把握事物的本质、规律。但逻辑的方法如果脱离现实，就会导致唯心主义。因此，领导方法讲求逻辑的方法与历史的方法的一致，扬长避短。

二、驾驭领导活动的矛盾运动性

领导活动的哲学方法，最重要的就是要掌握马克思主义的矛盾观，在实

---

① 冯契：《逻辑思维的辩证法》，华东师范大学出版社1995年版，第444页。
② 冯契：《逻辑思维的辩证法》，华东师范大学出版社1995年版，第405页。

际领导活动中要贯穿这一哲学思想，进而驾驭领导活动的矛盾运动性，促进领导活动目标的实现。

（一）矛盾的同一性和斗争性

矛盾是一个关系范畴，它揭示的是事物内部各要素之间或事物之间的既对立又统一的关系。同一性和斗争性是矛盾对立面之间的两种基本关系或基本属性。

矛盾的同一性指矛盾双方相互联系、相互吸引、相互转化的性质和趋势。一般说来，矛盾的同一性主要有两种情形：

第一，矛盾双方互相依存，共处于一个统一体之中。这是马克思主义矛盾观的基本观点。相互依存就是矛盾双方互为存在和变化发展的前提和条件。矛盾中的每一方都不能孤立地存在和变化发展，没有自己的对立一方，自身就失去了存在和变化发展的条件。任何事物、现象的存在和变化，都是作为矛盾统一体而存在和变化发展的。

第二，矛盾双方相互贯通。矛盾双方相互贯通有多方面的表现，但主要表现为两种情况：其一，矛盾双方相互渗透。矛盾双方相互包含着对方的因素和属性，也就是"你中有我，我中有你"。其二，矛盾双方具有相互转化的特性和趋势。正由于矛盾双方的相互贯通、相互渗透，就存在着由此达彼的"桥梁"，包含着相互转化的特性和趋势。

而矛盾的斗争性，是指矛盾双方的互相对立、互相排斥的性质和趋势。作为哲学范畴的"斗争"的外延是极其广泛的。它反映的是自然、社会和思维中普遍存在的事实，形式极其多样。

统一性和斗争性是矛盾双方同时具有的性质。二者是不可分割的。一方面，同一性不能离开斗争性而存在，没有斗争性就没有同一性。另一方面，斗争性也不能离开同一性而存在。

同一性和斗争性的辩证原理，要求我们领导者在领导活动中把二者有机地结合起来，在同一性中把握斗争性，在斗争性中把握同一性，积极促成领导活动目标的实现和优化。

（二）矛盾的普遍性和特殊性

矛盾的普遍性就是矛盾的共性。它有两方面的涵义：首先，矛盾存在于一切事物的发展过程中。也就是说，矛盾无处不在，矛盾无时不在，矛盾贯穿事物发展的始终。其次，每一事物从它产生、发展到消亡的整个过程中始终存在着矛盾。旧的矛盾解决了，又开始新的矛盾运动。

矛盾的普遍性原理，要求领导者在任何时候，对任何领导活动都要坚持矛盾的观点和矛盾的分析方法；要敢于承认领导活动中存在的矛盾，甚至揭露矛盾、分析矛盾、解决矛盾，决不能否认矛盾、掩盖矛盾、回避矛盾、害怕矛盾。领导思维方式上的唯心主义和形而上学，从根本上否认矛盾的客观性和普遍性，是不正确的。

矛盾的特殊性主要表现在以下两个方面：

首先，矛盾的性质具有特殊性。这主要说，各种物质运动形式的矛盾都有其特殊性。同时，同一运动形式的不同发展过程和发展阶段的矛盾也有其特殊性。而且，就内部体系而言，各种物质运动形式、同一运动形式的不同发展过程和发展阶段的矛盾的各个方面同样有其特殊性。对于这些不同的矛盾来说，它大的每个侧面、构成部分及其相互联结方式都有其特殊性。

其次，矛盾的地位具有特殊性。矛盾体系中各对矛盾以及每对矛盾的双方在事物发展过程中的地位和作用各不相同。复杂事物所包含的矛盾，往往不只一个，而是由许多矛盾构成的复杂系统，其中各对矛盾在事物发展中占有不同的地位，起着不同的作用。

矛盾的特殊性要求我们的领导活动不能搞形式主义的"一刀切"，而应该坚持"解剖麻雀"的工作作风，坚持具体问题具体分析的原则，在具体问题中坚持领导方法的灵活性和创新性。

（三）主次矛盾及矛盾的主次方面

我们通常对复杂事物所包含的矛盾及矛盾方面做如下划分：

第一，基本矛盾和非基本矛盾。在复杂事物的整个发展过程中，我们可以从它所包含的矛盾体系中区分出基本矛盾和非基本矛盾。基本矛盾也叫根本矛盾，是指贯穿于事物发展过程始终并规定事物及其过程本质的矛盾；非基本矛盾也叫非根本矛盾，是指那些对事物的基本性质不起规定作用的矛盾。二者是既相区别又相联系的。基本矛盾规定和制约着非基本矛盾；而非基本矛盾对基本矛盾又有一定的反作用，它的发展状况和解决程度可以加速或延缓基本矛盾的解决。

第二，主要矛盾和次要矛盾。在复杂事物发展的某一阶段上，我们又可以从它所包含的矛盾体系中区分出主要矛盾和次要矛盾。主要矛盾是指在复杂事物发展的某一阶段上居于支配地位，对事物的发展起决定作用的矛盾，它的存在和发展规定或影响着其他矛盾的存在和发展。次要矛盾则是处于从属地位，对事物的发展不起决定作用的矛盾，它的存在、发展变化和解决会影响主要矛盾的解决。

第三，矛盾的主要方面和次要方面。在任何一对矛盾中，矛盾双方的发展都是不平衡的，因此，在同一矛盾的不同方面中，我们还可以区分出矛盾的主要方面和次要方面。矛盾的主要方面是指在矛盾统一体中处于支配地位、起主导作用的方面；而矛盾的次要方面则是处于被支配地位、起次要作用的方面。二者既相区别又相联系，并在一定条件下相互转化。

基本矛盾和非基本矛盾、主要矛盾和次要矛盾、矛盾的主要方面和次要方面的辩证关系原理，要求我们在领导活动中坚持"两点论"和"重点论"，反对形而上学的"一点论"和"均衡论"。在解决主次矛盾的时候，要学会"弹钢琴"的工作方法。坚持"两点论"，就是不能只顾其一，不顾其余；而坚持"重点论"，就是在研究复杂问题时，我们的领导者要着重把握基本矛盾和主要矛盾及矛盾的主要方面。

矛盾是事物运动发展的源泉和动力。唯物辩证法认为，事物的运动主要是由内部矛盾引起的，同时也受外部矛盾的影响。内部矛盾又可称为事物变化发展的内因，外部矛盾被称为其外因。

内因和外因是相互区别又相互联系的辩证统一关系。任何事物的存在和发展，都是内因和外因共同作用的结果。但是内因和外因在事物发展中的地位和作用是不同的。毛泽东说："唯物辩证法认为外因是变化的条件，内因是变化的根据，外因通过内因而起作用。"[①] 在事物发展中，内因是根据、第一位的原因。外因是事物发展的必要条件、第二位的原因。这一辩证关系原理是我们领导方法的根本哲学基础。领导者在做出领导决策时，必须明确任何领导活动的成功与否，关键还在领导者和领导者的下属自身，其活动水平直接决定了领导活动的成败；与此同时，也要积极寻求外部的支持和帮助，把内外因在工作方法中统一起来。

## 第二节 系统科学方法

系统科学主要是指系统论、信息论、控制论以及新发展起来的自组织理论，包括耗散结构理论、协同学理论和超循环理论。以"六论"为代表的系统科学不仅是新型的综合性基础理论，而且还是科学和技术研究的"现代方法"，并且正是在系统科学方法中实现了科学认识方法和技术研究方法的统一。在领导活动中，我们必须正确理解和运用系统科学方法。

### 一、系统方法

（一）系统与系统方法

系统是由两个以上的相互联系、相互作用的部分（要素）所组成的、

---

[①]《毛泽东选集》第1卷，人民出版社1991年版，第302页。

具有一定结构和功能的有机整体。系统论认为，世界万物皆系统。

所谓系统论方法，就是根据系统的观点，从整体出发，辩证地处理整体与部分、结构与功能、系统与环境、功能与目标的关系，找到既使整体最优，又不使部分损失过大的方案，作为决策的依据，实现整体最优化的方法。实际上，系统方法并不是一种单一的方法，而是由许多方法融合在一起形成的一种复合方法。它有着不同的表现形态、类型和特殊变种。最初，系统方法不过是对系统思想和系统理论的一般原则的运用，它只能对系统进行定性的研究和描述。随着系统理论的发展，人们不再满足于对系统的定性研究，对系统的定量研究越来越受到重视。于是，各种数学方法便成了系统方法的有机组成部分。特别是20世纪40年代以后，多种系统理论以常规数学、概率论、数理统计和运筹学等为工具，再加上电子计算机的运用，形成了各种各样的对系统进行定量化研究和描述的方法。这就使得系统方法变得更加复杂。目前，人们正在试图把系统方法发展成由不同层次构成的方法论体系。

（二）**系统方法的特点**

系统方法要求人们把对象和过程视为一个相互联系、相互作用的整体，并且尽可能将整体做形式化的处理。系统方法所处理的对象，都是由种种关系和相互联系交织起来的网络画面，采用系统方法时，应尽可能将此画面做组织化的科学抽象，从而具体地反映和把握世界。例如，可以把对象抽象为信息的输出、转换、传递、接受的过程，或抽象为某种模型和图式。

系统方法同传统方法相比，有着明显的特点，这些特点也就是我们运用系统的观点研究和处理对象时，要把握的一些原则。

1. 整体性

整体性是系统论方法的核心。根据系统论的观点，系统是由诸多部分或要素组成的有机整体，系统的整体性质和规律，只存在于组成它的诸要素的相互联系和相互作用之中，而不等于各组成部分或要素的孤立的性质和活动规律的总和。"整体大于部分之和"。因此，在研究系统时，必须从整体出发，立足于整体来分析部分以及部分之间的关系，再通过对部分的分析而达到对整体的深刻理解。

整体性原则是系统方法的首要原则。它把研究对象视为有机整体。探索组成、结构、功能及运动变化的规律性。它要求我们无论是认识、研究、控制自然对象，还是设计制造人工系统，都必须从系统的整体出发，探索系统内外环境中和内外环境间的辩证关系。正如爱因斯坦（A. Einstein）说的，如果人体的某一部分出了毛病，那么，只有很好地了解整个复杂机体的人，才能医好他；在更复杂的情况下，只有这样的人才能正确地理解病因。系统方法要求从种种联系和相互作用中认识和考察对象，使系统分析与系统综合、归纳和演绎、局部和整体、个别和一般都协调一致起来。

2. 动态性

任何现实的系统，一般来说，都是处于动态的"活系统"。虽然在科学研究中，人们经常采用理想的"孤立系统"或"闭合系统"的抽象，但是实际存在的系统，无论在内环境的各要素（或子系统）之间，还是在内环境与外环境之间，都有物质、能量、信息的交换与流通。所以，从原则上说，实际系统都是活系统。热力学第二定律指出：绝对零度是永远达不到的。其实，即使在绝对零度，量子力学也已证明，还有零点能存在，构成系统的质点（要素）还处在振动中。所以系统总是动态的，永远处于运动变化之中。

系统要随着时间箭头而演化，大至太阳系、银河系、河外星系，小至"基本粒子"，都有一个产生和消灭的过程，所以任何系统都经历着一定的历史。因此，在研究系统时，应当把系统发展的各个阶段统一加以研究，以把握其过程与未来趋势。

3. 最优化

就是系统方法通过研究系统的要素、结构以及与环境的关系，经过科学地计算、预测，做出系统目标的多种方案，从中选择最佳的设计和实施方案以及所能达到的最佳功能目标，同时，还要制定最佳控制和进行最优管理。

系统的目标往往是多元化的，有些甚至是直接对立的，如何在对立统一中寻求整个系统最优化的总目标的确是非常困难的，但由于运筹学的发展和系统工程的建立为我们提供了许多具体的实现目标最优化的办法，如线性规划、非线性规划、动态规划、对策论、决策论、排队论、存贮论等，都是可以利用解决系统优化问题的。

4. 综合性

综合性是系统方法的一个突出的特点。综合性就是把任何整体都看做是以诸要素为特定目的而组成的综合体，要求研究任一对象都必须从它的成分、结构、功能、相互联系方式、历史发展等方面进行综合考察。系统论方法突破了传统分析方法的局限，但又不一味地否定分析，而是把分析与综合有机地结合起来，从综合出发，在综合的指导下进行分析，然后再回到综合。系统方法的综合性具体表现在：它在观察和处理事物的时候，把事物的各个部分、各个方面、各种因素、各种联系和相互作用结合起来全面地加以考察。不但考察事物的成分和结构，而且考察事物的功能和产生、发展、运动、变化的历史，从不同的侧面、不同的层次和不同的状态综合地研究事物。系统方法的综合性原则还要求：它不是单凭某一种方法和某一门科学知识来认识和处理问题，而是综合地运用各种各样的方法和知识来认识和处理问题。它里面包含着自然科学、社会科学和工程技术等很多方面的知识和技术。这就使它具有了多种多样的功能。既可以用来认识事物，也可以用来解决问题，既可以用来进行定性研究，也可以用来进行定量研究，既可以用来研究历史和现状，也可以用来预测未来。

5. 模型化

运用系统方法，需要把真实系统模型化，即把真实系统抽象为模型，如放大或缩小了的实物模型、理论概念模型、数学模型、符号系统模型或其他形式化的模型等。

在采用系统的模型化原则时，除遵循模型方法的一般原则以外，还应使模型的形式和尺度符合人的需要和可能，适合人的选择。迄今为止，我们所知道的一切模型中，唯有一种模型与人的自然尺度最接近，这就是用人的206块骨头构成的人的骨骼模型。其他不符合人的尺度和认知需要的事物，要建模型，就需进行这样或那样的"人格化"，以适合人的要求。

对于复杂系统，需在系统分析的基础上，适当地采用模糊方法，经适当简化和理想化，才能建立起系统模型。一旦建立起系统模型，就可以进行模拟实验，运用电子计算机进行系统仿真。模型化原则是采用系统方法时求得最优化的保证。

整体性、动态性、最优化、综合性、模型化，是系统方法的基本特点，也是运用系统方法的基本原则。前两个是基础，第三个是目标，后两个是手段。系统方法的广泛应用，推动了自然科学、社会科学、应用技术、管理科学、医学、环境科学的新进展，同时也给人们带来思维方式的变革。

（三）系统方法的作用

系统方法对领导工作的作用主要有以下几点：

1. 系统方法是认识、调控、改造、创造复杂领导活动系统的有效手段

系统方法是扬弃了传统科学的简单性原则而产生的。20世纪30年代以前，科学在研究复杂事物和复杂过程时，主要采用从实体上进行还原的分析组合方法，"试图在所有的现象中找到共同具有的物质实体（譬如像物质性的原子），把它作为差异的共同基础"，至于这些实体所形成的复杂关系则很少受到重视，基本上用线性因果关系加以处理。这就把复杂问题不适当地简单化了。而事实上，世界上的事物和过程是复杂的，是由多种因素或子系统的相互作用所构成的，所以需要系统的思考。在这方面，系统科学方法提

供了解决问题的钥匙。

2. 系统方法为领导者提供了制定系统最佳方案以实行组合和优化管理的手段

在领导活动中，总需要存优汰劣、趋利避害，通过这些追求，推动事业的进步。在认识自然、改造自然的过程中，系统方法可以帮助领导者制定最佳方案，优化组合与管理，取得尽可能大的效益。

3. 系统科学方法为领导者提供了新的思想模式

它突破了传统的只侧重分析的机械方法的栅栏，指导领导方法从总体上进行思维，探索科学技术发展的新思路，建立综合学科、交叉学科和边缘学科，促进自然科学与社会科学的统一，促进科学家与哲学家的联盟，帮助领导者打破两种科学、两种文化的界限，建立统一的世界图景和文化图景，建立起系统的自然观、科学观、方法论和系统的人类社会图景。

**二、控制论方法**

控制论方法就是运用控制论原理，以任何一个系统的功能行为为目标，通过功能模拟、黑箱方法和信息反馈的作用，使系统减熵增序，实行控制，达到系统目标最优化的方法。

（一）功能模拟方法

功能模拟方法，是指在未弄清或不必弄清原型内部结构的条件下，仅仅以功能相似为基础，用模型来再现原型的功能的一种模拟方法。与传统的方法相比，功能模拟方法是一种崭新的方法。它有如下特点：

第一，功能模拟方法在功能上描述与模仿系统对环境影响的反应方式时，往往把系统看做"黑箱"，不去分析系统的内部机制与个别要素，也不求模型与原型结构的相同。像领导活动这类复杂的大系统，其内部结构难以弄清，难以复制，显然难以运用结构模拟的方法来再现领导的功能及价值。而运用功能模拟的方法，则可以在未弄清领导活动的内部结构的条件下，用模型来模拟领导者的一部分职能。

第二，以模型和原型之间的功能相似为基础，这是功能模拟方法与其他模拟方法相区别的主要特点。维纳在创立控制论的过程中，从功能角度出发，将机器、生物和人等不同质的物质系统进行类比，揭示出机器和生命体之间在行为方面的某些相似之处。例如，由炮瞄雷达站、高射炮控制仪和高射炮等组成的火炮自动控制系统，它的控制过程与一个猎手在狩猎时的行为非常相似。它们具有搜索、跟踪目标等相似的功能，它们都按预定目的行动，最终效果都是以一定的操作或行为来打击目标物。

第三，传统模拟的模型只是认识原型的手段，而功能模拟的模型则是具有生物目的性行为的机器——智能机器，它成了改造世界的直接手段，它本身就以研究为目的。

功能模拟方法所具有的特点，在领导科学中有广泛的应用，它扩大了模拟方法的应用范围，为领导者利用不同结构的系统去实现相同的功能提供了有效的方法，在领导方法上是一个有效的补充和创新。

维纳在《控制论》等著作中明确指出，电子计算机作为人脑的功能模型，对研究人脑的生理过程和病理过程等问题有着重要的意义。他指出，如果认识到大脑和计算机有许多相似之处，就可以给精神病理学，甚至给精神病治疗学提供一个有效的研究方法。

在现代领导活动中，领导者通过对内部人力资源材料控制系统的模型研究，能成功预测在人员匮乏和物质资源不足的条件下，领导活动目标可能出现的变化和反应。这是控制论方法在领导科学领域的应用和拓展。

（二）黑箱方法

所谓黑箱，是指对其内部构造和机理不清，但可以通过外部观测和试验去认识其功能和特性的事物。黑箱有两个特点：第一，只能给它以信息输入，观察它的信息输出，而不知其内部结构。第二，黑箱是相对于认识主体来说的。黑箱实际上是未被认识的事物。一个认识对象是否作为黑箱来对待，一方面取决于认识对象本身，另一方面则取决于认识主体，取决于认识主体的经验和知识。有的系统相对于一些人来说可能是黑箱，但相对于另一些人来说就可能不是黑箱。

黑箱方法是为了解决对黑箱这种认识对象的认识而发展起来的一种崭新的方法。由于黑箱是无法直接观察其内部结构的系统，因此人们只能从外部来认识它。这种不是通过直接考察其内部结构，而是利用外部观测和试验来考察系统的输入、输出及其动态过程，研究系统的功能和特性，探索其结构和机理的方法，就是黑箱方法。

这种与传统科学方法不同的黑箱方法究竟怎样进行呢？其过程大体如下：

1. 用相对孤立的原则，确认黑箱

既然黑箱是与外部环境处在相互联系、相互作用中的系统，那么我们就得划定它与周围环境的边界，将它从环境中分离出来。在这样做时，我们必须规定黑箱与其环境联系的主要通道，确定它输入、输出的内容是什么。尽管我们事先不对它的性质和内容做任何假定，但我们都应假定具有认识和处理它的某种手段。这样，我们和黑箱形成一个信息反馈的闭环控制系统。划定了研究对象与周围环境的边界，选定了对象与环境主要联系的通道，确定了对象的一组输入与输出，就意味着一个黑箱的确立。

2. 通过观察和主动实验，考察黑箱

如果观测是在没有对黑箱施加任何干涉的情况进行的，就叫被动考察。它的好处是能得到纯自然条件下黑箱运动的情况。但也有缺点，那就是获得的信息较少。有时为了使系统的特性更明显地表现出来，也可采取主动实验的方法，即有目的地在系统的输入端加入某种典型的测试信号，然后再观察其输出响应，以便从中获取研究对象的大量信息，作为认识黑箱的依据。

3. 建立模型，阐明黑箱

对于比较简单的事物，我们通过观测和主动实验，就可以判明其功能和特性了，用不着建立模型。但对较复杂的事物，由于输入、输出的数值较多，关系纵横交错，在获取输入、输出的数据之后，还不能阐明黑箱。还必须综合整理数据，建立黑箱模型。然后依据模型对黑箱的功能及特性进行定性的、定量的、静态的、动态的分析评价，对其内部的结构和机理做出某些推测和假说，并通过试验去验证。

黑箱方法与传统科学方法相比，有其明显的特点和优点。第一，它不采取打开系统的途径来认识事物，而是通过研究系统的输入、输出来认识事物。这就具有不破坏事物的原有结构和完整性的优点，有利于从整体、综合、全局的角度来研究事物。第二，它不是孤立地去研究系统本身，而是从系统环境的相互作用和互通信息中来研究事物，这就具有不割断系统与其环境相互联系的优点。第三，它不是从系统的结构入手来研究问题，而是通过考察系统的输入、输出、行为和功能，进而来推知系统结构和机理。这就省去了许多麻烦，而且认识活动也不影响系统的正常运行。总之，黑箱方法的实质就是人们在本来无法解决的黑箱面前，发挥了思维的能动作用，有意识地暂时绕开一时无法知道的内部结构和机理，仅从外部环境与黑箱整体的关系出发，能动地对黑箱施加某种影响，观察其输入与输出关系的变化，只要有函数 $y = f(x)$ 存在，就能在一定程度上反映黑箱的功能，再根据功能与结构关系原理，便可反求结构，弄清其机理，终于变黑箱为白箱，真正认识这个事物。这是领导者在研究特殊的对象时，所采取的迂回曲折的前进方式。

（三）反馈控制方法

在控制论中，人们在应用功能模拟和黑箱方法时，无形中也使用了有关的反馈方法，使问题的研究向着预定的目标前进。所谓反馈就是把系统的输出通过一定的通道又反送到输入端，从而对系统的输入和再输出施加影响。反馈的过程表明，系统的输入和输出相互影响、相互作用，如果把系统的输入看成原因,则输出就是结果。输入和输出的关系是原因和结果的关系。事实上,不但输入影响和作用着输出,输出也影响和作用着输入。这样,输出又成了原因,输入又变成了结果。所以说,输入和输出呈现互为因果的关系。而且输入和输出组成一个环状结构。控制论把这种环状结构叫反馈环,亦即反馈控制系统。

科学研究表明,在一个系统中,输出对输入的反作用一般有两种情况。

一种情况是,输出端的输出结果反过来作用于输入端时,对输入起着强化的作用。这时,反馈的结果起着使系统朝着偏离控制目标的方向运动的作用。这种情况叫做正反馈。例如,一个工厂生产的产品投放市场以后,卖不出去,知道这种情况还继续生产这种产品,就会使产品积压越来越多,甚至使工厂陷入困境。正反馈是一种使系统越来越不稳定,甚至导致整个系统崩溃和解体的反馈。

另一种情况是,输出端的输出结果反作用于输入端时,对输入起着削弱的作用。这时,反馈的结果起着使系统朝着控制目标的方向运动的作用。这种情况叫做负反馈。例如导弹制导系统中的反馈,就属于这种负反馈。当导弹脱离发射装置以后,靠着制导系统的帮助,它能够既注意到自己的位置,又注意到飞机的位置,并把两者作比较,找出自己的位置跟飞机之间的差距,并且根据这种目标差调整自己的位置和方向,从而使导弹沿着减小目标差的方向运动。在制导系统的帮助下,导弹能够以飞机或其他东西作目标,自动地调整自己的位置和方向,直到击中目标为止。这种负反馈机制的系统又叫自调节系统。

反馈自调节系统又有两种不同的类型。一种类型是把系统引向一个预期的目标,使系统成为自调节。换句话说,就是根据反馈的信息,不断地调整系统的行为,使系统与目标之间的差距逐渐缩小,直到达到系统的最终目的。如老鹰猎取食物,司机驾驶车辆以及上述的导弹制导等,都属于这种类型。反馈自调节系统的另一种类型,是把系统维持在某些变量上。比如恒温器的工作过程就属于这种类型。恒温器在工作中,当温度低于所需要的数值时,恒温器就发出信号,使燃料流入燃料室或者接通电流,给恒温器加温;当温度高于所需要的数值时,恒温器也会发出信号,使燃料停止流入燃烧室或者切断电流,让恒温器降温。这样,恒温器的加热系统通过负反馈调节,就可以把恒温器的温度稳定在一定的数值上。

了解和掌握反馈自调节系统的性质和特点在领导活动中有很大的作用。由于反馈仅仅考虑输入和输出的关系,只要根据先前的操作,就能调节系统未来的行为,这样就使得反馈比别的方法显得简单、经济、普遍而又有效。

从控制论自身的内在要求来看，系统要达到控制目标就必须反馈。假如没有反馈，或反馈不足，或反馈过度，或反馈方式选择不当，都会造成系统的失衡，甚至解体。因此，人们应该根据实践的需要，调节反馈程度和选择适当的反馈方式，以提高反馈效益，达到控制目的。

与反馈有正反馈和负反馈相对应，反馈方法也有正反馈方法与负反馈方法之分。由于正反馈方法具有使系统偏离平衡和稳定状态，向着某个极端运动和发展变化的特点，所以，人们常常利用这种方法来扩大系统的物质、能量和信息，或者使系统崩溃和发生质变。比如原子弹和氢弹的制造，就是对物质的原子裂变产生正反馈机制的利用。在电子技术中，能放大振荡信号的三极管也是运用正反馈方法制成的。由于负反馈方法能够使系统做合乎目的的运动，或者使系统达到稳定状态。所以，领导者可以采用这种方法来设计和制造人力资源自动控制系统。

负反馈控制方法和正反馈控制方法都是科学的控制方法。负反馈方法可以使系统保持平衡和稳定的状态。相对的平衡和稳定是事物发展的必要条件，所以负反馈控制方法会成为领导者常用的一种方法。凡是需要把系统稳定在某一状态或者趋向某个目标时，就需要运用负反馈控制方法来调节。但是负反馈方法也有它的缺点，这就是往往使系统维持现状，停滞不前。要使系统前进，发生质的变化，就必须依靠正反馈。正反馈方法可以使系统打破原来的状态，从稳定走向不稳定，是系统从一种状态走向另一种状态的桥梁。

### 三、信息方法

信息方法就是信息概念的具体运用，也就是利用信息的观点，把事物的具体的运动变化过程抽象为信息及其变换过程，通过信息的获取、传输、加工、处理、利用、反馈等过程来揭示对象的本质和规律进而认识对象和调控、改造对象。

应用信息方法时，首先要把握信息的传输过程，了解信源、编码、信道、解码、信宿的联系。信息方法中，信息的度量也很重要。信息的计量有两方面的要求：一方面，要求提高通信系统传输信息的能力，即通信系统的工作效率，就是要解决在同一个信道中怎样加大信息的容量，或加快信息传输速度，从而提高通信的经济性，减少能量消耗问题；另一方面，又要求提高信息传输的可靠性，力求减少噪声的干扰，提高通信的质量。信息方法暂时撇开信息的语义方面，单从技术方面研究信息量的计算问题，要运用数学理论寻找合适的数学模式。

维纳指出：一个系统中信息量是它的组织化程度的度量，一个系统的熵就是它的无组织程度的度量，因此，这一个正好是那一个的负数。信息等于"负熵"，这就指出了信息和熵是从不同的方面对一个系统的统计特征的描述。当然，统计信息只讨论不确定性，而不涉及信息的意义和有效性，因而也暴露出统计信息概念的局限性。

（一）领导科学运用信息方法主要通过获取、传输、加工、处理和利用信息来认识改造对象

1. 信息的获取

获取信息是研究信息、利用信息的前提，这主要依靠特殊的信息检测装置对外界输入的信息进行检测来实现。对领导者来说，要获取广泛的信息，必须建立起一个涵盖面广的信息网。舆论、传播媒介、文件等都可以作为信息来源渠道加以利用。

2. 信息的传输

所谓信息的传输，就是将信息经编码后送入信道，待传送到接收端后再进行译码还原为信息输出。信源发生信息，经编码器转化为信号在信道中传输，信号在传输过程中会受到噪声干扰而使信号失真。信号进入译码器后，将噪声过滤并还原为原来的信息，最后被信宿接收，完成信息传输的全过程。领导者应力求避免信息传输的干扰，保持信息的实效性和新鲜性。

3. 信息的加工处理

送入信宿的原始信息还比较繁杂零乱，不能直接反映事物的本质和规律。因此，必须对这些原始信息进行分门别类、归纳演绎、分析综合等一系列的加工处理，这样才能使其中包含的有效信息暴露出来，使从事专门领导活动的人能够从中找出事物的本质特征和必然联系。

4. 信息经加工处理后将被系统输出利用

对于闭环系统，输出的信息还要通过反馈回路反送入系统的输入端，对系统再产生影响。由于信息反馈的作用，系统可以及时矫正偏差，提高水准。对于开环系统，就不存在信息反馈的问题，输出的信息效果如何，其他人无法得知，因而也就无法矫正系统出现的偏差。因此，在这一环节上，领导者要保证反馈的畅通性，充分利用"去粗取精、去伪存真、由此及彼、由表及里"的分析与综合相结合的方法。

（二）信息方法在领导工作中的作用

任何一个系统，都是由相互联系、相互制约的若干部分，按一定的规则组成并同周围环境进行物质、能量和信息交换，再通过物质、能量和信息的运转，构成系统有规律的状态。因此对系统的研究，无非就是对物质、能量

和信息的研究。但同传统方法以对物质、能量的具体运动形态为主要研究不同。信息方法是以信息的运动作为分析和处理问题的基础，完全撇开对象的具体运动形态，把系统的有目的的运动抽象为信息变换过程。而信息同具体物质能量形态相比，具有普遍性、综合性、灵活性、同构性、主观性、相似性和形式性等特点，从而使得信息方法在领导科学中起着重要的作用，在领导认识和实践活动中获得了广泛的应用。

1. 信息概念的普遍性和灵活性，使信息方法可用于揭示各类事物特别是某些特殊现象的规律性

传统方法一般是通过物质能量的研究来揭示事物的规律性，但对某些特殊现象就显得无能为力。由于信息过程存在于一切组织系统中，信息量的变化能够反映系统的兴衰，信息质的特征亦能反映系统的目标功能，因此，对任何有组织的系统，都可以使用信息方法。同时由于信息概念的灵活性，不只可以对一般现象运用信息方法，而且可以用于揭示某些用传统方法难以揭示的特殊现象的规律性。我们要从原有的既存信息出发，然后时时关注这种信息的复制转录、转译，从而不断地由反馈信息来控制，保证领导活动的预定目标。

2. 信息概念的普遍性和相似性，使信息方法可用于揭示事物的共同属性

社会系统的生产过程、经济管理、交通管理等，用传统方法很难发现它们之间的内在联系。由于信息过程存在于一切组织系统中，并具有普遍性和相似性，因此，对任何有组织的系统，都可以使用信息方法。根据其信息的接收、存储、加工处理、传递和变换过程的相似性，揭示出它们的共同属性。领导者可以利用现代科学技术来处理信息。研究表明，人脑利用神经脉冲从外界获得信息、传递信息、加工处理信息，而电子计算机则利用电脉冲获取、传递、加工处理信息。由于它们具有上述的一般的共同特征，因此可以撇开它们的具体的不同的运动形态，而把它们看做一个信息变换系统，把其内部运动过程看做抽象的信息变换过程，这就为利用机器模拟人脑的某些功能提供科学根据。

3. 信息的形式化，使信息方法可用于突破研究对象的局限性

为揭示活动规律，对各种不同的物质系统，都可以撇开具体内容，就其单纯的形式和关系上，应用量的信息定量地研究一些平均结果，并给以形式化的表述。例如，领导控制系统可表述为 $H(x) \geq H(d)$，即必要变异度 $\geq$ 干扰不确定性；组织系统可表述为，即减熵率 $\geq$ 增熵率。非平衡人力资源系统，可表述为 $ds = des + dis$，即总熵 = 增熵和负熵流。

这些形式化的表达式，简单明确地揭示了系统的本质。如 ds 表达了现实的系统（一般都是非平衡态，开放系统）存在着内部增熵与外部熵流的对立统一关系；dis 作为负熵流是现实系统中决不可少的东西，因为系统与环境、系统与系统、子系统之间存在着一一对应的变换关系，这种同构变换实际上也就是信息的传输过程，必须用信息方法分析。

4. 信息方法的主观特性，使信息方法可用来调整人的行为，发挥人的能动性

人是具有多目的、多自由度的高等动物，对外部世界的适应不是消极的，更不会盲目接受外界刺激而使自己信道过载，相反，人总是在一定目的的指导下感知外部世界，并与之不断交换。领导者通过信息方法，可以采取不同的方式，根据不同的要求，将事物无限多方面的质的特征转化为信息变换；依据环境的变化，调整人们的行为，改变自己与外部环境斗争的策略，达到适应并改造环境为自己服务的目的。从这个意义上说，信息是以主观形式反映客观内容的过程，因而具有主观的特性。

5. 信息概念的综合性，使信息方法可用于对复杂系统的研究和提高系统的可靠性

信息既以物质能量为载体，但又能摆脱物质能量的局限。人们在应用信息方法时可以不考虑物质、能量、具体形态，而始终着眼于系统信息的变换；不是对系统内部的元件（或部分）一个一个地进行分析解剖或解剖后再机械地综合，而是直接从整体出发，用信息观点进行综合考察；不是在系统内部研究个别原因和个别结果的对应关系，而是研究整个系统的所有原因与所有结果的关系；不是非把系统内部的情况完全弄清了再动手不可，而是应用信息和控制理论，选择系统元件装置的总和的组成形式，提高系统的可靠性。

当今，人类社会已进入了信息时代。在一定意义上，人们对信息的利用和掌握信息方法的水平已成为社会发展程度的一个标志。如果在过去，一个国家的经济发展，主要地是依赖于物质和能量，当今则更多地依赖于信息，特别是依赖于科学知识。而在领导科学上，信息方法又是改变领导方式，提高领导活动绩效的重要手段。因此，我们必须要大力提倡和加强人们的社会信息意识，在加快我国领导现代化的同时，注意社会的信息化。

（三）信息方法的上述特点使它在具体领导活动中得到广泛应用

运用信息方法分析人员的认识活动。运用信息方法分析人们认识世界和改造世界的实践活动可以把它简化为一个信息过程。这就是从外界获取信息，再将信息送到大脑中存储（即记忆），同时经过大脑的思考即信息的加

工处理、变换、形成概念……这就是思维活动的过程。再将得到的认识、判断、决策通过效应器官（嘴、手、脚、眼等）输出信息，对外界作出反应。这就是人们的实践活动。人们通过实践检验自己的认识是否正确，通过反馈信息再送回来作比较、修正以影响下一步的思维活动和实践活动。当然，认识的结果也可以暂时不输出，储存在脑中。

运用信息方法来分析领导群体的认识活动，则可以将领导者长期实践活动积累的文化艺术、科学技术知识看成是一个巨大的精神产品的信息库。这时个体的认识就不是简单地接受外界刺激和接收个体实践活动的反馈信息，而是必须从领导者已有的信息库中提取必需的知识，以及通过语言交流从其他个体获取信息，然后再经过自己的大脑加工，将得到的认识付诸实践。这时的实践不只是个体的实践，而是整个领导活动的实践，以整个领导实践的反馈信息来校正、影响下一步的思维活动，并且个人的认识不断地向信息库输送以充实人类的认识宝库。

运用信息方法作为管理和决策的重要手段。任何一项复杂的社会实践活动，都存在着三股流，即人流、物流、信息流。这三股流中，任何一流发生堵塞、中断，都将造成实践活动的破坏和停顿。在这里，信息流调节着人流和物流的数量、方向、速度和目标，驾驭人和物进行有目的、有规则的活动。因此复杂的现代化管理，不能不借助于信息方法。在现代管理中，信息管理已成为一门十分重要的管理。决策过程实际上是一个信息的收集、传递、加工、变换的过程。信息方法是科学决策中不可缺少的环节。

信息方法是促使领导科学整体化的重要手段。在当前科学发展整体化的趋势中，领导与管理之间的信息渗透和相互交叉成了重要的表现形式。我们运用这种方法，不仅可以加速领导科学整体化的进程，而且可以较快地达到领导学科理论的前沿，并开辟新的领域。

电子计算机是领导活动信息加工的现代化工具。它的结构表现了信息传递、加工、变换的过程。用电子计算机来代替手工的、机械的信息加工工具，这既是人类认识和实践活动的深化，也是现代化科学技术发展的结果。用电子计算机来逐步实现人类认识和改造世界过程的信息化和自动化，这正是信息方法的又一重要表现。领导活动应加强对现代科学技术和通信手段的利用。

## 第三节 领导科学领域的专门方法

在领导科学中，我们不仅要有具有基础性意义的哲学方法，要有现代管理手段中的系统科学方法，还应该有针对具体领导活动的科学方法，这就是本节所要论述的问题，即领导科学领域的专门方法。

### 一、统筹兼顾方法

统筹兼顾方法是一个传统的工作方法，但是在相当长的时间内，我们的领导者对它没有足够的重视。一方面是我们的领导思维方式中讲求抓主要工作、抓大放小所导致的；另一方面，也与我们过去长期的领导活动呈现出资源紧张的局面是分不开的。由于行政资源、活动资源的紧缺，迫使领导者只有坚持集中力量办大事的方针，对于工作中的小块部分不得不忽视。这种缺陷导致我们在发展中产生不协调甚至失衡，造成了严重的差异。因此，坚持统筹兼顾方法，保持各个部门、单位、地区之间发展的平衡，是当前领导工作必须解决的问题。

（一）统筹兼顾方法的必要性和重要性

统筹兼顾方法要求领导者有整体、全局的观念，在服从大局的前提下做好本部门、本地区的工作。在现代领导活动中，它不仅是必要的，也是必需的。统筹兼顾方法的必要性和重要性主要表现在以下三个方面：

1. 坚持统筹兼顾方法，才能使整体功能大于局部功能之和

整体与部分的关系，是客观事物普遍联系的一种形式。整体与部分之间既有区别又有联系。整体与部分的地位和功能是不同的。整体功能不是部分功能的简单相加，当各部分以有序、合理、优化的结果形成整体时，整体功能就会大于部分功能之和。反之，整体功能就会小于部分功能之和。因此，认为整体功能总是大于部分功能之和是错误的。

整体与部分相互联系、相互影响。整体的性能状态及其变化会影响部分的性能及其变化；反之，部分也制约着整体，在一定条件下，关键部分的性能会对整体的性能状态起决定作用。因此，在强调局部要服从全局的前提下，必须十分重视局部的作用。只有把局部搞好了，才能达到整体功能大于部分功能之和的理想结果。因此，不能简单地说整体比部分重要。从这个意义上讲，统筹兼顾方法就是要把握好整体与局部的统一。

2. 坚持统筹兼顾方法，才能正确处理好系统与要素的关系

系统就是整体，但又不完全等同于整体，它是整体的综合化、系统化，是一个严格、全面的整体；要素则是部分，是对系统起作用的部分。系统是诸多要素相互联系的整体，而要素是组成一个整体的相互作用着的部分。因此，要素是系统的子目录和下级中枢。坚持统筹兼顾方法，对于正确处理系统与要素的关系，具有重要的意义。

3. 坚持统筹兼顾方法，才能把握领导活动的内在联系和规律性

任何两个事物之间都是相互联系的。但是，这种联系是一种"隐性"的联系，也就是缺乏具体的联系。联系本身就同任何事物一样，是绝对性与相对性的统一：就整个世界而言，联系是绝对的、无条件地存在着；但就具体事物而言，联系是相对的、有条件的。因此，我们坚持统筹兼顾方法，是为了建立具体的联系；同时，联系又是客观的，我们建立的联系是为了联系的具体化和多样化。

（二）统筹兼顾方法是构建和谐、落实科学发展观的题中之意

科学发展观的核心内涵是按照科学规律，以求真务实的精神，全面、协调和可持续地推进经济社会更快地发展。它要求我们改变过去以单纯追求经济增长为目标的发展观。实际上，我们发展观的改变，也是领导科学方法的改变。它要求我们从单纯地抓大工程、抓经济建设转变到以经济增长为主，人口、资源、环境、社会等全方位综合平衡的可持续发展方针。

科学发展观的提出不是偶然的。到 2003 年，按现行汇率计算，我国经济总量已经达到了世界第 7 位，13 亿人口平均初步达到了小康生活水平，这是了不起的奇迹。但是，我们也必须看到，在经济总量不断快速上升的同时，也出现了一系列新的问题。例如，城乡之间和地区之间的绝对和相对收入差距都进一步拉大了；生态环境受到了严重的损害；资源的储备日益减少；国民经济对外贸和国外技术的依赖程度在提高。2003 年我们消耗了世界钢铁总产量的 30%，世界水泥总产量的 40%，世界煤炭总产量的 31%，实现的 GDP 却仅占世界的 4%。这表明，我们的经济增长成果的分配和使用存在着不公平，效益不高。无论从稳定社会发展的角度看，还是从资源与生态环境制约的角度看，这种增长都是不可持续的，增长与发展的矛盾日益突出。因此，党的十六届三中全会提出了五个统筹发展的新的经济社会综合发展战略。目的就是要解决我国经济社会发展过程中积累的各种矛盾。五个统筹实际上是科学发展观的具体内涵，是社会主义市场经济不断完善的具体体现。

我国社会主义市场经济的社会主义内涵，不仅仅体现在所有制上，更应该体现在分配的公平和社会的和谐方面。实施统筹兼顾方法，不仅要解决好市场不能解决的公共资源保护和利用的外部性问题，对市场失败的领域进行调控，而且要处理好局部与全局、人与自然、国内与国际、经济与社会的关系，追求人口、资源和环境的综合协调，实现人类社会的可持续发展。

（三）坚持现阶段的"五个统筹"

1. 统筹城乡发展

城乡差别是当前经济社会发展不平衡的显著标志。城乡差别也严重制约着中国未来经济的发展。要解决好这个问题，最根本的还是要在现阶段坚持统筹兼顾的发展方法，以城市带动农村，以先进带动落后，协调好城乡之间的发展规模和水平。在这一点上，最重要的是要把"三农问题"解决好。

2. 统筹区域发展

由于我国改革开放和现代化建设已经取得了令人瞩目的成就，现阶段的建设重点就应当从沿海转向内陆、从发达地区转向欠发达地区和不发达地区。落实好西部大开发和中部崛起战略。

3. 统筹经济社会发展

统筹经济社会发展，就是要使我们的经济增长方式由粗放式向集约式转变，走可持续发展之路。坚持经济发展的科学性和现代管理方法和手段，实现经济增长与社会发展、环境保护的有机统一。

4. 统筹人与自然的和谐发展

所谓和谐发展，就是讲求在发展中不是以牺牲一方的利益为代价来促使另一方的发展，而是达到"双赢"的结果。协调人与自然的关系，就是在促进人的发展和社会的全面发展中，要保护好自然或有效、科学地利用自然。

5. 统筹国内发展与对外开放

实行改革开放政策以来，这就成为领导者必须思考的问题。要正确处理好国内发展与对外开放的关系，其实还是要运用统筹兼顾的方法。在坚持独立自主、自力更生原则的基础上，必须重视同外国在政治、经济、文化、军事等领域开展广泛的交流与合作，共谋发展。

统筹兼顾是科学发展观的根本要求。科学发展观强调统筹城乡发展、统筹区域发展、统筹经济社会发展、统筹人与自然和谐发展、统筹国内发展和对外开放，也就是要在以人为本、统筹兼顾中协调好改革进程中的各种利益关系，全面推进中国特色社会主义事业的发展。因此，在社会主义和谐社会建设中，我们要贯彻落实科学发展观，始终遵循发展的全面性、协调性和可持续性的基本规律，把统筹兼顾作为和谐社会建设的根本方法，按照"五个统筹"的要求推进改革发展和维护社会稳定，协调好全社会各方面、各阶层的利益关系，最大限度地减少社会矛盾，减轻社会震荡，确保经济社会发展的成果惠及全体人民，为和谐社会建设提供良好环境；大力发展循环经济，进一步走生产发展、生活富裕、生态良好的文明发展道路，使和谐社会建设利在当代、惠及子孙，始终充满旺盛的生机和活力。

## 二、领导预测方法

前面所讲的统筹方法,主要用于对已经和正在产生的思想信息的调查。而领导者对尚未产生而将要出现的思想信息怎么获取?这是本节要讲述的内容。

(一)领导预测的可能性与必要性

马克思和恩格斯将唯物论和辩证法运用于社会历史,发现了社会存在决定社会意识、社会意识具有相对独立性的原理,为我们寻找人们思想发展变化的规律,进而预测人们的活动和思想的发展趋势,提供了科学的理论依据。

在现实生活中,人们的思想和动机确实是各式各样的,"有的可能是外界的事物,有的可能是精神方面的动机,如功名心、'对真理和正义的热忱'、个人的憎恶,或者甚至是各种纯粹个人的怪想"①。那么,在这些思想动机背后,隐藏着什么更本质的东西呢?马克思和恩格斯所创立的历史唯物论,揭示了一条简单的但又被人们长期忽视的道理:人们活动的动机、活动的目的乃至活动的结果,总是这样或那样地、直接或间接地受人们的物质生活利益的制约并为之所决定,人们的思想动机最根本的动因是人们的物质生活利益。因此,"探讨那些作为自觉的动机明显地或不明显地,直接地或以意识形态的形式、甚至以被神圣化的形式反映在行动着的群众及其领袖即所谓伟大人物的头脑中的动因,——这是能够引导我们去探索那些在整个历史中以及个别时期和个别国家的历史中起支配作用的规律的唯一途径"②。只要我们真正掌握了对领导活动和动机起支配作用的规律,就能够预测领导活动的发展趋势。

应当承认,掌握领导活动的规律是有困难的。因为"在社会历史领域内进行活动的,是具有意识的、经过思虑或凭激情行动的、追求某种目的的人;任何事情的发生都不是没有自觉的意图,没有预期的目的的"③。但是,我们仍然要认识到领导预测的必要性。它是现实领导活动及各类活动科学化的需要,也是领导方法科学化的需要,更是现代社会发展的需要。

所谓预测,实质上就是"鉴往知来",就是领导者通过事先的调查研究和分析,对未来某种不确定的东西或未知的情况做出符合事物发展规律的设

---

① 《马克思恩格斯选集》第 4 卷,人民出版社 1995 年版,第 248 页。
② 《马克思恩格斯选集》第 4 卷,人民出版社 1995 年版,第 249 页。
③ 《马克思恩格斯选集》第 4 卷,人民出版社 1995 年版,第 247 页。

想或判断,以指导人们的方向和实际行动。领导预测在领导活动中是必要的。不可或缺的,特别是在现代社会,这种必要性显得更加突出。这是因为:其一,在现代社会里,科学技术和经济的快速发展,给社会各个方面带来了急剧的变化和激烈的竞争,人们迫切要求以正确的思想理论为指导,最大限度地减少工作的盲目性,从而为自己确定的前景努力。其二,我们以前的领导活动中既有丰富的经验,又有惨痛的教训。取得经验,是以对领导活动的客观形势正确分析和对思想发展动向的正确估计为前提的,而教训的产生则正好相反。正确地吸取经验教训,必须重视领导预测。其三,科学技术和经济发展所带来的生产方式和活动方式的变化,社会信息量的急剧增加和知识的迅速更新,物质文化生活水平的提高,各项改革的深入,都必然引起人们思想方式的改变。富有生命力的新的思维方式和思想内容,同过时的旧的思维方式和思想内容不可避免地会产生矛盾,只有把握思想发展的趋势,排除旧思想的束缚,才能以崭新的精神面貌走向未来。

(二) 领导预测的条件和步骤

领导预测是一件非常复杂的事情,它比其他预测困难。因为领导预测方法不仅涉及人的思想和行为本身,还要预测产生和影响人的活动、领导活动的各种要素。这样,领导预测就要有严格的条件,没有严格的条件,领导预测就会成为胡乱猜想。

进行领导预测,主要有三个方面的条件:一是领导者主观方面的条件,二是领导活动信息资料方面的条件,三是对形势和环境的熟悉。

领导者主观方面的条件有:第一,使主观认识符合领导者领导活动的发展规律。毛泽东同志说过:"人们要想得到工作的胜利即得到预想的结果,一定要使自己的思想合于客观外界的规律性,如果不合,就会在实践中失败。"① 这就告诉我们,只有认识了领导活动发展的规律性,才有科学的预见。第二,具有逻辑推理和分析判断的理论基础,善于运用唯物辩证法观察和思考问题。正如毛泽东同志所说的:"全世界共产主义者比资产阶级高明,他们懂得事物的生存和发展的规律,他们懂得辩证法,他们看得远些。"② 第三,领导者要有领导科学预测方面的经验,明确过去和现在领导活动发展趋势,对现实的主客观环境和状况有比较深刻的认识。

领导预测的大致步骤是:

1. 确定预测目标

---

① 《毛泽东选集》第1卷,人民出版社1991年版,第284页。
② 《毛泽东选集》第4卷,人民出版社1991年版,第1468页。

预测目标的确定包括：预测的对象，如预测哪一类人的思想动向；预测的目的，是预测领导活动的发展趋势以便引导，是预测可能发生的问题以便防范，还是一个单位、一个地区、一种行业、一条战线的预测，等等。预测的目标尽可能具体一些，不能含混、抽象，否则做出的预测对领导活动没有多大用处。

2. 收集活动资料

根据预测目标的要求，通过调查，广泛收集预测所需要的现实的历史的资料。领导活动信息资料包括全局和个体两个方面，以及定性、定量两类。

3. 熟悉形势和环境

把领导活动信息同客观形势和客观环境联系起来进行分析，从中找到相互联系。

4. 选择预测方法

根据不同的预测目的、范围、内容，采用不同的预测方法。

5. 取得预测结果

将所得预测的结果征求有关人员意见，进行评审与检验，把取得基本一致的预测结论交付制订计划，提供决策依据。

（三）领导预测的具体方法

领导预测方法，离不开前面所讲的统筹兼顾方法。一方面，它需要统筹兼顾方法来综合平衡各方面的关系；另一方面，它又为统筹方法提供信息依据。

领导预测方法的具体方法可以分成几种类型，按预测的方式划分，则有调查分析法，图表法等。按预测的性质划分，则有能准确预知情况的确定性预测；能预知几种可能性的概率性预测；能预知在完全无前例可循情况下的不确定性预测。如果按预测的作用划分则有下面几种方法：

1. 判断性预测法

这种方法主要靠预测者的经验、知识和综合分析能力进行预测，所以也可称为直觉经验预测法。这种方法适合于预测不确定因素多而又不能数量化的未来现象，能对未来的发展趋势，做出定性的描述和评价，是领导科学预测的重要方法。这种方法有两种基本方式：个人判断法与集合意见法。

个人判断法就是领导者个人凭借自己的经验和智慧，运用个人的创造性思维进行判断。这种方法不受别人的影响，但容易产生主观和片面的倾向。集合预见法就是集中许多领导预测者的判断意见来进行预测。这种方法可以集思广益，通过比较、选择，集中多数人的意见，做出比较符合客观实际的预测方法。对全局性、普遍性的动向进行预测时，采用集合意见法为宜。

2. 因果预测法

所谓因果预测法，就是通过领导活动变化的因果联系预测发展动向的一种方法。因果联系是一种相互联系，因果预测也可叫相关预测。因果联系是客观世界普遍联系的形式之一，有因必有果，有果必有因，一果多因，一因多果的情况是普遍存在的。因果预测法，常用于外界客观环境变化时，预测人们将要出现的动向，人们的需要不能满足时的思想动向等。

3. 规范性预测法

这种方法是以社会发展的需要和预想的目标为基础，来估测实现目标时可能出现的各种倾向，倒推至目前的状况，提前打招呼并做好预防。毛泽东同志在新民主主义革命即将完成，新中国快要诞生的时候，对党内可能产生的思想问题作过预测："因为胜利，党内的骄傲情绪，以功臣自居的情绪，停顿起来不求进步的情绪，贪图享乐不愿再过艰苦生活的情绪，可能生长。因为胜利，人民感谢我们，资产阶级也会出来捧场。敌人的武力是不能征服我们的，这点已经得到证明了。资产阶级的捧场则可能征服我们队伍中的意志薄弱者。可能有这样一些共产党人，他们是不曾被拿枪的敌人征服过的，他们在这些敌人面前不愧英雄的称号；但是经不起人们用糖衣裹着的炮弹的攻击，他们在糖弹面前要打败仗。我们必须预防这种情况。"① 毛泽东同志的这段名言，就运用了规范性预测法。这种预测的规范成分较多，所以一般用于确定目标、制定和执行计划，排除不利于目标实现和计划执行的各种可能性。

4. 类推预测法

这种方法也叫类比法或引申法，它从共同因素的发觉与类似现象的发展来预测未来的发展趋势。这种方法和因果预测法不同，它不是通过分析因果关系去推断领导活动的未来动向，而是依据已有的事实和规律来进行预测，把过去的情况类推到将来。运用这种方法时，一般对未来环境不做具体规定，假定未来仍然按照过去的趋向发展，从而以现有的情况为参照物，通过比较找出共同形式来推测未来的情况。

类推预测法是根据过去和现在的活动变化规律来推测未来活动的变化趋势和绩效，因而，它要求预测者对领导活动的本质规律要有准确、深刻的把握，"鉴往"，才能"知来"，过去活动发展的规律，在将来也会起作用。

（四）领导预测的困难和局限性

前面说过，领导预测方法是必要的，也是可能的，但领导预测又是相当

---

① 《毛泽东选集》第 4 卷，人民出版社 1991 年版，第 1438 页。

困难的,要受到许多条件的限制。

首先,领导活动虽然有它内在的规律,但是,由于活动内部构件总是呈现极其复杂的状况,其内在本质常常被大量非本质的现象掩盖着,使人们很难一下子认识它的发展规律。因此,难以预见的情况是存在的。我们不能因为未来的每一种现象、每一种情况都可以预测而夸大预测的作用,也不要因为某些情况难以预测而否定预测的作用。

其次,领导预测由于受到多种主客观条件的限制,只能在某些条件下做到大体上相对正确,甚至可能包含某些错误。即使是科学的测算,也不可能对将来发生的事情做出百分之百准确的预测。正如毛泽东同志所说的:"马克思主义者不是算命先生,未来的发展和变化,只应该也只能说出个大的方向,不应该也不可能机械地规定时日。"① 因此,我们既不能认为预测是神机妙算,也不能因为预测做不到完全准确而忽视预见的科学性。

第三,影响领导预测的因素不仅多,而且各种因素变化快,领导预测只能是一种动态预测,只能根据人们活动的实际,不断修正,不断逼近,使预测的准确度不断提高。对急剧变化趋势的把握,尤其需要在动态中进行预测。而在急剧变化情况下进行预测比渐变情况下的预测更困难。我们不能因为变化急剧而放弃预测,也不能忽视瞬息万变的事实而盲目预测。

**三、领导激励方法**

所谓激励,就是激发与鼓励。领导激励教育法,就是领导者激发人们的主观动机,鼓励活动者朝着正确目标努力的方法。

激励教育法是以人们的客观需要和主观动机为根据的,是以实现一定期望为目的的。人们不管做什么,都是有一定动机的,都有某种指向,即要达到某种目的。当人们已经确立了正确的目标,并朝着正确目标付诸行动时,如何研究激发动机的因素,如何强化人们从事活动的内在的愿望和动机,如何通过正确目标的设置激发人们的动力,这就是领导者的任务。因而,激励方法,就是领导者激发人们的内在动力,调动人们的积极性,向着正确的目标前进。

用于激励的内容有三种:

第一种是物质激励方法。辩证唯物主义认为,物质决定人们的意识。物质动力是根本的动力,物质激励,就是积极创造条件,满足人们正当的物质需要,从而激发人们的社会主义积极性。在管理中,物质激励既指物质奖

---

① 《毛泽东选集》第1卷,人民出版社1991年版,第106页。

励，更重要的是讲经济效益，是指这两者的有机结合。从大的方面讲，社会主义生产目的是满足全社会成员日益增长的物质文化需要，也就是说要创造出比资本主义国家更高的劳动生产率，使全体人民的生活日益富裕起来。这是发展社会主义生产的强大动力。从集体和个人方面讲，社会主义的领导者，必须把生产的经济效益同企业和职工的物质利益联系起来，正确实行按劳分配原则，在提高经济效益的基础上发放必要的奖金，采取及时晋级加薪等物质奖励措施，以及某些经济惩罚措施。这些都是科学管理所必须的杠杆。当然物质奖励首先要符合政策；同时要看到它可能产生的副作用，不能把物质激励看成万灵药。物质激励必须与精神激励结合起来。

第二种是精神激励方法。毛泽东说，人总是要有点精神的。人是有思想的，人的思想会产生一种精神的动力。精神动力来自对理想的追求和对事业的热爱。精神动力不仅可以补偿物质动力的缺陷，而且本身有不可代替的巨大威力，在特定条件下，它甚至成为决定性的力量。对共产主义的坚定信仰，使无数共产党人能够舍弃物质利益乃至宝贵的生命。革命理想的树立，离不开包括日常的思想政治工作在内的精神激励。在新的历史时期，我们仍然要充分重视精神动力的作用，加强理想、纪律、道德教育，并使我们一贯坚持的思想政治工作进一步科学化，使之成为人们全心工作的精神动力源泉。

第三种是信息激励方法。从管理学角度看，信息作为一种动力，有超越物质动力和精神动力的相对独立性。知识就是力量，信息使人们获得新知识，从而增强人们的力量；信息本身又是催人奋进的动力。对一个国家来说，如果闭关自守，得不到外来信息，自己在某些方面落后了也不知道，反而会夜郎自大、故步自封，也就缺乏前进的动力。实行对外开放，和世界水平一比较，就能知道自己在哪些方面落后了。历史的教训告诉我们，落后就要挨打，于是产生一种急起直追的强大动力。就地区或部门之间来说，信息的交流，可以互相得到启迪和激励，带来你追我赶，"学比赶帮超"的动力。市场信息，更是企业竞争的基础，市场的需要，对手的性能，都是企业必须掌握的信息。能否掌握准确的市场信息，关系到企业的兴衰存亡。总之，作为一个领导者，只有善于收集、处理信息，不断提供信息动力，才能发挥巨大的管理潜力。

在领导者激励方式方面，也是多种多样的，主要有以下几个方面：

（一）目标激励

所谓目标激励，就是通过设置和树立理想和目标，激发人们为实现理想和目标而奋斗。人都是有思想的，思想要指导人们的行动。不管是人们的思想还是由思想指导的行动，都是人能动性的表现，都具有一定的方向性或目的性。而一定的目标，只要被人们确立起来，它就会产生激发和吸引，促使人们为实现目标而奋斗。所以，目标激励的实质是增强人们的自觉能动性。目标看起来是主观、抽象的，实际上它一旦被人们接受、确立，又是有客观内容的，是具体的。目标有不同的内容，也有不同的层次。进行目标激励，要根据激励对象的实际选择目标内容与层次。例如，对社会责任感不强的人，要选择社会政治目标进行激励；对学习、工作动力不足的人要选择事业目标进行推动；对道德品质较差的人要选择一定的道德目标给予教育；对表现好的人，要帮助确立高层次目标使之追求，等等。不管激励对象的具体实际，而笼统地进行目标激励，不会有好的效果。

（二）奖罚激励

奖罚激励，就是对人们的思想行为表现给予肯定、表扬或给予否定、批评。奖罚激励包括嘉奖、表彰、表扬和惩罚、处分、批评等具体方法，是领导者经常运用的方法。

唯物辩证法告诉我们，客观事物的发展总是不平衡的。在工作和生活中，总是既有先进，也有落后，既有积极因素，也有消极成分。我们的各项工作和事业正是在先进与后进、积极与消极的矛盾运动中不断发展和前进的。领导者工作的一个职责，就是要旗帜鲜明地表扬先进、奖励先进，用先进人物的先进思想和事迹激励人们学习、仿效，促进人们成长、进步。同时，对后进，对消极因素，对缺点错误，也要给予必要的批评、惩罚，激起人们的警觉，引以为戒，从中吸取经验教训。表扬、奖励是正面激励，批评、惩罚是反面激励，两者是相辅相成联系在一起，并从不同侧面来教育和提高群众的思想觉悟和认识能力的，因而在使用时，必须把两者结合起来。

（三）竞争激励

所谓竞争激励，就是通过评比、比较造成一种相互竞赛，不甘落后，争取优胜的状态。竞争也可以叫竞赛，它是根据人们在学习、工作、生产等方面表现的与贡献的不平衡性和可比性，利用人们的上进心理和互相争胜心理，来激发动力，鼓励上进，推动工作，是领导者工作中经常运用的激励方式。在社会主义市场经济体制下，在社会竞争不断加强的情况下，领导者科学地运用这一方式，可以培养人们正确的竞争意识和勇于拼搏，力争上游，不甘落后的精神，可以有效地推动个人的成长和单位事业的发展。

竞争激励是有目的、有组织、有领导地进行的一种活动，不是一种自由、自发的行为。它可以用于个人与个人之间，单位内部以及单位与单位之间的评比、比较、较量，其内容和形式是丰富多彩的，有全面的评比，也有单项竞赛；有优中选优，也有逐个淘汰；有当场直接较量，也有分头间接比较等。这些方式，可以直接与领导科学的内容相结合。开展学习、教育、集体建设、作风、团结等方面的比进步、比贡献、比团结的活动，也可以以业务学习、本职工作、文体活动、社会活动等内容为载体，通过比技能、比成绩、比知识理论来激发上进心，增强集体荣誉感。

# 第十五章 领导艺术

领导工作是有其客观规律的,但是也有许多不确定的、无法预测的随机因素。因此,在实际工作中,领导者不能刻板地按照某个科学原理来解决某个具体问题,而必须具有与时俱进、因地制宜、创造性地运用领导方法的能力,这种能力就是领导艺术。

领导方法与领导艺术之间是共性与个性、理论与经验的关系。领导方法是对领导艺术的概括和总结,它具有普遍性,所有领导者都可以学会它、掌握它。领导艺术却不然,它是对领导方法的创造性运用,是因人而异的。实际上领导艺术只有在领导方法的指导下才能不断提高,领导方法也只有在领导艺术中吸取营养才能不断发展。

## 第一节 领导职能行使艺术

### 一、端正权欲

端正权欲,关键是要端正执掌一定权力的动机和目的。如果领导者为了自己的私利而掌权,就会在领导活动实践中以权谋私,每一次以权所谋取到的私利不管数量如何大,却总是表现出一定限度的数额,因此,为了获取更多的私利,就要去谋求更多更大的权力,从而使其权欲无限制地扩张和膨胀,甚至发展到不可收拾的地步。正因为如此,每一个领导者都必须认真地审视自己掌权的动机和目的。

现实生活对这个问题的回答是多种多样的:有的人掌权是想为人民做点好事;有的人想使自己的才能得到发挥;有的人想出人头地;有的人想以此获得私利;有的人或许几者兼而有之。而我们所要的是,以权谋公,为民掌权。领导者要树立这样的掌权意识,必须:

认识权力的来源。权力来自社会，来自人民。因为人们为了生存发展，就要共同行动；要共同行动，就要结成一定的群体或组织；要结成一定的群体或组织，就要有支配和影响他人或组织的力量，即权力。既然权力不是个人意志的产物，而是来源于社会和人民，是社会群体或组织成员共同生存和发展的条件，它就应当维护社会，维护人民利益。

认识权力的本性。从权力的产生来源来看，它是为社会或人民利益服务的工具和手段。所以，领导者必须利用权力来为社会和人民利益服务。如果权力离开了这一轨道，就与其本性相悖了，就发生了性质的变化。

认识权力的作用。所有的权力都只是在一定条件下才有用。这里讲的一定条件，主要是指"服从"。如果人们对权力不服从，那么它就失去了发生作用的前提条件。而要使人们服从权力又是以权力服务于社会或人民为条件的。所以，只有以权力服务于社会或人民，才能发挥其应有的作用。

权力既然是人民赋予的，就要按照"三个代表"的要求为人民掌好权、用好权，全心全意地为人民大众服务。在我们社会主义国家里，现有领导干部，不论职位高低、资格大小、阅历深浅，都是人民的勤务员。因此，在行使权力的时候，必须尊重人民的主人翁地位，代表人民群众的利益，才能真正建立起领导者的权威，有效地影响和改变他人的心理和行为，使其符合领导目标的能力，使普通劳动者能够充分发挥主动性和积极性。

**二、把握领导职权行使的度**

领导职权和任何事物一样，都有自己的"度"，即有自己质和量的限度、幅度、范围。由于领导职权有自己的"度"，当然职权的行使也同样存在一个"度"的问题。因为一物的度的超出或破坏，该物就会转化为他物，职权往前半步就会变成淫威。领导者行使职权时把握住"度"，才能形成领导权威。

（一）行使职权的强制力量不能"过"

任何职权的行使都有其强制力量，诸如强制地执行决定、实施决策、听从指挥、服从调配、接受奖惩等，范围很广。由于这种强制力量是建立在惧怕的基础上的，被领导者如不服从职权的行使，就会导致惩罚，小至取消奖金等福利待遇，大至免去职务、辞退工作等，因此，领导者行使职权的强制力量时，要讲究限度，不能超过限度。一般来讲，强制力量效果最差，只能迫使被领导者表面上、口头上听从而内心不服，甚至领导者愈行使强制力量，被领导者的反抗性愈强，结果适得其反。

行使职权的强制力量的动机、目的不"过"。领导者行使职权的强制力量，是为了使人认识错误，改正错误，防止他人产生错误。如果领导者此举的动机是为了出气，或是为了发泄内心的不满，或是为了报复，或是为了发泄私恨等，都是不正确的，都是"过"的表现。领导者行使职权的强制力量，必须树立"惩前"为了"毖后"，"治病"为了"救人"的动机和目的。

行使职权的强制力量的范围不能"过"。这是指领导者对强制权的运用要慎重，不可到处使用，不能随意使用。只有在领导活动成员明显违反有处罚规定的法规时，事情发展到非惩罚不可的地步时；只有在行使强制权时才能够达到"毖后"、"救人"或教育他人之效的时候，才能运用惩罚。

行使职权的强制力量的程度不能"过"。这是指领导者行使职权的强制力量时，要过罚相当，轻重适宜。它包括：惩罚与过错相当，惩罚与过失者的主观态度相当，惩罚与对过失者起到的鞭策效果相当。

行使职权的强制力量的形式不能"过"。领导者强制权使用的形式有多种多样，但使用哪种方式，也应当有讲究。一般来说，能个别批评的，就不公开批评，能只指事不对人的，就不点名，能用经济手段惩罚的，就不作处分，能一次性惩罚的，就不用永久性惩罚。

行使职权的强制力量的惩罚标准不能"过"。这是指领导者强制权使用的惩罚标准要定得妥当。只要是以事实为依据，以法律和纪律为准绳，能唤起人们警觉，防范于未然的标准，都是妥当的。

（二）行使职权的强制力量不能"不及"

行使职权的强制力量，是为了保持领导活动系统的稳定和平衡，使领导活动向着积极的方向发展。如果事物的量变接近临界点，领导者应当运用职权的强制力量使事物按着本身度的要求发展，否则，就会"不及"。

该奖则奖，该罚当罚。该奖的不奖，该罚的不罚，就是"不及"。如果领导活动成员符合奖赏规定而没有得到奖赏；或有的成员触犯了法规应当受到惩罚而未受到惩罚；或奖赏没有达到应有的等级，惩罚未达到应该有的程度等，都会使领导者失去威信，规章制度失去威慑力量，组织失去信誉。

该破的就破，该立的就立。该破的不破，该立的不立，也是"不及"。在领导活动中，随着社会生产力的发展，科学技术的不断进步，内外环境的不断变化，领导体制、领导规范、领导结构、领导观念、领导思维方式等也应当相应地发生变化，或变革，或更新，或充实，或完善，领导者在行使职权的的过程中，应当运用其强制力量来促进变革，促进更新，使领导活动健康地发展。如果保护僵化的事物，维持落后的陈规陋习等，就是领导者行使职权的强制力量的"不及"。

该充分行使职权的时候就充分行使,该充分发挥职权的作用力度时就应达到相应力度。该行使职权时不行使,该达到相应的力度而尚未达到,还是"不及"。一般说来,职权行使能够达到令行禁止,活动自然有序,关系协调,局面生动,活泼、安定、奋进,就充分发挥其作用了,达到了相应的力度了;否则,不是"不及",就是"过"了。

另外,领导者行使职权时还应把握住以下几个"度":

把握好法律的度。法律面前人人平等,身为领导干部更应该强化法律意识,遵循法律约束,服从法律裁定,万不可在生活和工作中忽视法律,当特殊公民。只有增强法制观念,才能依法行政,执法为民,执政为民。

把握好政策的度。政策和策略是党的生命,应该牢记在心,领导干部要从实际出发,创造性地贯彻落实好,不可以有丝毫的折扣。

把握好纪律的度。忽略了纪律约束,把它当作耳边风、墙上画是必然要吃大亏的。在执行党的纪律方面,严格地说连"擦边球"都不能打,以免养痈成患。

把握好身份的度。领导干部的特殊属性,决定了他必须牢记自己是群众的带头人、领路人,是公仆,这样才能够实施有效的领导、管理和服务,才能带好一个地方,管好一个单位。

### 三、重视领导职权行使的软化

领导者行使职权,既有一个刚化问题,也有一个软化问题。所谓职权行使的刚化,就是充分发挥职权的强制性作用;所谓职权行使的软化,就是领导者在职权行使时,把职权强制作用的刚性变为使职权被作用者安服的柔性。领导者在职权行使过程中,应当刚柔并用,刚柔相济,做到宜刚则刚,宜柔则柔,宜刚柔并用则二者结合。这里着重谈领导者如何做到职权行使的软化问题。

化硬规范为软规范。在领导活动中,凡具有外在强制力的规范,称之为硬规范,而凡主要靠人们内在的自我约束力来维系的道德、风俗、习惯等,则称之为软规范。领导者职权行使的软化,就必须化硬规范为软规范。这主要是指:把硬规范的各种规定变为规范对象的自身需要,注意规范对象的习惯养成,使规范的各项规定成为人们的习惯,引导人们从道德、职业道德的深层角度来认识、理解有关的硬规范,并对其树立起内心的信念。

改"强制型"为"说服型"。这是指领导者在职权行使的过程中,要说明职权行使所符合的客观规律,阐明职权行使与群众利益的一致性,摆明职权行使的有关事实与群众需求满足的相符合程度。

变"命令"指挥为"人格"影响。这是指领导者在行使职权过程中，除了对"命令"的各种形式巧妙转化，灵活运用外，更重要的是靠领导者塑造良好的人格形象，通过领导者强大的人格力量影响被领导者。

## 第二节　竞争领导艺术

### 一、竞争战略的制定艺术

战略通常指决定全局发展方向或长远目标的策略，竞争战略就是指在竞争中能够决定全局发展的策略，它具有全局性、长远性、前瞻性、系统性的特征。竞争战略的制定要做到：

（一）立足全局

这是竞争战略艺术的本质要求和核心体现。立足全局，全面看问题，从基本要求来说，就是要注意考虑到整体和过程；或者从整体和过程上，考虑和照顾到事物的各个方面和发展的各个阶段及其关系。领导者要时刻把国家和全局利益作为我们观察、思考和解决问题的出发点和落脚点。谋取国家和人民的全局的利益，一定要成为领导者在各项实践活动中的首要选择、最高价值追求和检验工作的根本标准；当全局利益与局部利益不可兼得的时候，能够自觉地以局部服从全局，甚至暂时牺牲局部。还要紧紧抓住全局工作中的主要矛盾和中心任务。在由许多矛盾构成的复杂事物的发展过程中，主要矛盾规定和影响其他矛盾的存在和发展。我们要培养战略思维，把全局作为考虑问题的出发点，就要进一步学会在日常工作中紧紧抓住主要矛盾和中心任务。照顾和抓住主要矛盾，就是照顾和抓住了全局，就可以带动全局工作的发展。今天，我们要把握全面建设小康社会这个全局，必须要把发展作为执政兴国的第一要务，始终紧紧抓住经济建设这个中心任务不动摇。

（二）把握原则

绝大多数担负领导工作的同志，工作都很勤奋。但是有些领导者忙于具体的日常事务性工作，没有时间或者不能自觉地静下心来考虑全局性和根本性的问题，也不善于把具体问题提高到原则和根本的高度去思考解决，这样的领导者是事务家，但不是战略家。在工作中，我们的领导者如果能主动自觉地从原则上和根本上思考关乎全局的重大原则问题，则有利于培养战略思维。我们要做到从原则和根本上看问题，必须注意把握"三个代表"的原则和根本：国家和人民利益、生产力发展、先进文化方向等。从原则上、根本上看问题，还有要注意的是：在大是大非面前，政治立场要坚定，旗帜要鲜明，不拿原则做交易。

（三）放眼长远

现在，有的领导干部急于出政绩，在抓经济发展时没有保护好自然环境、人文环境和历史古迹。这在思维方式上讲，就是缺少战略思维，就是一种短期利益驱动下的静止思维和短视行为。如果我们不拘泥于眼前问题，也不搞短期行为，而是立足现在，放眼未来，考虑事物发展的长远，就能够培养战略思维。比如，国际社会提出的"可持续发展战略"，正是把人类与自然环境联系起来，把今天的发展与未来的发展联结起来，把当代人的利益与未来子孙后代的利益统一起来，考虑未来发展的一种战略思维。

（四）勇于创新

创新是一个民族的灵魂，也是领导者和竞争战略艺术的灵魂。创新性的战略艺术，就是领导者在认识过程和领导活动中所达到的"独特"境界，是在前人的认识基础上，提出的新见解、新发现和新突破。领导者能够在工作中不断地从战略上思考和实现创新，就会在竞争中占据优势地位。因此，领导者要敢于和善于破除惟书、惟上的思维定势。只有不畏权贵、不因循守旧，善于从实际出发，独立思考，独立判断，与时俱进地研究新问题，才可能进行战略创新。同时要尊重群众的首创精神。群众的实践，是领导干部思维创新的不竭源泉。我们只有相信和依靠群众，尊重群众的首创精神，善于总结群众的实践经验，才能在提炼、升华的基础上创造新的理论，实现战略的创新，开辟新的工作道路。

**二、竞争策略的把握艺术**

在瞬息万变的竞争环境中，对具体策略的把握也是非常重要的。面对千变万化的客观情况，领导者如何运用不同策略、把握不同的时机去迎来一次次胜利则极具艺术色彩。古语说"机不可失，时不再来"。领导者如果麻木不仁，对机会视而不见，就会错过机遇，坐失良机。领导者要能够经常审时度势，全局在胸，拥有灵敏的头脑、锐利的目光，善于抓住决策酝酿成熟的时机，以雄才胆略，排除各种干扰，把握机会；切不可优柔寡断，举棋不定，当断不断，贻误时机。毛泽东曾指出，领导者的聪明不在于懂得灵活使用兵力的重要，而在于按照具体情况善于及时地实行分散、集中和转移兵力。这种善观风色和善择时机的聪明是不容易的。惟有虚心研究，勤于考察和思索的人们可以获得。为此，首先必须养成敏锐的洞察力，能够正确地识别时机；其次，必须养成冷静的思辨力，能够适时地把握时机。这就是说领导者要用冷静的思考，审慎地对待时机，在时机的利用上要"掌握分寸"、

"掌握火候",避免"过犹不及"。在时机尚未成熟之时,不操之过急,贸然行事,而要沉着冷静,等待良机的到来;假如时机成熟,那么就应该立即决策,不可拖泥带水。

(一)果断

当机立断。这是因为时机实质上是时间的一维性在现实生活中的具体表现,它同样具有不可逆性的特点,就像过去、现在、将来不能互换位置,已经过去了的时机不会重复再现。还是那句话:"机不可失,时不再来。"在竞争策略的制定中,领导者一遇良机,看准之后,就必须及时、快速地做出决策,使策略发生效用;否则,时过境迁,错过时机,再周密的策略也是徒劳无益的。尤其是今天,市场经济的发展、竞争异常激烈,全世界都在进行着技术竞争、资金竞争、人才竞争、产品竞争,由此又派生出政治、外交、文化等上层建筑领域的竞争。竞争同战争一样,不仅是敌我双方实力的竞赛,而且是速度的竞赛。这就对领导者提出了严峻的挑战,你不仅要及时、快速地决策,而且要坚决、果断地决策。进行果断的决策,首先要有胆识、勇气和魄力。人们的胆识、勇气和魄力,既有先天性格的因素,但更主要的是后天锻炼的结果。如果一个领导者自认为缺乏这种性格品质,那就更需要自觉地在实践中加强这方面的锻炼。可以先从小处着眼,先从小事做起,因为小事的决策不仅容易做到,而且即使决策有误,也不会造成严重后果,引起多大的遗憾。然后,逐渐增加决策的难度,并注意不断地从中总结经验教训,使自己的勇气和魄力不断增强,从而培养出在关键时刻当机立断的能力。

(二)灵活

灵活应变,是在不违背政策原则的基础上,依据具体情况变化而审时度势随之改变常规的方法,灵活运用决策艺术,达到实现竞争策略目标的目的。领导决策者在竞争活动中既要有原则的坚定性,又要有应变的灵活性。要善于依据不同条件和竞争环境,相应地变更领导手段,调整领导任务。采取各种不同的方法去解决不同的问题和处理不同的事件。但是,领导决策的应变绝不是随意地改变上级政策,更不能违背上级决策目标,危害高层次决策的大局。领导者运用灵活的应变艺术,必须首先吃透"上头"决策精神,明确"上头"对本决策的要求,搞准当时、当地、历史上和现实的情况,区分哪些目标及策略是可以变的,哪些是已经符合实际情况而不能变的。判定可变或不可变是实行应变艺术的首要原则。恰当的灵活应变才谈得上是竞争策略的艺术。丧失原则的变通是不可取的,也是不允许的。

领导者要有敢于灵活变通的胆略和勇气,敢于承担风险创造新路,重要的一点就是能把上头精神与本地、本单位的实际情况结合起来，不惟书、不惟上、只惟实；对情况和问题能够全面掌握，而又善于把握处理问题的时机。只有这样，才能创造出有独特风格的竞争策略。特别应该强调的是，在处理危机时，或者说在处理突发事件时，这种操作艺术就更显得尤为重要。

## 第三节　主持会议艺术

### 一、会议主题的把握艺术

会议一开始，就应明确中心议题，这样才能迅速集中与会者的注意力，使其围绕中心议题进行思维。开门见山，与会议无关的话不说。要用简明的语言表达深刻的思想，而不要以啰嗦的语言说明肤浅的道理。

有些时候会议从开始就出现冷场的局面，如果主持者毫无准备，猝不及防，就会使会议陷入尴尬。如何消除开局冷场，使会议紧扣主题继续下去呢？如果是与会人员在会议前未做充分准备，一时不知说什么好，主持者应充分利用引导发言的艺术鼓励大家先谈不成熟的意见，在讨论中围绕会议主题逐步补充完善。如果是与会人员对会议主题不清楚，一时不知从何谈起，这时，主持者应仔细讲清议题，耐心细致开导，把大家的思想引导到会议议题上来。如果是议题有一定难度，一时不易提出明确见解，这时，主持者应由浅入深地启发大家开动脑筋，逐步认识议题的实质。也可以选择能力较强的与会者率先发言，打开突破口，引导大家进行讨论。

会议主持者应该让与会人员紧紧围绕会议主题发言，使大家的话题都为主题服务，避免漫无边际地"乱弹琴"，防止偏离"主攻方向"的情况发生。为确保与会者的发言能始终围绕着主题进行，可以采取以下三种方法：一是明令禁止。如果发现与会者的座谈内容离开了主题，主持者可直截了当地给予禁止，果断地将话题扭转过来。二是婉转牵引。当大家的发言出现了走题现象，主持者由于种种原因又不便给予"强制"，便可使用暗示、提醒等婉转的方式来纠偏。实践证明，这种以柔克刚的和平手段同样可以达到引起注意并将话题置于"正道"的目的。三是话题影响。当看到大家的发言离题时，主持者本人或指定某个同志旗帜鲜明地围绕主题进行发言，就可以切断偏谈或空谈的"话源"，并借势将与会者的谈话引到正题上来。

### 二、与会者发言的引导艺术

发言，是会议的灵魂，没有发言，会议就从根本上失去了意义和价值，而成功的发言靠引导。引导发言的艺术多种多样，主要有以下几种：

引导开始发言。引导开始发言的目的在于避免冷场，防止"哑巴会"局面的出现。为确保引导开始发言的有效性，可借助于三种方法。一是指令，即主持者用指定的方式，要求大家开始发言。二是启示，即组织者利用启发、诱导的手段引导大家发言。这种方法，在与会者想讲又不敢讲、欲讲又不知道该从哪里讲和讲什么的情况下运用，会产生更好的效果。三是带头，即主持者率先发言引导座谈开始。所谓的"抛砖引玉"和"领导开了口，群众众口开"描述的正是这种情况。

引导全面发言。全面发言是指与会者都进行发言的情况。有效地引导全面发言，一方面能让每一个人都有讲话的机会，避免"有人只讲不听，有人却只听不讲"的现象发生。另一方面，有利于主持者广泛听取意见和对各方面情况的了解。为了达到全面发言的目的，可采用以下两种方法：一是限定时间。要在既定的时间内达到人人都能发言的目的，就应对每一个同志的发言做出必要的时间限制。二是压缩内容。如果在时间已定的情况下，要大家把超时间负荷的内容讲完，就可利用这种方法来解决。

引导有序发言。有序发言是指与会人员有条不紊地进行发言。引导有序发言的目的在于给座谈者营造一个良好的会议环境，避免混乱局面的产生，特别是对于杜绝浪费时间更具有重要意义。为保证发言的有序性，可借助的方法有两种：一是人员排队制约，即通过编排发言者的顺序，使大家依次发言；二是内容编排制约，即通过合理调度座谈内容，达到有序发言的目的。

引导深度发言。深度发言是指使座谈的内容沿着由表及里、由浅到深的走势向更高更深层次递进的发言。引导深度发言的目的在于避免"只做表面文章"现象的发生。引导深度发言的方法主要有两种：一是主题的控制。会议主题设置的深度如何，直接决定着发言的深度，没有思想深刻的主题，就不可能有哲理至深的发言。因此，要想使大家的发言具有深度和不断向深度发展，主持者就应在座谈题目的设置上开动脑筋想办法，力求推出一些具有深度和力度的题目来。二是穿插追问。在发言过程中，主持者如能不失时机地抓住机会，及时地提出一些带有更深意义的问题让发言者回答，同样可以达到深度发言的目的。因为追问本身就是一种压力，在你的追问下，对方会"被迫"做进一步的思考和回答。比如，当对方谈完问题的症结之后，你若接着提出类似于"你认为解决这些症结的办法是什么"的问题，对方就会围绕着解决的方法来做文章，这自然就将发言顺理成章地引向了一个更深的层次。

### 三、会议氛围的创设艺术

良好的会议氛围的创设和多种因素密切相关,要想树立良好的会风首先要做到:不开无主题的或多主题的会,一次会议连主题都不明确,是无法吸引与会人员的注意力的,更不可能有良好的会议氛围;主题太多,也会起到反作用,分散了注意力,同样达不到效果。

还要做到不开无准备的会,除了要妥善地安排会议的时间、地点、人员之外,最重要的是要提前通知与会人员会议主题,让大家有充分思考的时间,这样才能够做到开会时不必要的言不发,做到紧扣主题。

另外,要注意可开可不开的会坚决不开,无关人员不请,不要议而不决或一言堂个人决定。

同时,会议进行时可能会出现各种各样的意外情况,不管会前的准备多么充分,也不能排除意外的发生,妥善地处理好这些意外情况也是创造良好会议氛围的重要艺术。

在会议进程中,冷场的局面很容易出现,总有一部分人保持沉默。对此,会议主持者应区别不同情况,设法打破这部分人的沉默。对于那些出于顾虑、害羞而保持沉默的人,主持者应寻找机会,鼓励他们大胆发言。对于那些认为议题与己无关而保持沉默的人,主持者应通过讲述议题的重大意义或积极寻找议题同沉默者之间的联系,促使他们认真思考并谈出自己的意见。对于那些因持少数意见而保持沉默的人,主持者不要急于表示自己的倾向性,而应热情鼓励他们讲出自己的不同见解,以便进行参考比较。这样,会议主持者通过自己的主动营造出热烈的会议氛围。

会议进行中出现同自己有分歧的意见时,主持领导不能简单地做出反对另一方、或置之不理的反应,而要理性对待。这样才能鼓励与会人员大胆地提出不同意见,创造出生动活泼的会议氛围。

对意见分歧抱欢迎态度。如果与会所有人员永远保持一致,那么这次会议就是多余的。有人提出领导者没有想到的问题,应该表示感谢,这种分歧正是领导者回头审视、纠正自己的观点,避免犯大错误的机会。

要保持冷静,不要轻易做出为自己辩护的第一反应。当人们遇到意见分歧时,第一个自然的反应是为自己辩护。领导者要记住,每当你立即为自己找理由辩护时,过后往往难以改变立场,也使自己无法从对方的观点中得益。

要控制住自己的脾气。发怒使思想交流更难。先听对方意见,给对方发表意见的机会，让他讲完为止。不要抗拒对方意见，要努力架起理解之桥，而不是误解之障。

要找共同点。听对方讲完之后，先要细想一下双方的共同点。这样做能保持双方的良好关系，为找到双方有利的解决办法打下基础，态度要尽可能和蔼灵活，即在原则问题上坚守立场，在细节问题上灵活处理。

最后，作为会议主持者，应该胸怀宽广，广泛听取会上的各种不同意见，正确对待会上的反面意见。主动鼓励下级提出不同意见。在研究决策方案时主持领导不应坐等别人提意见，而应主动发现问题，努力消除下级的思想顾虑，鼓励他们提出不同意见。即使领导者认为自己的方案比较成熟，也要诚恳地听取下级的意见，以便进一步补充或完善决策方案。

慎重听取多数人的反对意见。由于某种原因，有时领导者经过深思熟虑的决策方案或实施意见，也会遭到多数与会者的反对。这时，领导者千万不要着急，应该冷静地重新审视自己原来的方案；即便原来的方案是正确的，也不要强迫大家服从，而应以充足的理由、适当的方式说服与会者。

不可忽视少数人的反面意见。在研究某项决策方案时，有时可能会出现多数人赞成、少数人反对的情况。这时，千万不要忽视少数人的意见，因为真理有时往往在少数人手里。多听听少数人的反对意见，可以避免决策的失误。即使经过认真分析，证明少数人的意见是不正确的，也要耐心地进行解释。

**四、时间的掌握艺术**

主持好会议，另一个重要环节就是掌握会议时间。"那种寅时开会卯时到"的会风，不仅是一种无组织、无纪律、无党性的表现，而且会影响会议的气氛，影响会议的质量。因此，主持会议一定要有时间观念，掌握好会议时间。

首先，要准时开会。主持会议的领导自己要保证准时到会。有些与会人员，特别是有些领导参加会议总是晚来，这样会议就得等候，导致以后的会议迟到者更多。因此，必须养成准时开会的习惯，不管谁缺席，甚至个别领导还没有到场，也要准时开会，这样做对迟到者是一种无言的批评。对于经常迟到者，还要作批评，长期坚持下去就能让大家都养成准时开会的习惯。

其次，会议时间尽量要短，会议是一种紧张的脑力活动，需要与会者的思想高度集中，有的会议过长，主持者和发言者都是长篇大论，这样的会议常常会使人身心疲惫。因为脑力消耗过大,产生疲劳感,与会人员就会盼望会议早点结束,这势必影响会议做出有效的决定。

　　因此,一般的会议,应尽可能在一个小时左右的时间内开完,会议主持者应调整、控制好会议时间,对发言者应要求其开门见山,抓住中心,有些会议也可以规定发言时间。当讨论中的意见已经基本取得一致时,主持者应及时组织表决,进行归纳,避免占用过多时间。对于议题多或讨论重大问题的会议,确需较长时间,可划分为几段开,使一次会议变成若干次小会,每段各有中心,一段进行完了,有适当的休息时间,使与会人员精力得到恢复、紧张的思维得到调节后再进入下一段。

# 第七篇 领导效益论

领导效益,是领导活动的出发点、归属和落脚点。在领导活动中,如何把握领导效益的内容,如何评价领导效益,如何提高领导效益等,都是领导效益理论的具体应用,是应用领导学所要研究的内容。

# 第十六章 领导效益概说

领导活动中最重要的是实现领导效益,那么正确理解领导效益的涵义及其意义是领导活动中的首要问题。

## 第一节 领导效益相关诸范畴的涵义

在涉及领导活动的诸范畴中,存在着领导结果、领导效果、领导效率、领导效能、领导效益等范畴,这些范畴较为接近,容易发生混淆,因此必须对它们加以分析、比较,以便更深入地了解什么是领导效益。

### 一、领导结果的涵义

所谓结果是指事物发展到一定阶段所达到的状态。事物总是不断运动发展的,任何事物的发展在一定阶段总会呈现出一定状态,达到一定的程度,产生一定的结果。那么,领导结果是指领导实践活动在一定阶段所达到的状态。这种状态是客观的,是什么样就是什么样,对于结果没有包含评价和判断的涵义,它所呈现的是一种客观事实。

### 二、领导效果的涵义

任何实践活动都会产生相应的某种结果。但是,实践活动产生的结果是否就是效果呢?

我们说不是,效果是指领导实践活动产生的有效结果或成果。显然,领导实践活动的种种行为产生的结果不见得都是有效的,有些可能是无效的,甚至是负效果。领导活动有效果首先在于进行了这个领导活动比没有进行这个领导活动产生的效果好。比如,中国共产党领导中国革命前,中国在黑暗中摸索了半个世纪没有找到发展的道路,中国共产党成立后领导中国人民进行反抗侵略者的斗争，找到中国革命的正确道路。这些事实说明党的领导是卓有成效的。其次，领导活动有效果还指整个实践活动过程是有效的。领导活动的决策正确，管理有方，调控适度，激励有效，那么整个领导活动就会朝着制定的目标迈进，领导活动就是有效的；如果领导活动的任何一个环节发生了问题，活动本身可能就会偏离方向，产生的结果可能与预定的目标不符合。

领导效果是指领导活动的有效性，是对领导活动各种行为所产生的结果的有效性的度量。从领导活动在社会发展中来看，领导活动的有效性体现在对事物发展是否起到了积极的推动作用，起到多大的作用。从领导活动内部来看，领导效果是领导活动的结果对于预定的活动目的的实现程度，它表示领导活动结果与该活动的目的之间的关系。

### 三、领导效率的涵义

效率，泛指日常工作中消耗的劳动效果比率。领导效率，是指领导活动的特定结果与用于该结果的耗费之间的比率。人的活动是物质运动的高级、特殊的表现形式，物质运动无非是物质、能量、信息及其时间和空间形式的转化。领导活动是人的活动的一种。领导效率，是领导活动过程中物质、能量、信息及其时间和空间形式转化后所实现的结果与实现这些转化所花耗费之间的比率。具体来说，效率是完成一定质量和数量的活动所耗费的人力、物力、财力、时间、空间等。我们说完成一定质量和数量的活动耗费的人力、物力、财力、时间、空间等越多，效率就越低；反之，耗费的人力、物力、财力越少，效率就越高。

领导活动也有效率的问题。领导效率是表示领导活动所实现的与所耗费的之间的关系；领导效率是对领导活动的投入所带来的产出的度量。

领导效率具体可以分为三种：

一是时间效率。时间效率是指有效工作时间与整个投入时间的比例。领导时间效率高，不仅要求领导者自己有较高的时间利用率，还应使部属有较高的时间利用率，更重要的是整个组织有较高的时间利用率。

二是办事效率。办事效率可以从四个方面来看，首先是看已办事件数与应办事件数之比；其次，看已办事件中正确处理件数与处理不当件数之比；再次，看正确处理的重大事件与一般事件之比；四是看应由下级处理而由领导处理的事件数与处理问题总件数之比。前三种比率越高，说明办事效率越高，第四种比率越高，则表明办事效率越低。

三是整体效率。最主要是分析成果与耗费，以及成果得到社会承认的情况。耗费是指组织在一定期限内的领导活动中耗费的人力、物力、财力、时间和空间等。成果多，耗费少，整体效率就高；成果少，耗费大，整体效率就低。考察领导效率要看时间效率和办事效率，更要看整体效率。

### 四、领导效能的涵义

领导效能是领导者的成绩和能力的总称，具体来说就是组织的目标和效率的乘积。用公式表示就是：效能＝目标×效率。效能取决于两个因素，一是组织目标正确、方向对头，也就是领导决策要科学、方向正确。方向不正确，效率越高，浪费越大，损失越大，领导效能成了零值或负值。二是执行决策的效率。在目标方向正确的情况下，领导效率要高，领导效能与效率成正比。目标和效率均有正、负、零三种情况，无论两者如何组合，只有两者为正值这一情况才叫有效或有效能，其他任何情况都是无效、零效或负效。领导效能，反映的是领导者实施领导工作的效率和目标的关系，表示领导者工作效率与目标相一致的状况。领导效能是领导者履行职责的结果，要在领导活动完成或告一段落后才能显现出来，因为领导者的实际成绩和工作效率都要通过领导活动才能表现出来。领导结果将会给社会给人们带来什么样的影响及其影响的程度，在领导活动开始之前就可以预测和论证，并作为指定目标和决策的重要依据。

### 五、领导效益的涵义

什么叫"效益"？所谓"效"，就是"效果"、"功用"之意。《淮南子·修务训》："效亦大矣。"所谓"益"，就是"利益、好处"之意。《后汉书·郭太传》："甄已破矣，视之何益？"引申为有益。《论语·季氏》："益者三友。"根据"效"与"益"的意思，把"效益"理解为有益的效果或好的效果。

那么有益，是对谁有益呢？评价有益的标准是什么？有益是对社会的发展和满足人民的需求有益。因此，可以给领导效益下这么一个定义：领导效益是领导活动行为所产生的有益的社会效果，它表示领导活动效果同该效果给人们、给社会带来的益处之间的关系，它是对领导效果给人们、给社会带来的益处的度量。社会实践活动的结果根据其对人们、对社会是否有益可划分为三种情况：对人们有益；对人们既无益也无害；对人们不但无益而且有危害。由于社会实践活动效果与人们之间的关系可分为三种情况，因而"效益"也相应会产生三种情况：有益的效果，称正效益；无益无害的效果，称无效益；得不偿失的效果，称负效益。

领导效益既有经济效益又有社会效益。领导活动直接促进社会的经济发展，称为给社会带来了经济效益。经济效益通常是看得见的，可以用数量来衡量的，如在党的领导下，现阶段我国经济每年以7%~8%的速度增长，党的领导给社会带来了极大的经济效益。领导活动不仅可以直接促进社会的经济发展，而且推动了社会的全面进步。这就是领导活动的社会效益。

领导效益是就整个领导活动系统而言的，是就领导活动系统内外的相互作用而言的。领导结果、领导效果、领导效率、领导效能、领导效益是几个相近的概念，它们有联系又有区别。它们在领导活动中都应该考虑，但侧重点不尽相同。领导活动最终是指向领导效益的，也就是领导活动的效果一定要给社会、给人民带来好处，这样的领导活动才是有意义的，如果领导活动为社会带来的不是好处而是灾难，即使领导效率再高，领导效能得以充分发挥，也都是枉然。

## 第二节 领导效益的客观性

领导效益是否客观存在呢？回答是肯定的，在领导活动中领导效益不仅是客观存在的，而且是评价领导活动的主要标准。

领导效益的客观性主要体现在以下几个方面。

### 一、领导活动目的指向领导效益

领导活动是一种有目的的行为活动。它或者是为了改造自然，以处理人与自然的关系，它或者去改造社会，以处理人与人之间的关系，再或者去改造自身，以进一步促进人类的发展。人们改造自然、改造社会、改造自身，都是为了推动社会的进步和发展，为人类带来好处，如果脱离这个目的，我们的领导活动就毫无意义，甚至带来害处。例如，我们改造自然是为了让生态更和谐，更长久地为人类生存提供必须的资源，是为了人与自然共生共荣。我们改造社会是为了社会物质财富更丰富，生产关系更和谐，人民生活更幸福。改造自身是为了充分发挥人所具有的潜力，全面协调地发展。领导活动纷繁复杂、多种多样，但不管哪种领导活动，所指向的最终目标是为社会带来好处，是为了取得领导效益，因此，我们说领导活动目的指向领导效益。

### 二、领导活动过程走向领导效益

领导活动是分步骤、有程序地进行的，一般说来领导过程分为分析过程、预测过程、决策过程、实施过程、评估过程。

分析过程。首先分析解决需要解决的问题，分析社会经济、政治、文化条件等大的社会条件和背景，分析人的环境，分析人们的心理、需要，分析问题的主要矛盾和矛盾的主要方面，对问题的本质加以了解，以及分析解决问题的条件。

预测过程。是在前面分析过程的基础之上，对解决问题的条件、可能性、选择解决问题的方式进行预测。

决策过程。是在充分预测过程的基础上，通过充分的论证，最终做出决定的过程。决策过程的主要依据是，领导活动要为社会带来好的效果，有时一个重大事件的领导决策并不是一朝一夕的，是要经过充分的论证和实际的考察，在保证能为社会、为人民带来好处的前提条件下做出的，比如三峡工程的建设，这个决策的过程就经历了长时间的论证，这个宏伟的工程必须保证它能为社会带来极大的效益而不至于带来太多的问题或损失。

实施过程。是在决策以后所进行的具体执行过程，在实施过程中必须紧紧盯准效益目标。如果决策过程中有偏差，实施过程中就必须根据最终的效益目标对原计划、原方案进行修正。

评估过程。领导过程的最后环节是对领导活动进行评估。评估的指标多种多样。如前所述的领导效果、领导效率、领导效能等方面都可进行评估，但主要的评估标准是领导效益即领导活动是否满足社会需要，为社会带来好处。

从以上领导过程的分析可以看出领导活动过程实质就是逐步走向领导效益的过程。

**三、领导活动的本质是为了领导效益**

领导活动的本质就在于影响一个群体实现其目标，这种影响包括组织、协调、管理、控制、激励其领导的群体。在现代领导活动中，领导活动的本质特征体现在以下几个方面：

一是战略全局性。领导活动必须从大局出发，从战略的层面上规定其所领导的群体的方向、任务和目标，必须在整体发展、全局利益等领导理念的驱使下，处理各种关系。比如，党的十六大提出21世纪中国发展的战略目标，就是从当今的国际、国内的发展趋势出发，从中国现代建设的发展和中华民族伟大复兴的全局利益出发制定的。

二是综合性。从领导活动的内容看，综合性是其重要特性。首先，领导的综合性是由社会的分工决定的；其次，现代社会是一个利益多元化的社会。领导活动的一个重要内容就是将不同的劳动分工和不同的利益进行综合，从而将综合的结果输出给社会。它要求领导者从社会发展的高度，从大多数人的利益需求这一视角来思考问题。

三是服务性。从领导活动的价值取向和精神归属来说，服务性是领导活动的重要特性。

领导的权力是人民赋予的，领导活动的本质体现为公共使命的承担，服务是领导的本质所在。邓小平同志说，领导就是服务。

我们认为领导就是服务于人民、服务于社会、造福于人民、造福于社会，这是领导活动的本质。《中共中央关于加强党的执政能力建设的决定》中指出：加强党的执政能力建设的根本目的就是"带领全国各族人民实现国家富强、民族振兴、社会和谐、人民幸福"。在此，精辟论述了中国共产党作为执政党的根本任务和执政目的，同时也揭示了领导活动的本质，就是促进社会进步、国家繁荣稳定、人民安宁幸福，从根本上来说就是领导活动要满足人民和社会的需要，为社会发展带来好处，这也就是领导效益的问题。

### 四、领导活动标准锁定领导效益

开展一项领导活动后，如何评价领导者的业绩？如何看待领导活动正确与否？按照辩证唯物主义的观点来看，实践是检验真理的唯一标准。领导实践活动是否有意义，必须看实践活动的本质，看实践活动的结果是否对社会发展有好处。因此，评价领导活动的标准主要是看领导效益，中国共产党特别强调党的干部应树立正确的政绩观，摒弃错误的政绩观：如单纯追求经济增长而不注重社会政治、经济、文化协调发展的政绩观，单纯追求近期效果、忽视长远发展，热衷于搞"政绩工程、形象工程"的政绩观等错误观念都不会真正给社会带来好处，通过实践来检验领导活动效果，才会是公正的、经得起历史考验的。

### 五、领导活动实践，归结领导效益

领导活动实践丰富多彩，既有物质活动，又有精神活动。比如，自从中国共产党建立和新中国成立以来，就开展了各种各样的领导活动，包括政治活动、经济活动、文化活动等。中国共产党从1921年成立后，在中国革命和建设中开展了丰富的领导活动，带领人民取得了一个又一个胜利。1931年"九一八事变"，日军入侵中国东北；1937年"卢沟桥事件"后，日本帝国主义开始了它全面入侵中国的罪恶计划，在民族生死存亡的危急时刻，中国共产党领导人民群众开展了不屈不挠的抗日运动。经过艰苦卓绝的斗争，终于打败了日本帝国主义，迎来了民族的独立和解放。抗日战争胜利后，中国共产党又带领人民同中国反革命势力进行斗争，取得了解放战争的胜利，建立了中华人民共和国。新中国成立后，中国共产党又带领人民进行社会主义革命的社会主义建设，特别是党的十一届三中全会后，探索有中国特色的社会主义道路。今天，我们在中国共产党的领导下，不断深入探索建设有中国特色社会主义的成功道路，党的十六大提出全面建设小康社会，要使经济更加发展，民主更加健全，科教更加进步、文化更加繁荣、社会更加和谐、人民生活更加殷实，综观中国共产党成立以来所从事的领导实践活动，可以集中说明一个领导实践活动是否有益，首先要看它是否符合事物的发展规律，而人民的利益跟事物发展的客观规律是一致的，党的宗旨是全心全意为人民服务，党的领导活动最根本的目的是为了人民利益，因此，它是符合社会发展规律，符合人民的需要的，是有领导效益的，领导活动实践最终必须归结领导效益。

## 第三节 领导效益的意义

### 一、效益体现了领导活动的真谛

领导活动的真谛到底是什么？我们可以从人类社会发展的历程来考察领导活动的真谛。

领导活动是人类普遍存在的一种现象，是人类自古以来就有的，伴随着人类社会的产生而产生，也伴随着人类社会的发展而发展。具体来说：一是领导活动作为伴随着人类社会出现而出现的一种活动，它是由人类社会的共同生活引起的，是生产力发展引起的社会分工的产物，是人类共同劳动的必需。二是领导在人类社会中具有特定的功能和作用，是其他活动所不能代替的。因为人类社会是由一个个人构成的人际关系的群体，这个人际关系群体要想在人类社会中维持自身的生存和发展就必须共同劳动、共同认识自然和改造自然，创造自身生存和发展的环境，否则，人类社会将无法生存和发展。在人类共同劳动中就必须有人承担组织、协调、指挥的职能，缺少这个职能，人类的社会性将失去一个重要基石。从这个意义上讲，即使到了共产主义社会还是需要有领导活动。从以上领导活动的产生和发展历史的分析可以看出，领导活动在人类共同劳动和社会实践中起着组织、指挥、协调的作用，使人类从事的活动朝着既定的方向发展。因此领导活动的实质可以这样来理解：就是组织、率领、引导、控制、协调、激励一个群体实现目标的活动。

领导活动在人类共同的劳动和社会实践中，组织、协调、指挥一个群体去实现自己的目标，还不是领导活动的最终意义，领导活动的最终意义在于通过目标的实现促进人类社会和自身的不断发展，满足人们的物质和精神的需要，这就是领导效益的问题。因此，领导效益既是领导活动的出发点和归属，又反映了领导活动的真谛。

### 二、效益反映了领导活动动机与效果的统一

动机反映的是人们从事某种行为的内在动力。动机对于人们发动和维持行为具有重要意义，可以说人们做任何事都有其动机。在领导活动中也存在领导动机，那就是从事领导活动到底是为什么？通过领导活动达到什么目的？确立了领导动机，领导者，包括领导者群体和领导者个人，就会开始其行为，从事某种领导活动。从事领导活动总会产生一定效果，有好的效果，也有不好的效果。一般来说动机和效果是统一的，正确的动机产生好的效果，不正确的动机产生坏的效果，但动机和效果并不总是统一的，有时也有矛盾。有时正确的动机会产生不良的后果，这就是所谓的好心办坏事；有时不正确的动机，偶尔也会产生好的效果。但如果领导活动效益用是否对社会发展起促进作用的标准来衡量，那么就必然反映领导活动动机与效果的统一，这是因为：第一，动机是好的，但产生不良后果，这种领导活动是没有领导效益的。如1958年的"大跃进"，领导动机是好的，希望快速地建设社会主义，希望早日实现共产主义，但是犯了急功冒进的错误，没有认识到社会主义建设的规律，因此，不但没有给社会带来好处，反而带来了坏的影响，我们不能说这个领导活动是有效益的。第二，动机不正确，偶尔产生好的效果，我们也不认为领导活动有效益。因为领导效益标准不是对领导活动的一时一事进行评价，而是历史的评价。随着时间的推移，其真正的动机必显露无遗。比如，有些领导者为了自己的仕途，大搞"形象工程"、"政绩工程"，消耗了大量的人力、物力、财力，劳民伤财，也许这些工程一时为老百姓带来一定好处，但随着时间的推移，这些工程经不起历史的检验，实际也是没有领导效益的。因此，从根本上来说，领导效益体现了动机和效果的统一，动机和效果如果没有得到统一，领导活动也不会真正具有效益。

### 三、效益展现了领导活动的价值

价值反映的是主客体之间的一种关系，即客体以自身的属性满足主体需要和主体需要被客体满足的一种效益关系，领导活动只有满足了社会和人民这些主体的需要才会有价值，那么领导效益本身表示的就是领导效果同该效

果给人们给社会带来的益处之间的关系,领导活动有没有效益就是看领导结果能否满足社会和人民的需要,从这个意义上说领导效益本身就展现了领导活动的价值。

领导活动的价值体现在以下几个方面:政治价值、经济价值、精神文化价值。

政治价值。现代社会是以国家的形式出现的,各个国家由政府来管理国家的公共事物,政府代表着国家的利益。政府就是一种领导形式,通过政府的领导保证国家的安全和独立;保证社会系统正常、良性的运行;保证社会成员的利益和生活秩序等满足一个社会和人们的共同生活的需要,从而体现领导活动的政治价值。同时一个社会的政党、社会团体和个人在国家内政、社会活动和国际事务中从事领导活动,维护国家、阶级、团体的利益、国家的稳定;推动社会的发展,从而体现出领导活动的政治价值。

经济价值。经济活动是社会的物质生产和再生产活动。社会物质生产活动需要有计划、按比例、协调地发展;社会物质生产需要有人组织,生产各部门需要协调;生产者的劳动积极性和创造性需要充分发挥,需要有人激励,需要一个良好的社会环境等,这些工作同样需要领导活动的参与。如新中国成立后,我国政府开始制定国民经济和社会发展五年规划,全面指导社会经济发展。党的十六大提出在 21 世纪头 20 年里全面建设小康社会的宏伟规划。2005 年党的十六届五中全会又审议通过了《中共中央关于制定国民经济和社会发展第十一个五年规划的建议》。在科学发展观和构建社会主义和谐社会思想的指导下,集中全党和各方面的智慧,站在历史的新高度,从战略全局出发,制定 21 世纪第一个五年国民经济和社会发展规划,"十一五"规划的实施必将极大地促进社会经济的发展。这就是领导活动的经济价值。

精神文化价值。精神文化系统是由人类创造的物质要素和精神要素构成的一个复杂系统。在这个系统中,精神文化主要包括哲学、科学、技术、宗教、文学、艺术、伦理道德和价值观念等,精神文化的丰富是社会发展的重要标志。领导活动对促进人类科技的进步、文学艺术的丰富、道德风尚的提高都起着重要作用。这是领导活动的精神文化价值。

# 第十七章　领导效益求解

领导效益是领导活动的出发点和归属,那么如何实现领导效益呢?实现领导效益要从目标效益、智力投入效益、社会效益几个方面去把握。

## 第一节　目标效益求解

### 一、目标效益的涵义

要正确把握目标效益,就必须明确目标效益的内涵。

领导活动目标效益,就是领导活动目标的实现程度所产生的社会效果。也就是说,从整个社会利益出发,通过对领导活动目标实现程度的考察,所做出的关于领导活动实现的目标符合社会需要的程度的综合评价,也就是看领导活动所实现的目标对社会对人们有什么好处,有什么利益。例如,我国社会、经济发展的五年计划中,对基本建设投资目标做了明确的规定。但是,该计划执行后,所规定的目标达到了没有?达到目标的投资是否形成了固定资产?在形成的固定资产中,是否都形成了生产能力?在形成的生产能力中,是否都转化为现实的生产能力?现实生产中所生产出来的产品,是否都是合格的产品?在合格的产品中,是否都符合消费者的需要?对这些问题的综合评价,是这一领导活动的目标效益。可见,领导活动目标效益,一是指领导活动的目标而言;二是指领导活动目标所达到的部分或程度而言;三是指领导活动的目标达成的社会效应而言。

### 二、目标效益的内容

鉴于领导活动目标可以从不同角度划分为不同的类型,领导活动目标效益也可以从不同的方面来加以反映。总的说来,领导活动目标效益不论其性质类型，一般应包括以下几方面：

目标价值。任何领导活动目标的实现，都会相应地表现为物质方面或精神方面的结果。领导活动所实现的目标，凡是对人类社会的生存和发展具有积极意义的一切物质的或精神的财富，就是目标价值。由于任何领导活动目标的实现，都存在对社会需求的直接满足和对社会的直接影响的问题，因此，目标价值就表现为两个方面：一是目标实现后，一定程度上满足了社会的需求，给人类社会带来益处；二是目标实现直接对社会产生的影响或带来的益处。

费用效益。任何领导活动都要付出一定的劳动。因此，从事任何领导活动，总要考虑这么几个问题：一是需要多少耗费；二是需要多少劳动占用；三是支付的劳动能取得多少有用的结果；四是取得的效果是否能给人们带来益处。这里所谈的劳动耗费，是指人们在实现领导活动目标过程中所花费的物化劳动与活劳动，即所花费的人力、物力和财力。这里所说的劳动占用，是指在实现领导活动目标过程中所需占用的人力、物资和资金。这里所谈的取得的有用结果，既可以是一定数量和质量的物质财富，也可以是一定数量和质量的精神财富，甚至是能满足人们安全需要的军事性成果。这里所说的取得效果给人们给社会带来的益处，就是指目标价值。总之，任何领导活动目标的实现，存在着一个支付一定的劳动价值与取得的社会效果的关系问题，这就是费用效益。所以，研究目标效益不仅要看目标达成的社会效果，即目标价值，而且还要看取得的目标价值与需支付的劳动价值的关系。

### 三、目标效益的评价

（一）评价目标效益的原则

目标效益的评价，主要是对领导活动目标的实现程度及其所产生的社会效果进行考察和分析。对目标效益的评价，很重要的是分析领导活动目标实现过程中，是否符合下列原则：

目标的相容性、可行性和先进性相统一的原则。所谓目标的相容性，就是领导活动目标必须以最大限度地满足社会需要为依据来确定。所谓目标的可行性，就是确定的领导活动目标必须与领导活动系统的内外条件相适应。所谓目标的先进性，就是在所有"可行"的目标中，确定既能充分挖掘和利用现有的一切有利条件和积极因素，又是经过努力可能达到的目标。只有它们统一起来，领导活动才能取得最佳的目标效益。因此，评价目标效益，必须考虑目标的相容性、可行性和先进性相统一的原则。

总体目标和各级目标相统一的原则。领导活动目标按范围划分，有总体目标和各级组织及个体人员的具体目标。由于总体目标是全体领导活动成员共同奋斗的方向，而各级目标是总体目标的分解，每完成一个小目标，其成员都感到与大目标接近了一步，心理上感到满足，受到鼓舞，取得好效果。因此，要取得最佳目标效益，必须总体目标与各级目标相一致。评价目标效益的高低，就要看总体目标与各级目标是否相一致及它们相一致的程度。

速度与效益相统一的原则。领导活动目标的实现，是有时间和速度要求的。在评价目标效益时，要考察各级组织能否按时完成规定的目标。但是只看时间和速度这一面是不够的，还要考察目标所产生的社会效果。如果某一目标所产生的社会效果很差，甚至只有副作用，那么，其速度越快，产生的副作用就越大。当然，只要目标能产生好的社会效果，其目标达成速度越快，一般说来，效益也就越好，如果目标迟迟达不到，或不能满足应有的时间要求，其效益也就不会好。另外，事物发展还有一个平衡性的问题，对某方面的要求，迟迟达不到不行，提前达到也不行，必须在恰当的时候完成才能使事物保持平衡、健康的发展，取得最佳效益。所以，在评价目标效益时，既要看领导活动是否按规定时间达到目标，又要看目标是否能给社会带来益处。

（二）目标效益的具体评价

1. 目标实现率

要评价目标效益，首先要看达成，即目标的实现程度。目标的实现程度，可以用目标实现率来衡量。在计算中，由于确定的目标都有具体的各项指标，所以，可以根据各项具体指标在总目标中的地位和作用的程度，给予相应的分。总分可根据具体目标多少或 100 分或 10 分计。这样，就可根据各项具体指标应得的分数对比算出其实际达到的程度。

2. 目标收益率

这是指目标实现的结果与在实现过程中劳动支付之比，它是实现目标的过程中劳动支付的收益的评价尺度，表明在实现目标的程度中所得与所费的关系。由于目标实现的结果随着领导活动内容的不同而表现不一，一般说来有生产性结果和非生产性结果。生产性结果可进行定量计算，非生产性结果一般不易进行定量计算，因此评价目标效益应分别进行。目标收益率是对生产性结果的领导活动目标效益的评价。鉴于在实现目标过程中，劳动支付表现在人力、物力和财力的耗费与占用上，目标收益率可用目标实现的结果分别与人力、物力、财力的耗费之比来表示。

3. 目标实现的劳动支付对比率

这是指在实现领导活动目标过程中实际发生的人力、物力、财力的消耗跟预先制定的计划对比，跟前期的实际发生数对比，跟同行业的实际发生数相比。它用来评价非生产性领导活动的目标效益。它通过把实际支付的人力、物力、财力与相应的计划对比分析效益目标计划的完成情况；通过把实际支付的人力、物力、财力跟本单位的前期在同一领导活动目标实现过程所支付的人力、物力、财力的对比，看其劳动支付是增多还是减少，分析效益水平的发展变化状况；通过对相同类型领导活动的目标实现结果比较或支付的人力、物力、财力的比较，分析同行中效益水平的先进与落后的程度。

4. 目标受益率

这是指在领导活动中所产生的目标效果适应社会需要的程度，即使社会受益的程度，它说明实现了领导活动目标是否能够或能够在多大程度上服务于社会。这实际上是评价目标效果对社会的有效性。鉴于领导活动内容多种多样，其目标复杂不一，目标受益率也要分几种情况进行评价。

对生产性结果的领导活动的目标的受益率可采用产品需求率来衡量，即产品需求数量与产品总量之比。对目标效果不能用数量来表示的领导活动的目标受益率，则用成本—效用对比分析法来进行评价。当不同单位相同类型的领导活动所提供的效用基本相同时，则在所支付的人力、物力、财力上进行比较，支付低的其效益就高，反之，支付多的其效益就低。当不同单位相同类型的领导活动所支付的劳动基本相同时，则在不同效用上进行比较，效用高其效益也高，反之，效用低其效益也低。

**四、提高目标效益的途径**

根据目标效益的涵义，要提高目标效益，最根本的办法有两条：一是提高目标符合社会需要的程度；二是提高目标满足社会需要的程度。

（一）提高目标符合社会需要的程度

这是指领导者在制定领导活动目标时，要最大限度地符合社会需要。领导目标符合社会需要，究竟要符合社会的什么需要，这要看领导活动是哪一类型的。政治领导活动、经济领导活动等不同类型的领导活动，其领导目标符合社会需要的内容是不一样的，它们各自符合社会需要的具体内容的侧重面是不同的。就领导活动总体来讲，领导目标符合社会需要的内容，包括：

政治需要。这是指领导目标要符合为实现本阶级的利益而进行的夺取、组织和巩固自己的国家政权，运用国家政权去治理国家，实行对社会的统治的各种活动的需要。诸如社会变革的需要、国家管理的需要，等等。社会变革包括社会制度的变革、各种体制的变革、思想观念的变革、生产方式的变革，以及各个领域内一切有利于人类进步和社会发展的重大变革，领导目标就要考虑符合这些需要。

经济需要。指生产力发展的需要，即领导活动目标要符合社会生产力发展的需要。在经济发展需要中，包括生产关系的变革需要、经济体制的需要、生产力各要素发展的需要、社会经济的组织和管理的需要，等等。

文化需要。这是指领导目标要符合发展各项文化事业的需要。包括教育、科学技术、文学艺术、新闻出版、广播电视、卫生体育、图书、博物等领域的各项事业发展的需要。

领导者在制定领导活动目标时，要最大限度地符合社会需要，关键的是领导目标"向度"的选择问题。

领导目标"向度"的选择，是一种复杂的领导行为，因为它是领导活动的过去、现在和未来共同发生作用的结果。因此，领导者要使自己确定的领导目标符合社会需要，就必须从领导活动的过去、现在和未来三种指向上来加以运筹。

领导活动选择的过去向度。马克思曾指出，对人类生活形式的思索，从而对它的科学分析，总是采取同实际发展相反的道路。这里说的"相反的道路"，实质上就是人们思索问题的过去向度。人们对过去的活动的历史追溯，既是研究问题的科学方法，也是探索真理的必由之路。这里把人们总结历史经验和教训，以历史为借鉴来指导现实的领导目标，称为领导目标选择的过去向度。实际上是领导目标选择的历史途径。

领导目标选择之所以要指向过去，是因为过去的领导活动是具体的、明确的和可知的。人们只有把自己的思想触角伸向过去，才能在以往的领导活动历史中吸取有益的营养，对领导目标的确定做出正确的判断。人们只有掌握领导活动历史的种种事态变化，才能更好地预见事物的发展趋势，以制定正确的领导目标。这正是中国的名言所说的："观今宜鉴古，无古不成今。"

领导者要把握住领导目标选择的过去向度，必须注意：一是要立足现实。领导目标选择的过去指向，不是为了别的，而是为现实领导活动服务的，是为了把握现实领导活动在历史发展的前后相继关系中的恰当位置。二是要对过去的领导活动从总体上加以把握，对可能包含着积极与消极、进步与落后、正确与错误的成分，应予以适当的继承、批判和改造，化为现实领导活动的积极因素。三是要充分运用历史的精神材料和精神条件，既要接受前人对现实领导活动的认识上的指导，又要根据现实领导活动的需要加以选择，从而对现实领导目标做出正确的理解。四是要站在历史的角度上，即把过去的领导活动放在当时的历史条件和历史范围内加以理解和认识，把握其反映社会发展要求的带规律的成分，为制定现实领导目标作借鉴。

领导目标选择的未来向度。领导活动中的决策，总是指向未来要解决的问题。未来需要解决的问题所要达到的状态，就是领导目标。因此，领导目标总是指向未来的。这里把人们在领导活动中所要创造的未来，称为领导目标选择的未来向度。

领导目标选择之所以要指向未来，是不言而喻的。因为人们总是朝前看，总是走向明天的。未来是生命力的根本源泉，它给人以希望，给人以追求。人们仅靠过去的领导活动不能获得全部真理，只有当人们的眼光透过过去看未来，才意味着发展。正因如此，人们重视未来、指向未来、开拓未来、创造未来。领导目标选择的未来向度，充分显示了人的本质力量。

要真正把握住领导目标选择的向度，需具备相应的条件，关键是领导目标的未来指向要与事物的发展趋势相一致。一是领导目标选择的未来指向要与事物的本质联系相一致。事物之间的普遍联系方式多种多样，诸如并列关系、因果关系、相互包容关系等。领导目标选择的未来指向就要从这些关系上加以把握。二是领导目标选择的未来指向应与引起事物有规律变化的客观条件相符合。任何客观规律，都是在一定的条件下形成和发生作用的。这是条件与规律的关系。条件不变，由这些条件所形成的客观规律也不会改变；条件变化了，由这些条件所形成的客观规律也就发生了变化。我们认识了这些条件，也就认识了其所形成的客观规律。要使领导目标选择的未来指向与引起事物有规律变化的客观条件相符合，既要注意现实条件，又要注意假设条件。既要注意某种共同条件，又要注意具体的特殊条件。只有这样才能把握住条件中隐藏着和显示出的必然性。

领导目标选择的现实向度。领导目标选择的过去指向和未来指向，都是以现实为出发点的，都是现实所产生的客观要求，制定现实的目标是领导目标选择的题中应有之义。因此，领导目标选择总是立足现实的。这里将人们在领导活动中所指向的现实的具体实践的目标，称为领导目标选择的现实向度。

领导目标选择不指向现实，是没有意义的。因为领导目标只有指向现实，才能认识现实的客观需要和客观条件，从而才能在现实中摄取动力，获得实现目标的切实保证。

领导目标选择的现实向度，一是要求人们正视现实、研究现实、认识现实，以把握现实的需要和条件；二是要求人们在把握现实的基础上做出自己的选择，去建立自己的价值目标和行动方案；三是要求人们根据社会进步的现实需要，根据所具备的条件来做出有效的改造现实的领导目标。

可见，要提高领导目标符合社会需要的程度，必须要在目标选择的过去、现在和未来三个向度上大做文章，在过去向度上找到历史支撑点，在未来向度上寻求事物的发展点,在现实向度上寻觅事物的立足点。领导目标选择如果体现了这三个向度的综合,就是一个成功的选择,目标效益就会大大提高。

(二) 提高目标满足社会需要的程度

要提高目标效益,不仅要在领导目标的制定过程中提高其符合社会需要的程度,而且在领导目标达成后要不断提高领导目标满足社会需要的程度。要提高领导目标满足社会需要的程度,关键是提高领导目标价值。由于价值是反映客体的属性对主体需要的满足的关系,因此,要提高领导目标价值就应当从两个方面来进行开发:一是揭示领导目标的属性;二是把领导目标的属性与社会需要有机地联系起来。

领导目标的属性,是指领导目标本身所固有的性质。揭示领导目标的属性,一是要揭示达成的领导目标所具有的特质,即领导目标的内在特征,也就是领导目标的本质;二是要揭示其本身的外在特征,即其本质的外在表现形式。在领导活动中,人们只有正确地把握达成的领导目标的本质,把其本质属性和非本质属性都揭示出来,才能去进一步研究它究竟能满足人们、满足社会什么样的需要。

要使达成的领导目标与社会需要有机地结合起来,必须学会激发社会需要。因为人们的需要是受社会所制约的,所以,必须对人们的需要加以正确地引导和激发。在领导活动中激发人们的需要,可以从以下几方面来进行:一是创造环境,影响人们的需要。环境是人们生活的外部条件,它包括自然环境和社会环境。环境能强化人们的需要。因为任何需要的产生都有内部与外部的双重依据,内部是人的肉体和精神、生理和心理的依据;外部是环境的依据。需要总是在一定环境下产生的,环境,总是影响和作用着人的肉体和精神、生理和心理的活动,诱发着需要,满足着需要,当然也会阻碍着需要。创造一定环境,就能驱动人的需要,强化人的需要。创造环境,包括创造人们所生活于其中的客观现实,以及以一种整体因素的形式出现的社会要求。二是在人们对自己的需求还不明确的时候,对其加以激发,使其产生强烈的需求。在领导活动中,要了解人们的观点、立场、喜爱等,善于寻找人们认为最有价值的事情,利用人们力求认识某事物和要求得到什么等意识倾向,使之成为自身的需求。三是在事物的发展变化中激发人们的需求。人们的需求是随着事物的发展变化而发展变化的,因此,在领导活动中,可由事物的发展变化来激发人们的需要,诸如,看到事物在时间、空间、内部诸因素及其关系等方面的变化,从而看到人们的时间观念、空间观念、价值观念立场观点等的变化,进而在宏观上把握住人们需求的发展变化,并加以接纳和引导,激发人们的需求。如果在审时度势中,既能重新认识自己达成领导目标的价值，又能把它们需求的发展变化趋势相联系起来，那么，目标效益必然会提高。

## 第二节 智力投入效益求解

当今，科学技术对领导活动的影响越来越显著，任何领导活动要实现既定的目的，都有智力投入的问题。所以，在探讨领导效益理论的具体应用时，还必然对智力投入效益进行讨论。

### 一、智力投入效益的涵义

智力，是指人们的认识能力和运用知识解决实际问题能力的总称。智力投入，是指将人的智慧和能力作为一种巨大资源来运用和开发的投入。在领导活动中，领导者、被领导者都是人，而人是有智力的，他们的智力发挥作用如何，对领导活动影响极大。而要使他们的智力作用得到发挥，就要使他们的智力得到充分运用和积极开发。因此，在领导活动中，存在着智力投入的问题。

智力投入首先表现在国家、政府对领导者的教育和培训，让他们学习先进的管理科学、技术、接受新的思想观念，如中央党校、各省委党校及基层党校对党员干部的培训是一种投入，现在各级政府还选派干部到国外参观学习，吸收发达国家先进的管理经验等。其次表现在领导者个人也会投入一定的时间、精力和金钱用于自身能力和素质的提高，不断进行学习和实践活动，以利于充分发挥自己的聪明才智。在领导活动中，既然存在着智力投入的问题，那么，智力投入后，对智力资源的运用和开发是有效还是无效，有效的程度如何，对智力资源的运用和开发是不是社会所需要的，这就存在着智力投入的效益问题。智力投入以及对智力资源的运用和开发的社会效果，突出地反映在人员素质符合社会需要的程度上。这里把在领导活动中由于一定的智力投入，使得人才素质符合社会需要而产生的社会效果，叫智力投入效益。智力投入效益跟其他效益相比，有以下的特点：

扩散性。即智力投入效益不仅直接在本部门本领域产生，而且会扩展到其他相关部门和相关领域，产生一系列效益的连锁反应。例如，空间科学技术的发展，不仅给航空航天工业本身带来效益，而且用于气象、勘探、通讯等部门时也带来很高的效益。

延续性。由于智力投入的产品是知识产品，而知识产品可以通过书籍、信息等形式，世世代代保存下来，通过人们的传播和学习，不断地继承下去，不断地为社会、经济服务，具有明显的延续性。

累积性。由于智力投入的产品是知识产品，而知识产品的消费和使用，并不引起知识产品本身的减少或消失，而只会在使用的实践中不断增长，具有累积性。而知识的累积性，就会使种种知识在累积过程中使基本知识单元重新组合，产生新的知识，使知识得到丰富和发展，使其产生更高的效益。

正是由于智力投入效益有这些特点，因此，在领导活动中，人们普遍重视对领导人员的教育和科学素质的提高，重视对人力资源的合理、科学地开发和利用。

**二、智力投入效益的内容**

智力投入效益包含了以下内容：

教育效益。这里指在领导活动中，由于教育投入，提高了原有人员的素质，从而更加符合社会需要所产生的效益。人员的素质符合社会需要，就能为社会所需。这样，领导活动成员，不仅提高了工作效率；而且加强了管理能力；同时，能适应社会、经济的发展变化，从而产生相应的效益。据前苏联切利亚斯克师范学院社会科学研究室对 26 000 多名工人进行调查的结果表明，工人所受教育依次提高一年级，机器制造业、黑色冶金工业和轻工业的劳动生产率平均分别增长了 1.5%～2%、0.4%～0.7%、1.5%～2.2%。据国外有些资料统计，工人所受普通教育每提高一年级，平均可以使新工种的掌握速度加快 50%。

用人效益。领导活动成员，特别是领导活动中的各种人才，都是不同程度的智力投入的结果。但这种智力投入有没有回报，主要看这些智力能否发挥出来，这其中包括用人问题，在领导活动中，如何用人，用什么人，对发挥他们为社会作贡献的积极性有重大影响。我们把在领导活动中对现有人力资源的任用而产生的社会效果，称为用人效益。

科学效益。在领导活动中，由于智力投入而使领导活动成员认识自然、社会及思维的规律，获得一定的科学理论知识而产生的效益，我们把它称为科学效益。因为科学，特别是现代科学，不仅有认识功能、文化功能，同时还有生产力功能、生态调节功能、社会变革功能等，领导活动成员被科学理论武装后，在认识和改造世界中就会产生相应的效益。

技术效益。这是指领导活动中，由于智力投入，领导活动成员掌握一定的技术理论、知识和技能而产生的效益。因为技术能为人们提供改造自然界与改善社会生产条件的物质与非物质的手段和方法。领导活动成员掌握一定的技术理论知识和技能，能改进生产工具，完善管理手段，提高工艺水平等。而生产工具的改进,会转化为直接的生产力;管理手段的完善,会提高管理的科学性;工艺水平的提高,会降低消耗,提高质量;等等。这些对社会、经济的发展都起着推动作用。

### 三、智力投入效益的评价

（一）智力投入效益评价的原则

初级效益和最终效益相结合原则。由于智力投入是作为一种培养思想品德、传播知识技能、开发智力、提高智能投入的手段,因此,它的成果最初只能体现在培养一定规格的劳动者和提高劳动者的思想品德和科学文化技术水平上。我们把一定的智力投入和其所开发出的智力资源的质量高低和符合社会需要的程度,叫智力投入的初级效益。但是,智力投入效益不仅表现于此。当具有一定质量的、符合社会需要的智力资源发挥和运用后,还会取得相应的效益,我们把这种效益叫最终效益。在评价智力投入效益时,我们不能只看到初级效益或最终效益,只有两者相结合,才能对其予以正确评价。

宏观效益和微观效益相结合的原则。一个单位的智力投入效益,不仅表现在该单位智力投入所取得的效益,而且还表现在对社会产生的效益;同时,不仅一个具体单位有智力投入,产生相应效益,而且整个社会也有其智力投入并产生相应效益。智力投入,有的从具体单位看是合理的,但从全社会角度看是不合理的;而有的从具体单位看不合理,但从全社会角度看却又是合理的;另外,有的智力投入,只有从智力投入单位、智力使用单位以及整个社会、经济的相互联系制约中才能显现出效益来。因此,智力效益有微观效益和宏观效益之分。我们把一个具体单位的智力投入效益叫微观效益,把从整个社会角度来考察智力投入的效益叫宏观效益。由于微观效益是宏观效益的基础,而宏观效益又直接制约着微观效益,因而,评价智力投入效益,必须把两者有机地结合起来。

近期效益和长远效益相结合的原则。智力投入,有的是在近期内可获得效益,而有的则要在远期才能显出效益。例如,一项科学研究,往往不是一年,而是几年、十几年甚至更长的时间才获得成功并用于实际,取得效益。教育投入一般也要 13~14 年才能获得实际效益。有人计算过,培养一个受过中等教育的人才需要 12 年,而培养一个受到高等教育的人才需要 15~16 年。在智力投入中,评价智力投入效益要持智力投入的近期和长远效益相结合的原则。

（二）智力投入效益的具体评价

根据智力投入效益的具体内容和评价原则,智力投入效益的具体评价可

以从以下几方面进行:

1. 教育效益的评价

这是对现有智力资源作用、开发现有智力资源、培养新的智力资源的智力投入效益的具体评价。

第一,智力资源效用率。这是对原来的智力投入效益的具体评价。

智力资源利率。这是指以前已培养出的各层次的智力资源的人数的使用数,除以已培养出的各层次智力资源的总人数的百分比。智力资源使用单位有权根据需要挑选人员,它在相当程度上说明原来智力投入所培养出来的智力资源的质量和符合社会需要的状况。

基础教育率。这是指补充基础教育的在职职工人数除以未达到基础教育要求的在职职工总数的百分比。

职业教育率。这是指补充职业教育的职工人数除以未接受职业教育的在职职工总人数的百分比。

继续教育率。这是指大学毕业的(含同等学历)在职科技人员接受知识更新的人数除以大学毕业的在职科技人员总数的百分比。

第二,新智力资源的培养率。这是对新培养的智力资源的社会效果的具体评价。

人员培养的合格率。这是指培养成具有一定质量符合社会需要的人数除以完成培养过程的人员总数的百分比。

就业前的职业教育率。这是指就业前接受职业教育的人员数除以刚就业的人员总数的百分比。

第三,教育投资的经济效益。这是从经济上对智力投入效益的具体评价。

初级经济效益。这是指智力开发所耗费的劳动与物质与由此开发的智力资源大小的对比关系。

最终经济效益。这是指智力开发所耗费的劳动和物质与由此带来的国民收入增长的对比关系。

2. 用人效益的评价

这是指领导活动,领导者(包括领导者个体和领导群体)任用人员,特别是任用人才的效益的具体评价。

第一,人员个体积极性的社会效应度。这是人员个体的积极性与其积极性的社会价值的乘积。这里的积极性的社会价值,就是指对积极性为社会作出贡献、为人们谋利益的程度的实际评价。人员个体积极性的社会效应度,取决于两个因素:积极性的高低和积极性社会价值的大小。此评价尺度可用具体公式表示:

人员个体积极性的社会效应度＝积极性×积极性的社会价值

第二，群体内聚力的社会效应度。这是指群体内聚力与群体内聚力的社会价值的乘积。

我们知道，任何群体都存在着内聚力的大小问题。"力"是表示事物之间相互吸引的状态。群体内聚力是借用物理学的名词来表示群体与群体成员以及群体成员之间的相互作用状态。因此，群体内聚力就表现在群体对群体成员的吸引力。在领导活动中，群体对群体成员的吸引力，就是领导活动群体通过一系列活动，把群体成员牢牢地吸引住，使他们充分发挥自己的聪明才智，为群体的领导活动的开展作出贡献。这一系列活动主要是：群体目标吸引。领导活动目标通过层层展开，具体化为各群体目标。把群体目标的实现跟群体成员利益相联系，吸引群体为实现目标而努力奋斗。

群体利益吸引。凡是在社会主义条件下允许满足也能够满足的需要都是正当合理的需要。由于人的需要是人的全部心理活动赖以形成和发展的基础与动力。它总是指向一定的客观事物，所以，当客观事物能满足一个人的某种需要时，他就会产生积极的心理活动。因而，当群体满足其成员的正当需要时，它就会对其成员产生吸引力。

群体精神形象化吸引。人都是社会的人，都需要在其群体生活中得到感情上的满足。群体的服务精神、集体主义精神、合作与竞争精神、开拓精神、团结奋斗精神等都能对成员产生很强的吸引力。

群体领导者形象的吸引。群体领导者形象完美与否，他们与群体成员的关系好坏，都可以引起群体成员感情的变化。如果群体领导者品德优良、知识渊博、工作能力强、为人正直、信任与爱护下级、以身作则，特别是实行民主的领导方式，就会产生一种影响力。

群体创造力的吸引。领导活动群体创造性地贯彻执行党和国家的各项方针政策，创造性地开展各项事业活动，其成员就能从中得到相应的好处，并对他们产生相应的吸引力。

群体成员对群体的向心力。群体成员对其群体的向心力，是群体成员以群体的利益作为自己的行动准则，大家齐心协力、同心同德地为实现群体的利益而努力奋斗的状态。其主要表现在：

群体意识。这是指群体中的成员把这个群体看做是"我们的"，把群体目标看做是自己的目标，把群体利益当作自己利益的思想，实际上是群体成员把自己归属本群体的思想。由于群体成员的这种思想意识，他们必然产生一种指向群体的力量，即向心力。

集体主义精神。在领导活动中，群体成员的集体主义精神突出，就会对其群体产生集体的荣誉感、责任感，产生尊重群体、关心群体、热爱群体、维护群体的一种向心力。

群体成员之间的亲和力。这是指群体成员之间存在着一种有原则的、和谐的、相互了解、依赖和支持的气氛。在这种氛围下，群体成员各自都感到自己存在的价值，也都感到他人存在的价值；自己既尊重和信任他人，也受到他人的信任和尊重；自己既去关心别人，也被别人所关心，等等，真正感到他人的存在成为自己存在的条件，从而相互之间产生一种亲和力。

这样，群体对群体成员的吸引力、群体成员对群体的向心力和群体成员之间的亲和力的相互作用结果就形成了领导活动群体的内聚力。这种群体内聚力，是一种特有的精神力量，它可以在领导活动中转化为物质力量。由于力是一个矢量，群体内聚力也是有方向的。如果群体内聚力的方向是指向社会需要的，或者说是按社会需要的方向作用的，那么，内聚力的社会价值就是正值，其绝对值愈大，它给社会带来的效益就愈高；反之，如果群体内聚力不是沿着社会需要方向发生作用，则内聚力的社会价值就是负值，背离社会需要方向发生作用的内聚力愈大，它的社会价值的负值也就愈大。可见，群体内聚力的社会效应度是群体内聚力与内聚力社会价值的乘积。其公式是：

*群体内聚力的社会效应度 =（群体对成员的吸引力 + 群体成员对其群体的向心力 + 群体成员之间的亲和力）× 内聚力社会价值*

### 3. 科学效益的评价

这是对智力投入于科学所获得的状况的具体评价。第一，科研目标达成率。这是指达到科学研究目标的项目数除以科学研究项目总数的百分比。第二，科学研究成果的社会需求率。这是指科学研究成果被推广应用的项目除以获得成果的科学研究项目总数的百分比。第三，科学研究投入经济效益。这是指科学研究成果直接产生的经济效益除以科学研究的投入的百分比。

### 4. 技术效益的评价

这是对技术应用获得效益的具体评价。

第一，技术利用率。指实际利用新的技术数量除以可供利用的新技术的总数的百分比。它可说明在领导活动过程中采用新技术的程度。

第二，技术转化率。这是指已被吸收、利用的技术转化为现实生产力的项目数除以被吸收、利用的技术项目总数的百分比。它可说明被吸收、利用的技术物化为生产工具、劳动对象、劳动力和产品的程度。

第三，技术经济效益。指吸收、利用的技术所带来的经济利益除以用来吸收、利用技术的费用。

**四、提高智力投入效益的途径**

在领导活动中，要提高智力投入效益，就要分析智力资源使用的现状，研究制约智力投入效益高低的因素，从中寻求提高其效益的途径。从我国领导活动现状来看，提高智力投入效益，无非是要解决两大问题，即如何提高现有智力资源效益和智力投入如何进行才能获得效益。

*（一）有效地利用智力资源*

要提高智力投入效益，首先要使现在的智力资源充分发挥作用。因为只要现有智力资源的作用充分发挥了，才能在开发智力和开发生产力中获得高效益。例如，充分利用现有智力资源，就能更好地发挥现有的物质条件作用，提高现有物的利用效率，为开发智力创造必要条件，开发出更多的智力资源。如果从智力开发生产力来讲，充分利用现有的智力资源，可以在不增加设备或设备增加很少的条件下，通过扩大再生产，变粗放型生产方式为集约型生产方式，实现生产方式的转变；使已有的科技成果得到充分运用，尽快地吸收和消化最新科技成果，推动生产力发展；可以在现有物质条件下，通过技术开发，科技创新，提高劳动生产率；可以使经济活动的科学性加强，科学决策，符合社会需要，发挥优势，克服劣势，提高经济活动的社会需求性。可见，充分利用现有智力资源的作用，是一本万利的事情。

1. 充分认识人才资源在社会发展中的作用

要树立人才问题是关系党和国家事业发展的关键问题。当今世界，多极化趋势曲折发展，经济全球化不断深入，科技进步日新月异，人才资源已成为最重要的战略资源，人才在综合国力竞争中越来越具有决定性意义。21世纪头20年是我国全面建设小康社会、开创中国特色社会主义事业新局面的重要战略机遇期。小康大业，人才为本。适应国内外形势的发展变化，完善社会主义市场经济体制，提高党的领导水平和执政水平，牢牢掌握加快发展的主动权，关键在人才。必须把人才工作纳入国家经济和社会发展的总体规划，大力开发人才资源，走人才强国之路。新世纪我国人才战略思路清晰、布局合理，人才工作取得显著成效。但是人才的总量、结构和素质还不能适应经济社会发展的需要，特别是现代化建设急需的高层次、高技能和复合型人才短缺；市场配置人才资源的基础性作用发挥不够，人才流动的体制性障碍尚未消除，人尽其才的用人机制有待完善。我国人才工作正处于需要进一步整合力量、全面推进的重要阶段，因此要充分认识到人才战略的必要性和紧迫性。

2. 深化劳动人事管理体制改革，建立和完善人才市场

根据完善社会主义市场经济体制的要求，全面推进机制健全、运行规范、服务周到、指导监督有力的人才市场体系建设，进一步发挥市场在人才资源配置中的基础性作用。建立和完善人才市场机制。遵循市场规律，进一步发挥用人单位和人才的市场主体作用，促进企事业单位通过市场自主择人和人才进入市场自主择业。针对人才资源的特殊性，按照人才的市场供求关系，通过实现人才自身价值与满足社会需求相结合，有效解决人才供求矛盾。推进政府部门所属人才服务机构的体制改革，实现管办分离、政事分开。引导国有企事业单位转换用人机制，积极参与市场竞争。努力形成政府部门宏观调控、市场主体公平竞争、行业协会严格自律、中介组织提供服务的运行格局。消除人才市场发展的体制性障碍，使现有各类人才和劳动力市场实现联网贯通，加快建设统一的人才市场。健全专业化、信息化、产业化、国际化的人才市场服务体系。

3. 进一步营造有利于优秀人才大量涌现、健康成长的社会环境

遵循人才资源开发规律，坚持市场配置人才资源的改革取向，加强和改善宏观调控，建立充满生机与活力的人才工作机制。着力营造有利于优秀人才大量涌现、健康成长的良好氛围，形成鼓励人才干事业、支持人才干成事业、帮助人才干好事业的社会环境。

4. 合理配置智力资源

要使智力投入形成的智力资源在社会需要领域发挥作用，还必须合理配置资源。由于各种智力劳动客观上存在着一定的比例，即对自然科学和社会科学进行创造性研究的创造知识的智力劳动、从事传授知识和技术的传授知识的智力劳动、进行宏观和微观管理的管理知识的智力劳动、将人类创造和学习到的知识技术付诸实践的应用知识的智力劳动之间存在着一定的比例，因此就存在着对智力劳动按一定比例进行配置的问题。社会对各种形式的智力劳动的需求程度，是受到社会生产力水平和科学技术水平制约的。由于我国社会生产力水平和科学技术水平都还不高，智力总劳动较少，因此，在保证各类智力劳动一定比例的情况下，应当突出传授知识和应用知识的智力劳动；在科学研究中，应当突出现代人建设所急需的基础理论研究和应用技术研究；在引进和吸收技术、设备中，应当既考虑先进，更要注意适用，特别要投入相应的智力劳动，对引进的技术和设备在消化、吸收的基础上进行

创新。

（二）按比例开发智力资源

要提高智力投入效益，就要充分考虑社会对智力资源的具体需求，做到社会需要什么，就培养什么、开发什么，按比例开发智力资源。按比例开发智力资源，实际上就是按比例生产再生产各类型人才。这里有两层意思：一是按比例地培养各类型人才，初级、中级、高级人才按比例培养；二是对各类型人才的有关知识按比例更新和提高。加深知识、创新思维的培养只有按比例开发智力资源，才能使人才培养适应社会需要，才能使各类型人才的新知识按照客观变化的需要进行补充和提高。

要做到按比例开发智力资源，首先要使智力投入结构与社会、经济发展相适应。诸如教育投入与科学研究投入的比例、教育投入结构、科研结构等都要与社会经济发展相适应。以教育为例，各类教育的投入结构，如高等教育与普通教育，职业中学与普通中学，全日制高等教育与其他形式的高等教育等都存在一个投入结构是否适应社会、经济发展要求的问题。社会、经济发展对高等专门人才与中等、初等专门人才、工程师与技术人员之间等也有人才配套的实际需求。如果投入结构不合理，往往会造成高等专门人才去做中等、初等专门人才的工作，工程师做技术员的工作，降低了效益。

要按比例开发智力资源，还要做到智力开发的专业设置与社会、经济发展的需要相适应。社会各部门之间的发展有一定的比例，经济发展对人才要求一定的产业结构。因而，社会、经济发展对人才有一定的专业设置需求。智力投入要获得好的效益，就必须使智力开发的专业设置与社会、经济发展的需求相适应，否则，就会造成浪费。

按比例开发智力资源，还要使人才的知识结构和素质与社会、经济发展变化相适应。随着科学技术的发展，社会分工的发达，行业之间的相互联系、相互依赖的程度愈来愈高，因此，一方面人才类型和专业更加多样化；另一方面，对人才的综合性、通用性和适用性的要求也日益增强。这样，在智力开发中，一方面，培养的人才要具备知识面宽、基础扎实、有较强应变能力的知识结构和素质；另一方面，对现有的人才，要及时地进行继续教育，更新知识，才能适应产业结构、职业结构的不断变化，适应社会、经济的发展要求。

（三）进一步完善和发展技术市场

要提高智力投入效益，必须进一步完善和发展技术市场。因为技术市场的发展，不仅使科学技术成果得到推广应用，转化为现实的生产力；而且可以促进科学研究面向经济建设，与生产企业结合起来研究大量的现实问题；

同时还能使科学研究在经济建设实践中获得广阔的天地，这些都使科学技术活动与社会需求结合得更加紧密，获得更大效益。从我国技术市场的现状来看，要使其得到进一步完善和发展，从领导活动角度来讲，必须进一步做好以下几个方面的工作：

领导者必须提高对完善技术市场的正确认识。发展我国技术市场，是发展社会主义市场经济的客观要求，是科学技术社会化的必然产物。但是，现在有些领导者对技术市场缺乏正确的认识。如有的领导同志把科研机构搞技术开发和技术经营视为"不务正业"，有的则不加分析地把技术贸易的中介机构视为"皮包公司"，有的则把技术转让视为"向钱看"等。类似的思想和认识，如不加以提高，在发展技术市场的实践中就难以有建树，各级领导必须端正认识，认真贯彻"放开、搞活、扶植、引导"的方针。

完善技术市场的管理体制。科学技术产业是整个国民经济不可分割的部分，我们的经济体制改革是建立社会主义市场经济体制，技术市场也应当建立高层调节的管理体制。为此，我们的技术市场应当是：以专利技术为主体内容的技术市场；国家运用经济杠杆诸如价格、财政、信贷、税收等引导和调控技术市场；发展多种形式、多种渠道的科技产品流通体制；经营技术商品的机构要成为独立自主、自负盈亏的经济实体；健全技术市场的政策和法规，使技术经营活动按照一套法规体系来进行；建立和健全面向市场的以科技为中心的科学技术社会化服务体系。

正确处理好国内技术市场与国际技术市场之间的关系。在经济全球化的今天，国内技术市场与国际技术市场是相互竞争、相互促进的关系，因此，必须把国内外两种技术市场有机地结合起来。为此，我们一是要充分利用我们的科学技术，特别是先进的科学技术打入国际市场；二是要主动参与国际技术市场竞争；三是利用国际技术的优势，引进国外先进的科学技术，加以消化、吸收、创新，与国际技术市场密切结合，为我所用，为我所发展，成为具有自主知识产权的核心技术。

## 第三节　社会效益求解

我们研究领导活动及其发展变化规律，目的是取得社会效益。

### 一、社会效益的涵义

什么是领导活动的社会效益？这里以埃及的阿斯旺高坝为例进行说明。阿斯旺高坝是一项大型水利工程。许多世纪以来，埃及人利用尼罗河的天然流量，只能在占全国土地面积40%的耕地上一年收获一次庄稼。1902年，第一座阿斯旺水坝建成，但蓄水量不大。到了20世纪40年代，埃及曾提出两个方案来提高水坝的蓄水能力。一项是利用周围的湖泊建造一系列水坝和一条运河来蓄水；另一项是在已有水坝的基础上再造高坝。新当政的纳赛尔政府认为第一个方案需25年，而造高坝只需6年，于是决定造高坝。1967年开始蓄水运行，1970年全部完工。总库容量达1 640亿立方米，兼有防洪、发电、灌溉等综合功能。高坝投入使用后，约有100万英亩的土地得到灌溉，农田利用面积增加了30%，水电站装机容量210万千瓦。但是，阿斯旺高坝的建成却使尼罗河流域的水文和生态环境发生了改变，一系列未曾料到的自然报复接踵而来。由于尼罗河的泥沙和有机质沉积到水库底部，使尼罗河两岸的绿洲失去了肥源，灌溉区土地的氮、磷、钙含量在高坝落成后几年内就大大减少，土壤中的铜、锌、镁、硼、锰等微量元素正逐渐消失，土地日趋贫瘠化；由于尼罗河供水不足，河口三角洲平原从向海延伸变为朝内陆收缩，危及到红海海岸线一带的工厂、海口和国际工事；由于缺乏来自陆上的盐分和有机物，脍炙人口的地中海沙丁鱼几乎绝迹；由于大坝阻隔，尼罗河下游奔流不息的活水变成了相对静止的"死水"，为血吸虫提供了生存条件，致使水库一带居民的血吸虫发病率高达80%~100%。阿斯旺高坝的建造，虽然给埃及带来了廉价的电力，控制了水旱灾害，扩大了灌溉面积，但是，它给尼罗河的水文、生态、埃及人民的健康带来长期的严重影响，而且难以挽回。可见，一项领导活动会对社会产生重大影响，这就是领导活动的社会效益问题。

社会效益中的"社会"，是从构成社会的基本要素上来说的，是从领导活动与构成社会的各基本要素的关系上来说的。我们知道，任何领导活动，其本身的内容是丰富的，活动范围也是广泛的，因此，其带来的影响就绝不是某一方面的，而是多方面的。

例如，经济领导活动实践的内容绝非仅仅是经济的，它还涉及党的领导活动、行政的领导活动和文化、科技、教育等方面的领导活动。一项领导活动对社会的各基本要素都或多或少会带来影响，所以，在考察领导活动效益时，不能只看到领导活动目标等所产生的效益，而且要看它对整个社会产生一种什么样的结果。于是，把领导活动的一切方面对整个社会所带来的有益效果称为领导活动的社会效益。

在领导效益中，社会效益与其他效益相比，有以下几个特点：

（一）全效性

领导活动效益中的社会效益，是比前面各种效益更高层次的效益，在时间、内容和范围上都显示出这一特点。从时间上说，它不仅要看当前所产生的效益，而且要看较长时间内其所带来的效益；从内容上说，它不仅要看领导活动某一方面给社会带来的利益，而且要看领导活动一切方面给社会带来的利益；从范围上说，它不仅要看领导活动的某一局部，而且要看整体，同时，还要看直接和间接所产生的效益。总之，是以全面的观点从全社会角度来考察领导活动的价值，具有全效性。

（二）最终目的性

社会主义领导活动的目的，是实现社会发展的最大效益。在社会发展的各个方面都有效益的问题，在总体上也有个效益问题。社会主义领导活动根据统筹原则，既要追求社会发展某个方面的最大效益，也要追求社会发展总体上的最大效益，把重点放在追求总体的最大效益上。领导活动的社会效益，正是高层次的总体效益，是衡量领导活动好坏的最终标准。所以，社会效益体现了领导活动的最终目的性。

（三）适应性

领导活动社会效益，实际上是领导活动系统在受到外部环境和内部各种刺激后产生种种反应的综合性的效果。所以，领导活动社会效益如何，反映了领导活动系统适应内外环境的灵敏度。领导活动系统对内外环境的适应性有这么几种类型：任务型，以追求完成上级规定的任务为目的，无视对内外环境的适应性，不注重效益；价值型，以追求本领导活动系统的最大价值为目的，忽视该价值的社会效应；和谐型，以实现领导活动与内外环境的和谐，满足环境需要为目的，并以此作为领导活动取得的社会效益最佳。所以，领导活动的社会效益体现了其对环境的适应性。

加强对社会效益的求解，对领导活动的健康发展有重要意义。一是有利于端正人们领导活动的指导思想。研究领导活动的社会效益，就是研究领导活动给整个社会发展带来的益处问题，这正是开展领导活动的指导思想。二是有利于加强领导活动的系统效应。求解领导活动社会效益，实际上是把领导活动系统放在全社会大系统里面进行研究，协调领导活动系统与全社会大系统的关系，从而使领导活动系统产生"放大"现象，取得最佳效益。三是有利于加强领导活动的适应性。正如前面分析的，考察领导活动社会效益，就是分析领导活动系统对内部因素和外部环境的适应性。因此，加强对其研究，反过来就可提高其适应功能，增强适应性。

二、社会效益的内容

前面谈到，考察社会效益是从领导活动中构成社会的各基本要素之间的

相互关系上来说的。而构成社会的基本要素是人口、自然环境、生产方式和文化,所以,领导活动社会效益就表现为:

(一) 人口效益

人口是社会存在和发展的第一基本要素,是一切社会活动的主体,我们把领导活动对人口构成、数量、质量等所带来的变化,从而对社会发展的影响产生的效益,叫做人口效益。

各要素中都有数量和质量的要求,当然也包括对领导活动成员的数量和质量的要求;在领导活动中,不仅有给劳动者提供就业机会,而且存在用人的问题;在领导活动中有收益分配、人事管理、职工教育、集体福利等问题。领导活动在这些方面,树立什么样的指导思想,制定怎样的制度,采取何种措施,都会不同程度地影响到人口:或是鼓励计划生育,或是放任人口生产再生产;或是积极促进职工素质提高,或是对此无动于衷;或是按社会主义人口发展规律办事,或是违背其规律的客观要求;或是促进人口的合理分布,或是影响到人口的不平均分布;等等。凡此种种都会影响到人口的构成、数量和质量,从而使社会生产与消费、人口发展与生产发展的比例关系受到制约,对社会发展起相应的作用。因此,人口效益、计划生育、性别比例协调是领导活动社会效益的基本内容。

(二) 资源效益

在领导活动中有两方面涉及资源问题:一方面,领导活动总要投入相应的资源,如人力资源、物力资源和财力资源,但是在一定时期内,社会拥有的可供开发和利用的资源总是有限的,这就产生了如何合理地开发和利用的问题;另一方面,领导活动的一切方面又都会直接或间接地对各种资源产生或多或少的影响,这就产生了如何保护各种资源的问题。这些都会对社会发展起到有利或不利的影响。我们把在领导活动中,由于对各种资源的开发、利用及领导活动对各种资源的影响,从而对社会生产和社会生活产生的效益叫资源效益。

在领导活动中,之所以把资源效益作为社会效益的内容,不仅是因为领导活动总要相应投入一定的资源;而且有的领导活动就以资源作为客体;同时,在领导活动中制定的方针、政策,实行的各种规定,采取的各项措施,往往与资源紧密相连。因此,在领导活动中,对资源就存在或是充分利用,或是浪费;或是有计划有限度地开采,或是掠夺性地开采;或是破坏资源等问题。这些必然会给社会生产和社会生活带来不同程度的影响。

(三) 生态效益

在领导活动中,有的工作客体就是自然界,有的虽然不直接作用于自然界，但间接地对自然界产生某种影响。因此将领导活动给整个生态系统的平衡造成某种影响，从而对人口的生产和生活环境产生某种影响的效应，叫做生态效益。由于人类——资源——环境是一个整体，我们前面谈到的资源问题，实际上就是生态问题的一个重要方面，加上不少领导活动直接存在废物处理和环境污染的问题，还有领导活动的有关政策和规定也会直接或间接地对环境的保护问题发生作用，所以，生态效益是领导活动社会效益的重要内容。

（四）精神文化效益

在领导活动中，它的各种活动，对精神文化会产生这样或那样的影响。把领导活动对文化教育、伦理道理、思想观念等方面的影响，从而对社会主义精神文明产生的效应，叫做精神文化效益。领导活动对精神文化的影响是多方面的，除精神文化方面的领导活动直接对精神文化产生影响外，其他类型的领导活动也会对精神文化有不同程度的影响。因为在一切领导活动中，都存在着对精神文明建设、指导领导活动的理论和思想以及领导者本身的思想、行为的影响等问题。因此，精神文化效益是领导活动社会效益的重要内容。

（五）生产方式效益

生产方式是一切社会发展和变革的决定性力量，它当然也就决定着领导活动的性质、内容、形式等。但是，领导活动对生产方式也具有巨大的反作用。因为：我们的一切领导活动要与社会主义生产方式相适应；一切领导活动要以促进社会生产力发展和社会主义生产关系的完善作为自己的出发点；一切领导活动总是在一定的生产方式条件下进行的，所以，一切领导活动都必然会对生产方式产生一定的影响，或直接维护和发展一定的生产方式，或间接影响着一定的生产方式，从而使社会发展产生一定的效应。把领导活动对社会生产方式产生的影响，从而给社会发展带来的效应，叫做生产方式效益。

### 三、社会效益的评价

（一）社会效益评价的原则

局部效益和整体效益相结合的原则。在领导活动中，有些领导活动在局部看来是可行的，但从整体上看是不可行的；而又有一些领导活动，在局部看来是不可取的，但在整体上看是可取的。可见领导效益有局部效益与整体效益之分。鉴于整体效益是建立在局部效益的基础上的，只有增进局部效益，整体效益才有可靠基础；而一些领导活动，只有在全局上看是可取的，才有价值。因此,要评价领导活动的社会效益,必须遵循局部效益和整体效益相结合的原则。

当前效益和长远效益相结合的原则。在领导活动中,有的是见效快的,有的是见效慢的。如教育活动,俗话说十年树人,百年树木。现代领导活动中重大智力投入和人才开发,大都也属这一类型,所以,有远见卓识的领导者,清楚地看到了这一点,十分注意这一点。人们往往关心当前效益,容易忽视长远效益;当然在各项领导活动中,也不能只有长远效益的领导活动而没有当年或近几年见效益的领导活动,否则,社会各项活动便不能正常运转,不能取得理想的效益。所以,在评价社会效益时,必须注意把当前效益和长远效益结合起来。

直接效益和间接效益相结合的原则。领导活动的社会效益,有的是直接体现的,有的是间接体现的。但是,由于直接效益和间接效益不见得都是一致的,它们的变化呈现出多种情况:或是直接效益和间接效益都增加;或是直接效益不增加而间接效益增加;或是直接效益增加而间接效益不增加;或是直接效益增加大于间接效益减少;或是直接效益减少大于间接效益增加;或是直接效益增加小于间接效益减少;或是二者都不佳,等等。所以,评价社会效益时,就要把直接效益和间接效益当作一个整体来考虑。在从事基础设施建设、基础科学研究、公共设施建设等领导活动中更要注意这一点。

绝对效益与相对效益相结合的原则。任何一项领导活动的效果给社会带来的益处,都是绝对效益。但是,任何一项领导活动效益又可呈现出其他几种情况:或它可跟同行的领导活动效益相比较;或它可跟自己过去的效益相比较;或把采用不同方案、不同措施的同类型领导活动相比较,这些称为相对效益或比较效益。由于绝对效益反映领导活动有无效益和有多少效益,相对效益反映效益水平,所以,在评价社会效益时,不仅要看其有无效益和效益多少,而且要看其在同行中的效益水平如何,与过去相比较效益是提高还是降低,在多种方案和措施中其效益是不是最佳的,只有这样,才能看出领导活动的真实的社会价值。所以,必须把绝对效益和相对效益相结合起来才能正确评价领导活动的社会效益。

(二)社会效益的具体评价

1. 价值评判

价值评判,是人们对外界客观存在的价值现象予以评定。判断领导活动的价值,就要看领导活动创造的对象能否满足人们和社会的需要,能在多大程度上满足人们和社会的物质和精神生活的需要。它可以从以下几个方面来进行评判:

实用价值。这是指领导活动及其结果能具体满足人类社会的各种物质和精神生活的需要程度,主要是:领导活动为这些物质和精神生产提供创造条件的程度;与领导活动直接相联系的物质和精神生产发展目标所达到的程度;领导活动中对党和国家有关物质和精神生产的方针、政策的贯彻执行程度;领导活动促进物质和精神生产各领域各类人才成才的程度;领导活动产生的物质和精神产品对人类社会需要的满足程度。

理论价值。领导活动的价值内容包括理论价值,这是因为:一方面,领导活动本身是在一定科学理论指导下进行的实践活动;另一方面,领导活动实践产生的科学经验和教训,上升为理论科学。在领导活动中,凡是为揭示自然和社会的本质,阐明事物的发展规律,解决人与自然、人与社会、人与人之间等各种矛盾所提供的种种理论和思想,都有其理论价值。其主要表现在:领导活动所产生和带来的各种理论和思想对事物之间的本质联系揭示程度;对规律发挥作用的条件和规律作用的具体形式的阐明程度;对任何按客观规律来改变事物本身、改造社会、改造自然的论述程度;对规律之间的相互联系和共同作用的说明程度;等等。

道德价值。这是指领导活动及其结果使道德理论、原则、规范和评价方式产生变化,从而对人们的行为有着特殊的约束和指导作用,使其在处理个人与他人及社会利益的关系时能做出必要的节制和牺牲。领导活动的道德意义的评判主要看领导活动推动道德理论、原则、规范及评价方式向前发展的程度;领导活动导致道德教育的普及,道德宣传的开展,道德评价进行的程度;领导活动促进个人道德面貌和整个社会道德风尚发生良好变化的程度;领导活动所带来的社会舆论的积极变化、道德榜样的树立、人们内心信念的影响、社会精神力量的形成所起作用的程度。

社会价值。这是指领导活动对社会实际贡献的大小。它的评判可以从这几个方面进行:

领导活动对政治、经济、文化、军事、教育、科技、体育、卫生等所作的贡献;领导活动对生态平衡和环境保护所作的贡献;领导活动对推动社会发展和人的全面发展的社会效益程度。

2. 多指标加"权数"的评价法

评价领导活动社会效益,不能仅考察某一项指标,而应该是各方面设立指标,进行多指标的综合评价。由于反映领导活动社会效益的指标多,而各指标反映效益的灵敏度不一样,有的指标与效益的关系甚密,有的指标与效益的关系一般,因此,必须对各项指标权衡轻重,用数学上的"权数"来表示,根据各项指标在领导活动中的重要程度,赋予它们相应的权重。社会效益的指标可根据其内容来设立。人口效益可用人口构成的合理性别比、合理年龄比、人口数量的控制率和人口质量的提高指标来衡量。资源效益可用资源的合理开发率、资源的有效利用率和资源的保护率来衡量。生态效益可用生态平衡和环境保护指标来衡量。精神文化效益可用思想观念的更新、文化水平的提高、道德水准的进步、体育卫生的发展指标来衡量。生产方式效益可用生产力发展水平、生产关系与生产力性质相适应程度和经济体制的合理程度的指标来衡量。

对于以上社会效益内容、确定其不同的权重，然后进行综合评定。

3. 相对性评价法

这是对领导活动的社会效益作纵向和横向的比较。具体说：

对采用不同方案的同类型领导活动比较。对不同方案的费用、效果、对社会的有用程度等进行分析对比，以求得最佳方案。

对不同单位开展的同一类型领导活动的社会效益进行比较。对不同部门、不同行业、不同单位的同一类型领导活动，在设立可比性指标的基础上，比较它们社会效益的好坏。

对同一单位在不同时期开展同一类型领导活动的社会效益进行比较，把现状与过去比，看其前进与否和提高的幅度。

## 四、提高社会效益的途径

（一）理顺宏观、中观和微观领导活动之间的关系

领导活动是分层次的，有宏观领导活动、中观领导活动和微观领导活动。

要想取得最佳的社会效益，就要理顺它们之间的关系。在领导活动中，我们把那些对整个社会生活有影响的领导活动，叫做宏观活动。与其相对而言的是微观领导活动，它是各级组织、各个部门、各个单位的具体的、局部性的、影响面较小的领导活动。而处于宏观与微观之间的领导活动，就是中观领导活动。社会主义领导活动，从根本上说，宏观、中观和微观领导活动是一致的，其目的是为了促进整个社会的发展，满足人们的需要。但是，不同层次的领导活动，在整个社会中所处的地位和所起的作用是不一样的。宏观领导活动是全局的、带根本性的领导活动；微观领导活动是全社会领导活动的基础，基层的领导活动；而中观领导活动则是联结宏观领导活动与微观领导活动的纽带。因此，从根本上说，只有搞好宏观领导活动，才能为搞好中观领导活动、微观领导活动提供可靠的保证；只有搞好微观领导活动，才能使宏观领导活动和中观领导活动有可靠的基础；只有搞好中观领导活动，

才能使整个社会的领导活动顺畅进行。它们三者作为领导活动来说，都有共同的基本职能，即前面论述到的决策、用人和领导思想政治工作。但是，由于它们各自在社会领导活动中的地位和作用不同，其侧重点又不一样。根据它们的地位和作用，它们各自的侧重点应当是：

### 1. 宏观领导抓控制

这就是说，宏观领导活动要抓各项领导活动中的战略性问题，对党务、行政和各种业务领导活动作全局性的筹划和指导。宏观领导活动抓控制，首先要明确其控制对象。其控制对象是各种领导活动的发展战略和其他带全局性的问题。具体说来是，制定各方面发展战略指导思想，确定战略方针，建立战略目标，规划战略重点、战略步骤，提出战略措施；研究、建设和完善领导体制，确定各级领导活动的责任、权力和利益及其关系；制定领导活动有关全局的方针、政策；根据各种事物之间的关系，调控关系到国计民生的比例，诸如教育发展与社会经济发展、科学技术发展与社会经济发展等比例。

宏观领导活动抓控制，其次就要把握控制手段。宏观领导活动控制手段是行政手段、法律手段和杠杆调节手段相结合的一个综合体系。所谓行政手段，就是国家有关领导机构，凭借上下级之间的服从关系，靠行政指令、命令等方式直接控制领导活动。所谓法律手段，就是通过制订和颁布各种法律、法规，以强制方式保证国家对各种领导活动进行控制和管理。所谓杠杆手段，就是国家依据客观规律，用信息引导、物质利益、政策诱导去影响人们的领导活动，实行间接控制。

宏观领导活动抓控制，还要寻求控制的作用点。宏观控制的作用点应放在哪里？从现在的理论探讨和实践活动来看，应当放在领导体制上。正因为如此，在我国的政治体制改革中，重视并突出领导体制的改革。

### 2. 中观领导活动抓协调监督

这就是说中观领导活动要搞好各部门之间、各环节之间的分工和配合，要根据宏观决策机关的指令，对领导活动和领导活动组织进行监督和检查，以保证党和国家的政策、法令、法规的贯彻执行，保证决策指令的执行，保证领导活动及其组织遵循社会主义原则和方向。

为什么中观领导活动主要抓协调和监督呢？因为宏观领导活动根据社会需要和客观实际做出的决策，必须保证实行，才能获得最佳的社会效益。为此，就要在实施过程中不偏离决策方向，这就要监督；同时，还要各有关部门和环节分工明确、全力协作、密切配合，这就是协调。而中观领导活动所依托的组织机构所处的地位正有利于做到这些。因为它有相应的积聚力和发散力,是带动微观领导活动的枢纽;它是各种领导活动系统之间能量、信息、物质的汇点;是各种领导活动的联结点,是纵向各层次领导活动的连接点,是横向的各部门、各环节之间的联系沟通点。纵观领导活动,从国家计划、法律、行政等方面进行监督;靠行政组织手段,靠法规制约,靠物质、信息、能量的交换,靠加强综合服务,为领导活动提供便利和条件等方式来进行协调。

3. 微观领导活动抓素质

由于领导活动的基本单位是领导活动有机体的细胞,是领导活动宏观决策的最终执行者,是领导活动任务的完成者。因此,微观领导活动,对增强领导活动的生命力,完成各项领导活动任务,提高效益关系极大。因而,微观领导活动主要抓好领导活动基本单位的素质的提高。领导活动基本单位是由人、物、技术和管理等各种要素有机结合而成的,所以,其素质就是这些因素的有机结合所形成的生存和发展的动力。微观领导活动要抓素质,就要抓好领导班子素质、职工队伍素质、科学技术素质和管理素质,改变人员素质落后、技术落后、管理落后的状况,为建立一个强有力的领导班子,建设一支训练有素的职工队伍,采用先进的科学技术,实行严格而先进的科学管理和领导活动基本单位而努力奋斗。

(二) 认真研究领导活动的规律体系

要提高领导活动的社会效益,关键是要按客观规律办事。要按客观规律办事,首先是要认识和掌握规律。由于领导活动规律不只是一个,而是一个规律群,因此,认识领导活动规律,就要认识领导活动的规律体系。要研究领导活动的规律体系,首先要认识其客观性。现代社会不仅活动规模大,而且由于社会分工和协作的发展,一项活动同其他各方面的活动都会有着千丝万缕的联系,往往会引起一系列的连锁反应。在领导活动中更是如此。一项领导活动会涉及经济、政治、科技、社会、自然等各种因素。因此,要取得领导活动的最佳社会效益,就必须把各种因素综合起来研究和处理,认识它们各自的发展规律,按规律要求办事。由于领导活动涉及的因素包括自然、社会等各种因素,因此,按规律要求办事,不仅指自然规律,而且包括社会规律、经济规律在内的整个规律体系。另外,从领导活动性质来看,它具有自然属性和社会属性的二重性,既体现了生产力发展水平,受生产力发展水平制约,又体现了生产关系和上层建筑与生产力发展相适应的程度,受生产关系和上层建筑的制约,因此,领导活动本身也就体现自然规律、社会规律、经济规律的整个体系的要求。

要研究领导活动规律体系,还要认识领导活动各规律在规律体系中的不同地位和作用以及它们之间的关系。在领导活动规律体系中，各规律的地位和作用是不一样的。要提高领导活动的社会效益，就必须按各规律在规律体系中的地位、作用和它们之间相互关系的客观要求来办事。

对领导活动规律体系中的各规律，可分为四种类型来加以认识。一种是一般规律，即在任何社会形态的领导活动中都起作用的规律；一种是社会主义领导活动的共同规律，即在社会主义的领导活动中都起作用的规律；一种是特殊规律，即在中国的社会主义领导活动中才起作用的规律；一种是基本规律，即反映了领导活动基本目的和达到该目的采取的手段及方法、决定着领导活动的主要过程和主要方面，制约着其他规律的规律。我们把这四种类型的领导活动规律叫做领导活动的一般规律、社会主义领导活动的共同规律、中国社会主义领导活动的特殊规律、领导活动的基本规律。

要研究领导活动的规律体系，还必须认识规律体系的综合作用。在领导活动开展过程的始终，各规律同时存在，共同发生作用。所以，我们既要认识不同规律的不同作用，又要认识规律体系的整体作用；既要认识个别规律是怎样受制于整个规律体系的，又要认识整个规律体系是如何在个别规律的相互作用的基础上形成的。只有这样，才能更好地按客观规律要求办事，提高社会效益。

（三）树立效益系统观念

对于任何一项领导活动来说，都存在着领导活动主体自身效益高低的问题，但是，由于任何领导活动都不是孤立的，因此其效益也不可能是孤立的概念，而是一个系统的概念，即具有系统的特征。要提高领导活动的社会效益，就必须树立效益系统观。

树立效益系统观，要求领导者在努力追求领导活动群体自身效益的过程中，有效保证和促进社会整体效益的提高。

树立效益系统观，要求各领导活动群体把自己放在整体社会领导活动大系统中来考察自己的效益，来追求自身效益最优化的目标、方式和评价标准。

树立效益系统观，要求领导活动成员正确认识和处理种种效益关系。这些效益关系主要是：局部效益与整体效益、当前效益与长远效益、直接效益与间接效益、经济效益与社会效益、业务效益与政治效益等之间的关系。在处理局部效益与整体效益之间的关系时，既要着眼于整体效益，又要尽可能照顾和增进局部效益。在处理当前效益与长远效益之间的关系时，既要特别注意容易被人们忽视的长远效益，又要重视容易引起人们关心的当前效益。在处理直接效益与间接效益的关系时，关键是看它们变化的方向和程度，只有当它们消长变化的结果能产生新增效益时,才能带来社会效益。一般说来,只有在它们都增加,或它们二者中一方增加,另一方虽不增加但也不减少,或它们二者中有一方增加,另一方虽然减少,但是增加大于减少的情况下,才能产生社会效益。我们的工作就要促使它们朝这些方向发展变化。在处理经济效益与社会效益之间的关系时,既要考虑到经济效益,又要重视社会效益。在处理业务效益与政治效益之间的关系时,不能把业务效益与政治效益对立起来,而必须把政治效益与业务效益有机地统一起来。